日蘭學會
法政蘭學研究會編
岩生成一監修
大森實・片桐一男・黑江俊子
向井晃・安岡昭男校註

和蘭風説書集成

上卷

吉川弘文館

日蘭學會學術叢書第一上

本書の完成に至るまでの調査ならびに出版は，
ハーバート燕京研究所および日本萬國博覽會記
念協會補助金によるものが含まれている。

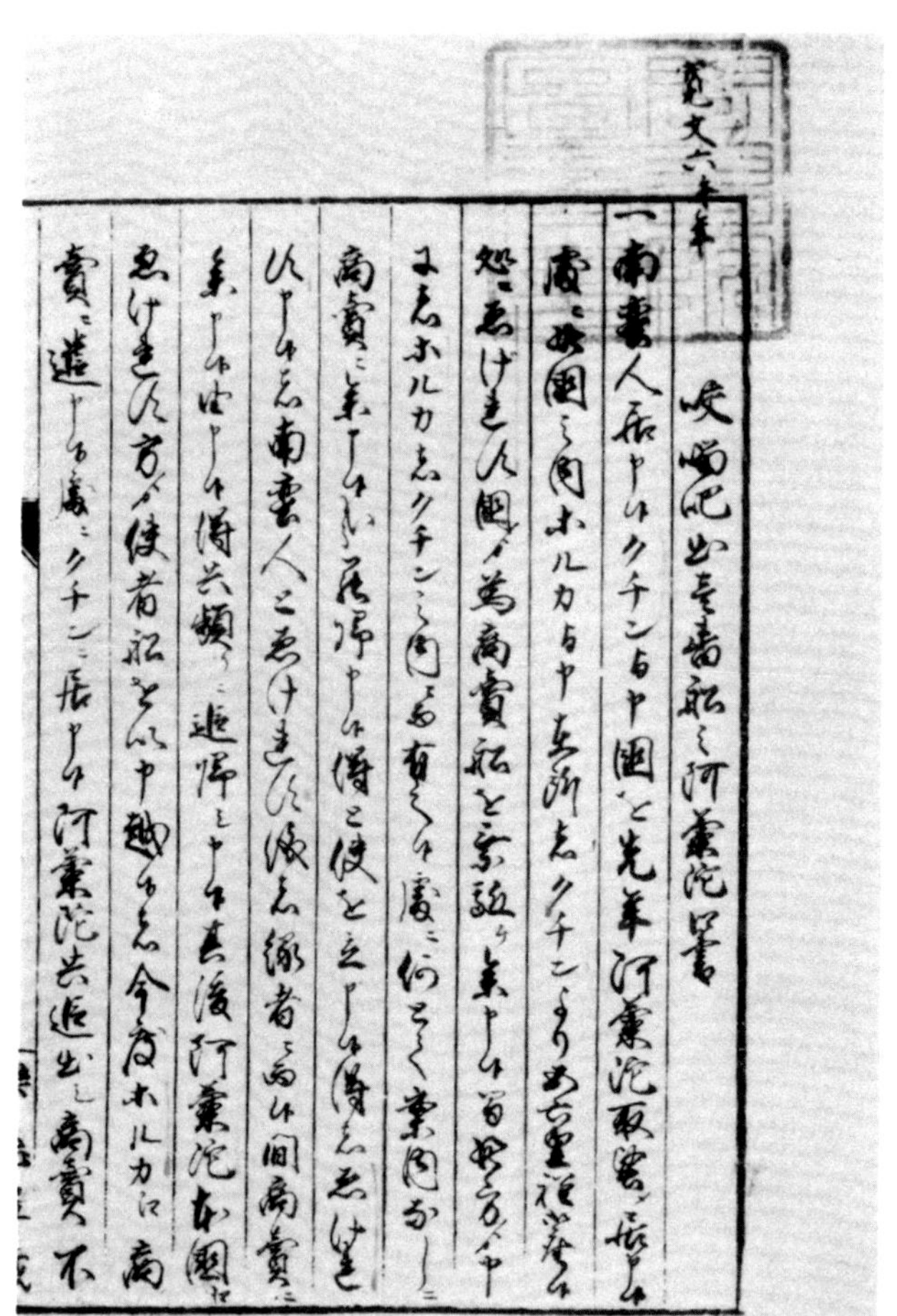

和蘭風説書寫本『荷蘭上告文』本文第壹丁
（學習院大學圖書館所藏）

同上表紙（同上）

風説書

原本全文（永澤家所藏）

寛政九巳年（1797年）『風説書』

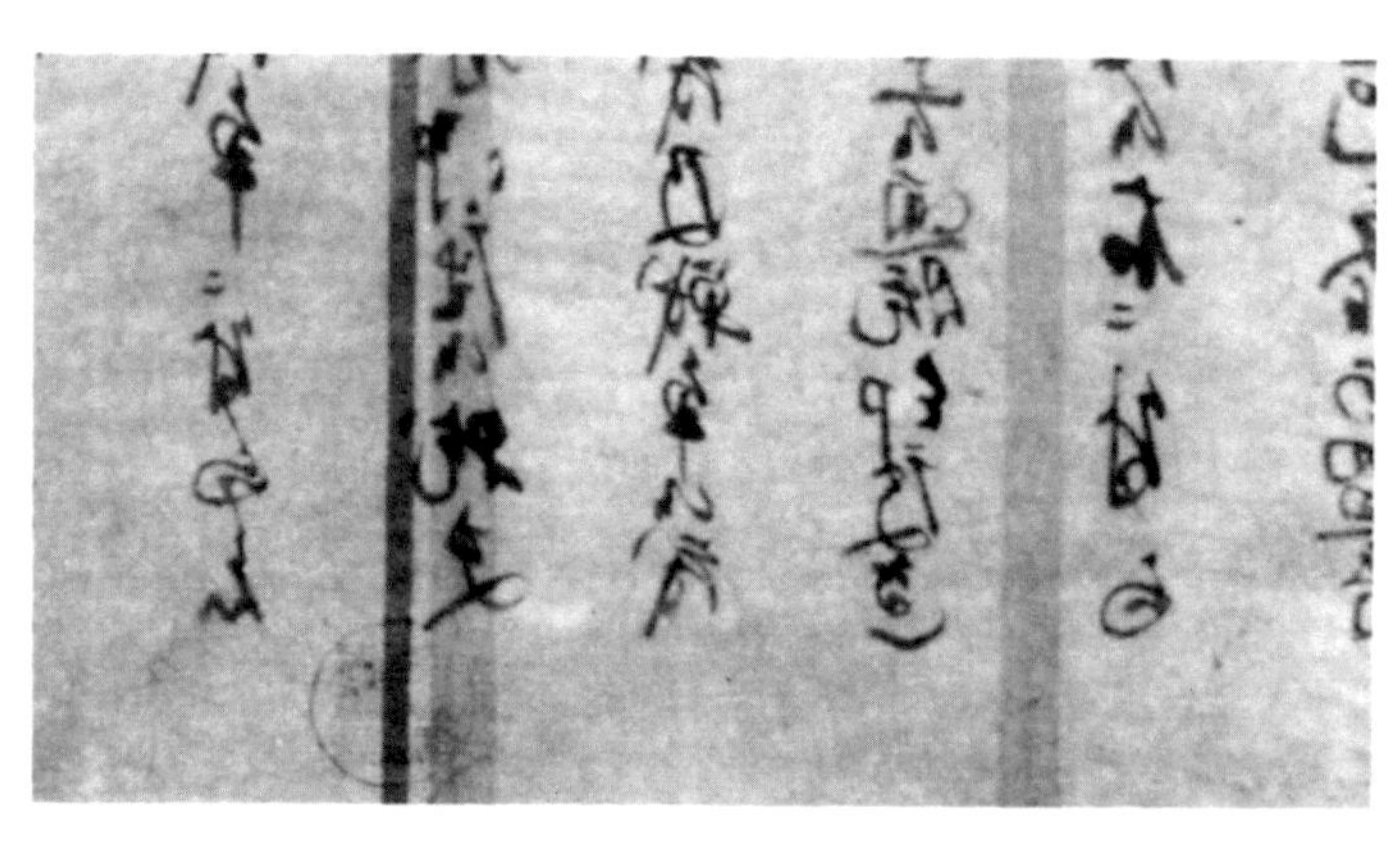

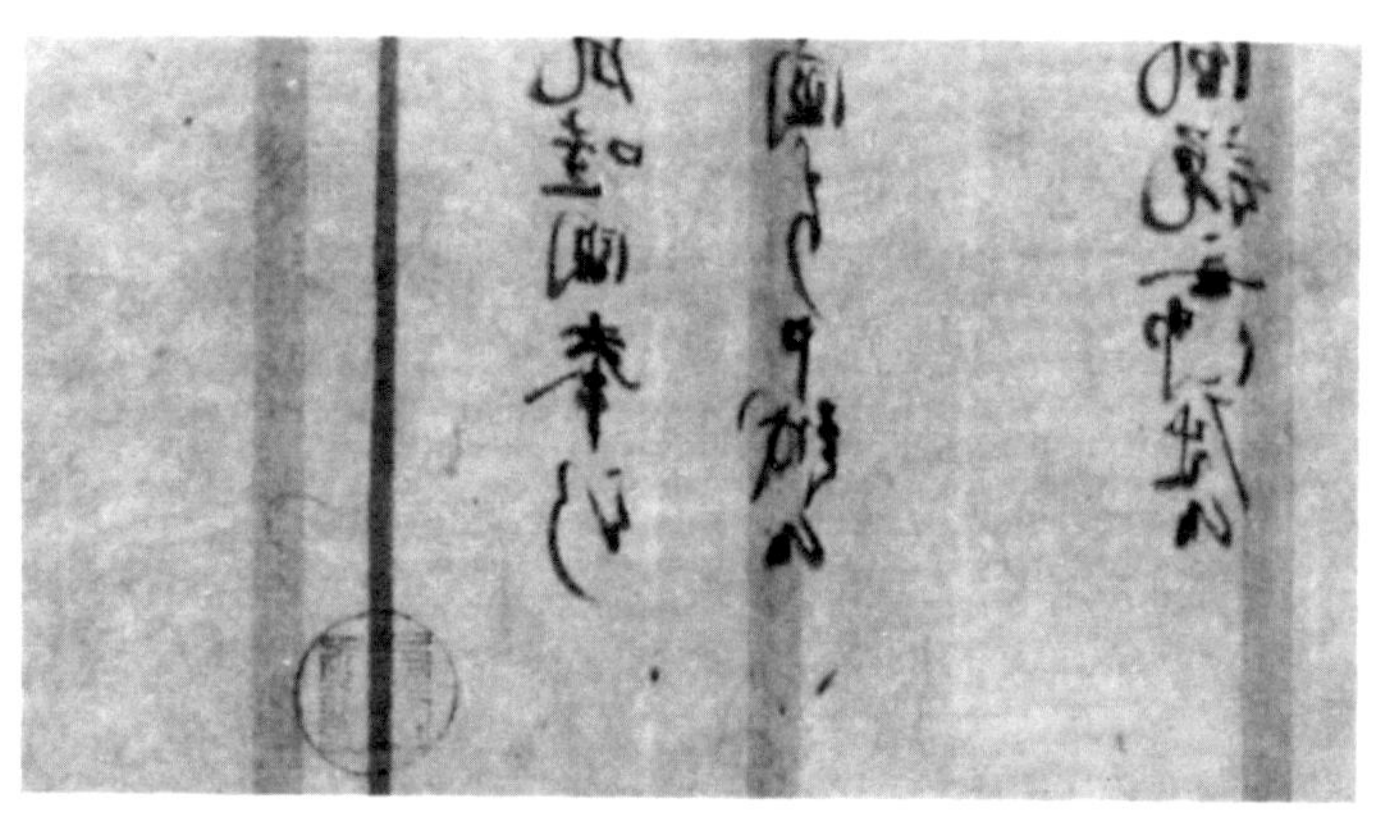

寛政九巳年（1797年）『風説書』原本裏面継目の黒印（二箇所）

序

江戸幕府の鎖國政策斷行によって、その後永年にわたり、廣汎な海外情勢の動きは國民一般の耳目からほとんど締め出されていった。唯長崎一港が開かれて、年々唐蘭兩國船の入港が公認されていたのと、對馬を通じての朝鮮との通交貿易と、琉球を介して中國とのそれが默認されていたので、これ等のルートを通し彼我國民の接觸によって、あるいは口頭により、時には文書を通して海外の情報が隨時もたらされた。しかしオランダ人以外によるものは、主として東亞の情報に限られたのに對して、幕府の要請もあって、年々來朝するオランダ商館長は恆例として世界各地の情報を當局に提出して、その對日親善關係維持の一環とした。世にこれを風説書とも呼んだ。

もっとも江戸時代中期、まず新井白石の「西洋紀聞」や「采覽異言」などの諸勞作に啓發され、引續いて將軍吉宗の洋書輸入制限の緩和が契機となり、やがて蘭學研究の道が開かれて識者の海外智識は漸く擴大し深化していった。しかしその世界智識の内容は、ある時點やある時期までにおけるやや靜止的な認識理解に止っていたのに對して、風說書の傳えるところは、時々刻々流動する世界各地の生の情報を、しかもその當時としては最短時間に、年々日本にもたらしたものであった。謂わば今日の新聞の先驅的役割をも果していたのであった。そこで幕府當局は、時にその對外政策の立案實施に當り、これを據るべき基本的な好資料としたが、時はさらに下って幕末ともなれば、蘭學はいよいよ發達普及して、世人は海外情勢の動きに對してより敏感となり、その認識もより正確になってきた。他方日本を繞る極東の國際關係の緊迫するに伴い、當初は幕閣重臣の身邊近く祕めおかれた風說書の內容も何時しかこの小範圍を超えて漏れ擴がり、他に傳聞轉寫されるようになって、これを踏まえて、時には有力達識の士による幕府當局の對外政策に對する進言ともなり、あるいは進んで外國勢力に對する對應手段として軍事研究や他の關連學術や技術の導入に努める者も出で、時には當局の政策に對する批判的意見も現われるようになった。こう見て來ると、鎖國時代を通じて內外の情勢に對するオランダ風說書の持つ重要性は、今さらここに多言を要しないところであろう。しかし、從來學界では僅にその部分的、散發的硏究が發表されているに過ぎなかった。

つとにこの重要性に着目して、これを集大成してその刊行に先鞭をつけられたのは、實にこの分野の先達板澤武雄博士その人であった。博士は永年にわたって鋭意關係文書の蒐集に努められ、學習院大學圖書館所藏の箕作阮甫が編輯筆寫させた「荷蘭上告文」を底本として、これに加うるに、遠くはオランダ本國のヘーグ市にある國立中央文書館（Het Algemeen Rijks Archief）所藏の歴代出島商館長の日記の中からも關係風説書の原文を探し求めてこれを拔き出し、和譯して追加し、さらに「通航一覽」などによって、その缺けた所をも補い、これに註を加えて、黑板勝美博士が創立主宰されていた日本古文化研究所報告第三として「阿蘭陀風説書の研究」と題して昭和十二年二月に出版された。これ今を去ること既に四十年も前のことであった。四六倍判三百ページを超える大册で、卷頭には、博士の優れた研究に基づく極めて懇切詳細な「阿蘭陀風説書解題」が附せられ、これに續いて收めるところの風説書は、正保元年（一六四四年）から延享二年（一七四五年）まで一百二年間にまたがり、そのうち和文風説書は百六通、オランダ文風説書は五十二通あって、合計百五十八通に上っている。これによって、この年代例年オランダ商館長が幕府當局に提出した世界各地の情報の內容とその性格が判明するようになって、その後の學界に對する寄與貢獻は眞に多大なものがあった。博士はこれに引續いて幕末に至るまで、尙廣く國內各地に傳わる風説書の傳寫本を搜索蒐集して、この研究の完成を意圖して居られたが、不幸にして病魔の侵す所となり、研究中道にして昭和三十七年七月に逝去されて、終にその計畫を達成されることが出來なかったのは、誠に學界の悢事とするところであった。

板澤博士と同じ研究分野に携わる者の一人として、私はかねてからこの有意義な研究の完成されんことを切望していたので、博士在世中にその研究にも協力していた當時法政大學文學部大學院日本史學科學生有志の法政蘭學研究會のメンバー五名大森實、片桐一男、黑江俊子、向井晃、安岡昭男諸君と熟議の上、この調査研究をもう一度その發端原點に溯って徹底的に行うことに踏み切ったのは、その翌昭和三十八年も秋のことであった。やがて三、四年たつ間に一同は相次いで大學院の課程を修了しても、引續いてそれぞれその職場の繁忙な本務の餘暇を專らこれに振り向けて、今日に到るまで長い期間、常に一致協力して熱意を持ち續けてこれに當ってきた。そして隨時手分けして、北は北海道から南は鹿兒島にわたって、ほとんど全國各地に出張して、あるいは公私立の圖書館・研究所や、時には個人篤志家について風說書の寫本の在否を探し求めて、幕末その終末期のものに及び、その撮影筆寫に努め、かたわら隣邦の難局危機阿片戰爭期以後についてより一層詳しい國際情報を盛った別段風說書諸寫本の採訪にも力を入れた。この間、私は時々オランダ本國などヨーロッパ諸國に出張の際、さらにヘーグ市の國立中央文書館を訪れて、オランダ文風說書の原文やその作成過程を調査した。このようにして、研究發足以來正に十有三年、一同は定期的に會合して、互に採訪した風説書諸寫本間の異同を綿密に校合し、その研究成果について論議をかわし檢討を重ねて、ここに略々その前半の最終原稿をまとめ上げることができた。稿成るに當り、特に片桐君は多大なる精進努力の結實とも言うべき新知見を盛った一層詳細な「和蘭風説書解題」を執筆して、風説書作成の由來、その作成提出の過程、その內容の範圍と性格やその信憑性、その傳播利用などについて解説し、さらに安岡君が苦心作成した全國各地風説書の所在年表をも加えてこれを卷頭に据えたが、これによって本書が閱讀研究される際、廣くその價値が認められて、將來これが活用に資することを得ば、研究班一同の均しく幸甚とするところである。

偶々昨昭和五十年一月十日に日蘭學會が創立されて、本書の內容が全く日蘭三百年親交の絆をなしていたのに鑑みて、これをまず學會出版物の學術叢書の一つに加えて刊行することになった。しかし何分にも前後膨大な分量に上るので、先ず便宜上、風説書を上下二卷に分けて上梓し、さらに機を得て引續いて別段風説書も一卷にまとめて上梓する豫定である。本書の成るは、一に遠く故板澤武雄博士の創意と業績とに據るところ大なるものであるが、法政蘭學研究會有志がこの研究に取組んで以來、常に溫い好意を寄せられた各位、別してその所藏文書の採訪に當り、快くこれを許されて援助を惜しまれなかった全國各地の公私立の圖書館・研究機關の係員各位、並びにその祕藏の風説書寫本の筆寫利用を快諾された多くの篤志の方々の厚志に對し、さらに遠くオランダの國立中央文書館において、この調査を心おきなく許され便宜を供與された係官各位の理解と好意に對しても限りない謝意を捧げるものである。又當初この研究費の一部を援助された米國ハーバード燕京研究所當局、及び近くは日蘭學會を通して日本萬國博覽會記念協會基金による補助をされた協會當局各位の特別なる厚志に對しても滿腔の謝意を表するものであるが、これと同時にこの面倒な出版を快諾された吉川弘文館當局の並々ならぬ好意とその製作の實務を擔當したたんちょう社およびその關係者各位の勞力と好意に對しても心から感謝するところである。

ここに法政蘭學研究會有志の風説書研究班を代表して本書の研究と出版の經緯を綴り、各方面の並々ならぬ好意を銘記して重ねて深甚の謝意を表する次第である。

昭和五十一年八月二十八日

日蘭學會理事長
法政蘭學研究會代表

岩生成一　しるす

凡　例

一、本書（上下二巻）には、寛永十八年（一六四一年）より安政四年（一八五七年）迄の和蘭風説書および参考史料を收載している。

一、收載した和蘭風説書は、蘭文・譯文・和文の三種類を含んでおり、さらに關連した參考史料を收めた。參考史料の中には、內容は風説書であって和蘭商館長名が記されているが、唐通事言上のものが含まれている。

一、蘭文とは和蘭商館長提出のオランダ語原文をいう。譯文とは今回新たに蘭文から飜譯された文であって、その旨を、風説書本文の冒頭に記した。和文とは江戸時代に長崎の和蘭通詞によって飜譯された文である。

一、和文の底本として、寛文六年（一六六六年）より文政九年（一八二六年）に到る分については學習院大學圖書館所藏の寫本『荷蘭上告文』を使用し、文政十年（一八二七年）より安政三年（一八五六年）に到る分については長崎縣立長崎圖書館所藏の寫本『和蘭風説書』を使用し、適宜讀點を付した。

右の底本に含まれていない分、あるいは缺落している部分については、他の寫本・刊本中より適當と思われるものを選んで補い、その旨を頭註に示した。

一、底本および諸寫本中の變體假名は、「和蘭風説書集成」の部（以下、本文と稱する）においては、江・ゟなどの屢々使用されているものを除き、平假名に直した。「解題」の部では、引用文中にハ・茂・江・与などの變體假名を多く殘した。

一、底本および諸寫本では、正字・略字などが混用されているが、本文・解題とも原則としてすべて正字を使用した。誤字・異字であることが明瞭であるが、原本で慣用されているものは傍にママを付けた場合がある。

一、底本および諸寫本は、平假名・片假名交りで書かれ、さらに寫本の種類・同一寫本中の年度の違いによってもその使用が異なっている場合があるが、すべて平假名表記に統一した。その際促音も他と同じく9ポ活字を使用した。ただし和蘭商館長名を除いて、地名・人名・役職名、場合によっては物品名を片假名表記とした。商館長名は底本に従って平假名表記としたが、その原綴をも考慮して濁音・半濁音・中黑を適宜補った。

一、平假名表記は、校合の結果を頭註に記す場合にも行なったので、原本が片假名で書かれている場合も平假名で註記した。

一、假名遣いは、本文では舊假名遣い、本文の頭註および註では引用文を除いて新假名遣いとした。解題では新假名遣いとし、引用文および註では新舊假名遣いを併用した。

一、當然脱落したと思われる文字、および編者による割註は〔　〕を付けて補充した。また校合・編集の結果補充した文字・箇條などについては、原則として短いものは〔　〕を付け、長いものは＊印によってその旨を示し、さらに根據を頭註によって示した。

一、諸寫本校合の結果は、すべて頭註に掲げた。

一、頭註に略號を以って記した諸寫本の名稱は左記の通りである。

板本　『板澤武雄博士舊藏本』

外本　『外國通覽』
華本　『華夷變態』
崎本　『崎港商說』（刊本『華夷變態』）
北本　『熊本大學圖書館所藏北岡文庫本』
京大本　『京都大學圖書館所藏本』
靜本　『靜幽堂叢書』
資本　『資治雜笈』
士本　『日本學士院所藏本』
書本　『宮內廳書陵部所藏本』
島本　『島原市公民館所藏松平文庫本』
島・唐本　『島原市公民館所藏「唐人風說書」』
通本　『通航一覽』
蠹本　『國立公文書館所藏內閣文庫本「蠹餘一得」』
長大本　『長崎大學經濟學部圖書館所藏武藤文庫本』
鍋本　『佐賀縣立圖書館所藏鍋島文庫本』
鍋・阿本　『佐賀縣立圖書館所藏鍋島文庫「阿蘭陀記」』
幕外本　『幕末外國關係文書』

松木本　『九州文化史研究所所藏松木文庫本』

毛利本　『山口縣文書館所藏毛利家文庫本』

松・華本　『島原市公民館所藏松平文庫「華夷變態」』

有本　『有所不爲齊雜錄』

洋本　『東京大學圖書館所藏舊南葵文庫本「洋説彙集」』

一、同一年度に二通以上の風説書がある場合は、其一・其二……を付けて區別した。參考史料についても同様である。

一、各風説書には、參照文獻および内容に關する註（算用數字で示してある）の他に、該當年度在任中の和蘭商館長名・長崎奉行名・年番通詞名・入津蘭船關係事項を註記した。ただし、前條に述べた風説書の場合は、原則として「其一」と題された風説書に右の四項目の註を記してある。

一、和蘭商館長の人名原綴および在任期間については、主として東京大學史料編纂所編の "HISTORICAL DOCUMENTS RELATING TO JAPAN IN FOREIGN COUNTRIES Volume I The Netherlands. Part I. 1963", LEVYSSOHN, H. "BLADEN OVER JAPAN. 'S GRAVENHAGE. 1852." に依據し、その他の史料・文獻をも參照した。

一、オランダ東印度總督名および在任期間については、M.A. van Rhede van der Kloot "de GOUVERNEURS—GENERAAL en Commissarissen—Generaal van NEDERLANDSCH—INDIË 1610～1888, 'S GRAVENHAGE, 1891" に依據した。

一、長崎奉行名およびその關連事項については、『長崎實錄大成』（「長崎文獻叢書」）、清水紘一『長崎奉行一覧表の再検討』（「京都外國語大學研究論叢」第XV號所收）等に依據した。

一、年番通詞名については、主として片桐一男『阿蘭陀通詞の研究』（箭内健次編「外來文化と九州」昭和四十八年二月、平凡社）に依據し、更に他の史料・文獻をも參照した。

一、入津蘭船關係事項については、風說書本文の記事、『長崎實錄大成』、『長崎雜記』、J. FEENSTRA KUIPER "JAPAN EN DE BUITENWERELD IN DE 18E EEUW, 'S GRAVENHAGE, 1921" 等に依據して船數・船名を記載した。

一、本文においては9ポ活字を使用したが、茂・ニ茂・ニ而・ニ而茂は7ポ活字を使用して右寄とした。

一、本文において、底本或いは他の寫本・刊本により原稿を作成する場合に左記の若干例のように表現形式を改めた上うえ、統一をはかった。

上ル……上る	なれ共……なれ共
爲ニ……爲に	いたす……いたす
ニ付……に付	捧ケ……捧け
ゆ茂……候茂	和ケ……和解
ゆハヾ……候はば	与……と

一、本文における國名・地名の片假名表記の中で、末尾が「a」で終る國名の場合には、例えば、バタビヤ、イタリヤ、ロシヤなどと表記した。カンボヂヤ、ギリシヤ、ジヤガタラなどのヤは大きさを變えないで、「解題」

ではカンボヂャの様にヤを小さくした。

一、本文において、各風説書の原本には、例えば「風説書」「壹番船船頭申上候口上書」の様に標題が付けられているが、中にはこれを缺くものがある。この場合には〔　〕を付けて適宜補い、その旨を註記した。

一、本文において頭註には、補充の根據、校合の結果を掲げてある。

和蘭風説書集成　上巻　目次

下巻　目次

第二百八號　文化四卯年（一八〇七年）風説書　其一

第二百九號　文化四卯年（一八〇七年）風説書　其二

〔參考史料　其一〕　文化五辰年（一八〇八年）

〔參考史料　其二〕　文化五辰年（一八〇八年）

第二百十號　文化六巳年（一八〇九年）風説書

〔參考史料〕　文化七午年（一八一〇年）、同八未年（一八一一年）、同九申年（一八一二年）

第二百十一號　文化十酉年（一八一三年）風説書

第二百十二號　文化十一戌年（一八一四年）風説書

〔參考史料〕　文化十二亥年（一八一五年）、同十三子年（一八一六年）

第二百十三號　文化十四丑年（一八一七年）風説書

第二百十四號　文政元寅年（一八一八年）風説書　其一

第二百十五號　文政元寅年（一八一八年）風説書　其二

第二百十六號　文政二卯年（一八一九年）風説書　其一

第二百十七號　文政二卯年（一八一九年）風説書　其二

第二百十八號　文政三辰年（一八二〇年）風説書

第二百十九號　文政四巳年（一八二一年）風説書　其一

第二百二十號　文政四巳年（一八二一年）風説書　其二

〔参考史料　其二〕　天保十五辰年（一八四四年）

第二百九十五號　元祿三午年（一六九〇年）風説書　蘭文

第二百九十六號　元祿四未年（一六九一年）風説書　蘭文

第二百九十七號　元祿五申年（一六九二年）風説書　蘭文

第二百九十八號　元祿六酉年（一六九三年）風説書　蘭文

第二百九十九號　元祿七戌年（一六九四年）風説書　蘭文

第三百號　元祿八亥年（一六九五年）風説書　蘭文

第三百一號　元祿九子年（一六九六年）風説書　蘭文

第三百二號　元祿十一寅年（一六九八年）風説書　蘭文

第三百三號　元祿十四巳年（一七〇一年）風説書　蘭文

第三百四號　正德五未年（一七一五年）風説書　蘭文

第三百五號　享保元申年（一七一六年）風説書　蘭文

第三百六號　享保二酉年（一七一七年）風説書　蘭文

第三百七號　享保五子年（一七二〇年）風説書　蘭文

第三百八號　享保九辰年（一七二四年）風説書　蘭文

第三百九號　享保十八丑年（一七三三年）風説書　蘭文

第三百十號　享保十九寅年（一七三四年）風説書　蘭文

第三百十一號　弘化元辰年（一八四四年）風説書　蘭文

和蘭風說書解題

——和蘭風說書の研究——

一　和蘭風說書の名稱

和蘭風說書（おらんだふうせつがき）とは、長崎入津のオランダ船によってもたらされた海外情報をいう。これは新たに來朝したオランダ商館長もしくはオランダ船の船長から長崎奉行を經て幕府に呈上された。

江戸時代、オランダを漢字で表記するに阿蘭陀・和蘭・喎蘭土・喎蘭・荷蘭・法蘭得亞・紅毛・紅夷・涅迭爾蘭土などの文字を用いた。當時、公的に使用された表記例のうち、阿蘭陀が最も多く、次いで和蘭が多いようである。本書においては、便宜、和蘭を採ることゝする。

さて、和蘭風說書は、商館長日記には nieuws, novos, novelles, tijdingen, oppenbaar nieuws, nieuwstijdingen, ons dienstig oordeelden などの言葉で記されているが、そのうちで、最も多く用いられたのが nieuws なる表記である。のち、天保年間から呈上されだした、より詳細な内容をもつ別段風說書は aparte nieuws と表記され、これに對して、それまでの風說書を gewoon nieuws と呼ぶようになった。(1) ニュースの譯語は、『江戸ハルマ』には「新話、メヅラシキ話、新奇ナル風說」とあり、『ヅーフ・ハルマ』には「新なる風說」とある。

邦文の風說書についている表題には、「阿蘭陀口書」「阿蘭陀人口書」「かひたん口書」「今度咬𠺕吧ゟ申越候風說書」「阿蘭陀新かひたん口上書」「船頭阿蘭陀人申上候口上之和解」「紅毛船風說書」「跡船風說書」「かひたん御隱密申上候横文字和解」「覺」「言上書」あるいは「別段風說書」「和蘭別段風說書」「別段申上候風說書」などといろいろな表現がある。しかし、最も多く見受けられる表現としては、單に「風說書」と記されたものであり、これはまた總稱ともされた。

二　鎖國時代海外情報の必要

江戸幕府は、寛永十年（一六三三）に第一回の鎖國令を發布し、續いて、十一・十二・十三年に第二回・第三回・第四回の鎖國令を發布して、順次その程度を強化し、ついには寛永十六年（一六三九）の夏に到って第五回にして最後の鎖國令を發して、ポルトガル人のガレウタ船の來航を禁じて國を鎖閉した。シナ船についてもこれより先、寛永十二年に互市は長崎に限る旨を令し、さらに、同十八年（一六四一）には先にポルトガル商人のために造った長崎の出島に、歐人にして唯一の商人として殘ったオランダ商人を平戸から移轉せしめることによって鎖國體制を完成した。すなわち、以後、公許の貿易は極限されて、長崎においてのみ蘭船・唐船を限って行なわれることになったのである。（尤も宗氏と朝鮮、島津氏の琉球を仲介とする中國、並びに蝦夷・樺太を經て沿海州との山丹貿易は鎖國時代を通じて默認されていた。）

以前は、イスパニヤ船・ポルトガル船の來航とゝもに日本人も勇敢に海外に渡航したから、幕閣においても朱印狀・奉書下付の機會や、海外事情に明るい内外の商人達との接觸もあって、海外の情勢を探知するにはさして不自由はなかった。

鎖國令が次々に發布されて、日本人の海外渡航が嚴禁されたから、まず日本人みずからによる海外情報の道が閉ざされてしまった。次いでポルトガル人をマカオに追放し、ポルトガル船の來航を禁じてからは、もし海外事情のうちでも特に歐人間の動向に關する情報を知る必要があるとすればオランダ人に頼るより他に道はなくなった。オランダ人との貿易のみが存續を許されたがためである。

ところが、歐人間の動向に關する情報は、わが幕閣にとって必要・重大なものであった。それは追放され、來航を禁止されたポルトガル人らの貿易再開を請う熱心な動向がみえ、これに對處する必要があったがためである。わが幕閣は、かつてイギリス・オランダ兩商館員による連署の書狀の提出によって知らされたごとく、ポルトガル・イスパニヤの貿易行爲は侵略的植民政策とキリスト教傳道とにつながるものと判斷し、國情にそぐわず、國內動向からも相容れない點があって鎖國にふみきった關係上、當然彼らの動靜を知る必要があったのである。

また、鎖國が形成され、その體制が維持・存續された背後には、國內における絕大な强制力のほかに、これを支えるような國際情勢、すなわち、當時東アジアに進出したヨーロッパ勢力の新舊交替とその指導權確立をめぐる動向があった。(2) 鎖國體制が國際社會における日本の孤立を意味するものでありながら、これを支える國際情勢の上に斷行・維持されたものであってみれば、わが幕閣にはわが國をめぐる國際情勢の變化を恆常的に知る必要があったわけである。(3)

三　和蘭風說書の起源および目的

和蘭風說書の開始に關する內外の史料を檢すると、寛永十八年（一六四一）から關係記事を見出すことができる。

これより先、寛永十七年（一六四〇）九月二十六日、キリシタンの取締りに竦腕を振った大目付井上筑後守政重は平戶におもむき、商館長フランソア・カロン François Caron に對し、新築の石造倉庫の前面破風にキリスト紀元を記したのを理由に、その取毀しを命じた。カロンはオランダ商館の將來を慮って無言でその命に從った。

翌一六四一年三月十七日には恆例により、カロンは隨員ヤン・ファン・エルセラック Jan van Elserack を從え江戸參府に平戸を出立、四月一日江戸に着き、五月十一日（陰暦四月二日）には登城のうえ三代將軍德川家光に拜禮を濟ますことができた。このとき、江戸に立ち歸って侍座していた大目付井上筑後守政重は、將軍の命として、オランダ船は今後長崎に着船のうえ貿易をなし、キリスト教徒ならびにポルトガル船などの動向に關する報告――いわゆるオランダ風説――をなすべきこと、これを守ることによって通商の存續を保證せらるべき旨を阿蘭陀通詞を介して傳え、カロン一同これを請けたのであった。すなわち、「大猷院殿御實紀　卷四十六」に、

寛永十八年四月二日阿蘭人二人拜し奉る。よて老臣幷井上筑後守政重仰を傳ふ。蘭船この後長崎に着船互市すべし。天主教の徒他の蠻船にのり來る事ありて。これをしらば速にうたへ出べし。もしかくし置て後日にあらはるゝにおいては。蘭船も通商を禁斷せらるべしとなり。譯官これをつたへしかば。蘭人この後かたく國禁を守り奉るべきよし申て退く。(4)

とあって、幕府が明らかにオランダ人による風説言上要求の意圖を知り得るのである。カロンは六月八日に平戸に歸着、早速商館の長崎移轉に着手、同月二十四日（寛永十八年五月六日）長崎の出島に移った。

右の幕府の意向を反映してか、移轉一ヶ月後のマクシミリアーン・ル・メール Maximiliaen le Maire の日記一六四一年七月二十四日の條には、早速次のような記事がみえる。

兩船から手に入った書類並びにレヘモルッス君の書翰を通讀して、ポルトガル人がカンボヂヤに居住し、土着人並びにシナ人を用ゐて再び手早く當地に通商する計畫をしてゐることを知り、風説〔nieuws〕として（正確では

ないが）奉行に報告した。奉行はこの報告に非常に満足したやうで、長い文書を作り、通詞三人と會社の通詞二人とが誓約して、我らから聞いた風説〔novos〕である旨を記して署名した。(5)

とあって、これはまさにオランダの風説報告である。しかし、右の記事に續けてル・メールは「今後はこのやうな風説については何も言はぬ方が適當ではないかと考へた」と付記しているところから判斷するに、右はまだ自發的報告であって決して風説報告の義務に從ったわけではないことがわかる。

ところが、同じく一六四一年十一月八日の條にヤン・ファン・エルセラックが記すところをみると、

さらにまた今、書翰および口頭で得た海外の情報を奉行に通知し、これを出來るだけ多く誓約した通詞にも話した方がよいと命ぜられた。(6)

とあって、明らかに幕府がオランダ商館に風説報告を命じた樣子がわかる。してみると、幕府が、ポルトガル人追放後、オランダ人の住居を出島に固定して、歐人にしてただ一國の對日貿易を許可し、鎖國政策を遂行するとゝもに、海外・世界の情報の報告をオランダ人に對し、五月十一日から十一月八日の間に、再度嚴命・義務付けたことが窺えるのである。而して、その報告の仕方は、右の條にみたごとく、當初においては口頭でも濟まされたらしいのである。

また、これより先、ル・メールが一六四一年十月二十八日の條で記すところによれば、

皇帝陛下に對する我らのなし得る最大奉仕は、ポルトガル人およびイスパニヤ人が宣教師やその他を用いて、祕密に日本に於て行おうとする事件を報告することである。(7)

とあって、風説書提出の目的をオランダ側においてもいちはやく認識したようすが理解できる。

以上によって、和蘭風説書は、江戸幕府の鎖國政策の一環として、寛永十八年（一六四一）鎖國體制の完成したそ

の年より開始されたことが判明する。

和蘭風説書の目的とするところは、右にみてきたところに端的に表明されてはいるが、なおこれをやゝ詳細・確實に把握せんとすれば次の通りである。

ヤン・ファン・エルセラックの日記の一六四三年十二月十七日の條をみると、オランダ人に對する新規の命令が大目付井上筑後守と江戸在勤長崎奉行馬場三郎左備門の兩名によって命じられたことがみえる。その第三條に、

バタビヤ、タイオワン、オランダその他の地で、パーデレが日本渡來を企て、或はポルトガル人、イスパニヤ人が日本で何事か試みようとすることを聞いた時は、日本最高當局に一切ありのままに報告せよ、そうすれば將軍様の御用になりオランダ人の利益ともなろう。(8)

とある。「嚴有院殿御實紀　巻五」承應二年（一六五三）正月十八日の條には、

蘭人にいとま給ひ時服下され。條約をよみ聞さしめらる。其文にいふ。阿蘭陀事は歴世通商の事をゆるされ。毎年長崎に着岸せしむれば。奥南蠻と共に、天主教を奉ずる國々と通商すべからず。もし親しく交るよし他國より聞えなば。通商禁ぜらるべし。邪徒よりこなたへの通事一切なすべからず。天主教の徒を。船にのせ來るべからず。ながく通商せんと思はゞ。邪教の事により。聞えにくき事〔聞召され然るべき事カ〕あらば。すみやかに申上べし。蠻人邪教をもて。あらたに服従せしめし地もあるか。海路のさまもしるべければ。見聞に及びしまゝ。長崎の奉行までうたふべし。我國に奉る唐船奪とるべからず。往來する各國の中。奥南蠻人と會合する國あらば。その地名もつぱらに記し。毎年來船のかぴたんより奉行に呈すべし。琉球は我國の屬國なれば。いつ地にて逢ふとも。彼船奪とるべからずとなり。(9)

とあり、同書、寛文元年（一六六一）三月十一日の條には、

蘭人にいとまの賜物あり、條約よみ聞せらるゝこと例のごとし。その條中に、南蠻人新に所屬とし、邪宗に化せし國あるべし、航海の間見聞せば、長崎奉行の廳にうたふべし。本邦互市の唐船と、私に通商すべからざるむねを新に加へられしとぞ。(10)

とある。『通航一覧』巻二百四十六には、

寛永の頃、甲比丹ヤンヤウスなるもの、自後御制禁の黒船、及ひ諸外國變亂の異説等見聞の事、年毎に入津の時、告訴すへき旨言上す、爾來入津の船よりその書付を出すこと、恆例となれり。（これを風説書といふ、歴年の風説書、華夷變態等に載るところ數多なり、其主意もと南蠻邪宗門の事よりおこり、佛蘭察、諳厄利亞等の西夷もまた其宗門にして、これらの事も捨かたきより、煩はしけれとも大抵これを列載す、しかれとも、彼此斟酌して後證に益なきは省く、但し、延寶三年以前のもの、今所見なし、）

寛永の比、ヤンヤウスと申加比丹、段々我邦へ御忠節の事申上、我船年々渡海洋中、御制禁の黒船見懸しことある時は、速に注進申上へし、又諸國變亂の異説等承糺し、年々告訴致すへき旨、御約定申し上し由なり、此事然るにや、於今年々入津の卽刻、風説書といふものを差出す事恆例なりとそ、二百年來かくの通りにて、最初の御申し合せに相違なく、此國のみ我邦へ對し奉り、異議ある事を聞す、其以來その人々の話説により、その持渡の書によりては、滿世界萬國の治亂、興廢、風俗、事情をも、しろしめし給ふの益少からすと覺ゆ、國初より此國のみ渡海を許し給ひ、江戸拜禮、獻上物、拜領物等被仰付も故ある事と思はる、彼また、ひとり渡來免許の事は、他の諸國へ對し、外聞實儀も宜き事と聞ゆるなり、是まて外國の異變等申し上し事多かるへき中にも、近來彼魯西亞より我東北蝦夷の奥地蠶食の事等、既に安永の比より加比丹ウィルシムヘーイトといふもの、耳うちせしこともありと聞り、〔嘆詠餘話〕

萬治二己亥年三月八日、參府の甲必丹御暇の時、始めて御法令の事仰出さる、此事自後參府の毎度永式となり、宗門奉行大目付、御作事奉行これを兼勤す、これを讀聞す、其文に吉利支丹宗門の事により、聞召れ然るへき事あるにおいては、見聞の趣毎年入津の時、長崎奉行まて言上すへしとなり、寛文元辛丑年より、新に南蠻に屬せし國あらは、其旨言上すへしとの新文を加へらる。證は、御暇賜物并御法令の條にあり、これまた風説書の由て來りし所なれは、ここに記す。(11)

右の文中にみえる「甲比丹ヤンヤウス」は一六二三年(元和九)に難船溺死したヤン・ヨーステン Jan Joosten であるが、これは餘りに時代が古く、傳聞・附會による誤りかと考えられる。「加比丹ウィルシムへーイト」はアレント・ウィルレム・ヘイト Arend Willem Feith である。また、『通航一覧』巻二百四十三の「御暇賜并御法令」の部には、萬治二年(一六五八)三月八日、老中より大目付北條安房守氏長を通じてカピタンに申渡された「覺」のうちに次のごとく見える。

一、阿蘭陀事者、御代々日本致商賣候様に被仰付之、毎年長崎ゑ着船仕候、自此以前如被仰付之、キリシタン宗門と通用仕間敷候、若致入魂之由、何れの國より申上候共、日本渡海可被成御停止候、勿論彼宗門之族、船にのせ來り申間敷事、

一、不相替日本為商賣渡海仕度奉存候はゝ、キリシタン宗門之儀に付ゐ、被聞召可然儀於有之者、毎年阿蘭陀船渡海之事候間、急度長崎奉行人迄可申上事、(下略)(12)

寛文元年(一六六一)三月十一日の「覺」には、「あたらしく南蠻人手に入、きりしたん宗門に成候國も有之候哉、渡海道筋之儀者可承候間、及見聞候はゝ、長崎奉行人迄可申上候事」(13)との新文を加えられた。

「增補長崎略史」に收載されている「蘭國甲比丹へ幕府申渡の條目」には「三月」とのみあって、年も日も缺いてい

るが、内容は前記承應二年か、もしくは萬治二年の條目に當たるものと思われる。それには次のごとくみえている。

一、不相變日本爲商賣渡海仕度奉存候はゞ奥南蠻人之儀に付被爲聞召可然儀有之候はゞ毎年阿蘭陀船渡海之事に候間可申上候新南蠻人手に入切支丹宗門に成候國々有之候はゞ渡海筋之儀は可承候間及見聞候はゞ長崎奉行人迄可申出事

一、唐人共奥南蠻國之内に候商賣仕候か又は奥南蠻人と致心易船に乗せ諸國に參候段及承候はゞ早速可申出候事

附、阿蘭陀人往來之國々之内南蠻人と通用仕間敷候若出合候國有之候はゞ其所之名具に書記し毎年カピタン長崎奉行迄可差出候(14)

右の附文に「書記」して「差出す可」と明記されている點には留意しておく必要がある。

商館長イサーク・ファン・スヒンネ Isaacq van Schinne の日記一六八一年（延寶九）四月二十日の條には、幕府の命令と同趣旨の箇條がみえる。

1. Met onse schepen in Japan geene papen te brengen.
2. De Portugesen off oocq wel andere natien iets willende op dit rijcq ondernemen, off omtrent Japan eenige nieuwe landen quamen te ontdecken, sulx tijdigh aan den Gouverneur van Nangasacki bekent te maacken.
3. Op plaatsen daar met en benevens de Portugesen onsen handel comen te dryven, met deselven geen gemeenschap te handen, off eenige verbintenis te maken.

(4, 5省略)

6. De nieuw tijdingen, soo uit Europe, als de Indische Geweesten, (aen) den Gouverneur van Nangasacki, sonder iets te verswijgen, pertinent en getrouwlijcq bekent te maken en op te geven.(15)

（譯文）

一、われわれの船で宣教師を日本に連れ込まないこと。

二、ポルトガル人、またはその他の國人で、當國に何か企てたり、あるいは日本近海において新陸地探險に來航するようなことがあるならば、長崎奉行に、その情報を傳うべし。

三、ポルトガル人が來てわれわれと貿易を行うような所や、その近隣において、決してこれと貿易に協力したり、またはこれと連繫してはならぬ。

（四、五省略）

六、ヨーロッパ並びにインド各地からの新しい情報（De nieuw tijdingen）は、長崎奉行に決して隱すことなく、的確に且つ信實に報告陳述すべし。

以上によって、風說書が、そのはじめキリスト教に對し、從ってポルトガル・イスパニヤのいわゆる南蠻を對象としたものであったことがわかる。一方、これを提出するオランダ人もまた、これが對日貿易存續を可能にするための江戶幕府に對する「御奉公筋」「御忠節」[16]なることをよく認識していた。例えば、一八二七年から一八三〇年まで出島の商館長として在勤したメイランのごときは、著書『日歐貿易史概觀』の附錄で「風說書の提出」と題して、次のように述べている。

船のカピタンや他の乘客が波止場に到着して二三時間後には、年番通詞は乙名や勘定方及び檢使と共に、商館長の許に赴いて、歐州及びインドの風說を採らねばならない。戰爭や平和、野戰の勝敗や、卽位、國王の死去などの一般的な風說や、その他此の種の出來事をもって報告し、通詞等が書取った。ついで此の風說書は、日本語で美事に認められ、商館長が署名して、斯くして特別便で江戸に送られる。この風說書の提供をば、日本人は最高の仕事と見倣して、オランダ人が日本に受容れられ、友人として認められる最も主要な理由であると信じても宜しい。實際に信頼すべき風說書の提出は、如何なる場合に於ても、日本の政府に奬勵されて、これこそ唯〻感謝されるに充分に價するものである。(17)

風說書提出の意義をよく認識し、風說書の作成・內容について極めて要領よく述べている。

四　長崎入津のオランダ船

和蘭風說書はオランダ船によってもたらされる。長崎入津のオランダ船の數は時代によって增減があった。四代將軍德川家綱時代の寛文元年(一六六一)の十一艘、寛文五年の十一艘、萬治元年(一六五八)の十艘などは多い方である。五代將軍德川綱吉の元祿時代になると、元祿十一年(一六九八)の七艘が多い方で、元祿十四年からは四、五艘と限られた。七代將軍德川家繼のとき、正德五年(一七一五)新井白石の意見で貿易に制限を加える海舶互市新令が出され、その翌年享保元年からは入津のオランダ船數を二艘に減じた。ときには一艘のこともあったが、この二艘の制度が十一代將軍德川家齊のとき、寛政元年(一七八九)まで續いた。寛政二年からは更に減じて一艘となし、かくして幕末に到った。バタビヤ仕立のオランダ船が長崎に來航し、滯留するのは、長崎における應接事務史料たる「阿蘭陀船入津并出帆迄行事帳」(18)によれば、陰暦の四月から九月二十日切たるべきことゝ規定されているが、長崎來航の實情は多く夏であって、太陰暦の七月が最も多く、六月がこれに次ぎ、五月、八月のこともあった。

バタビヤ文書館所藏の記錄、一八二六年（文政九）日本に來航した船長フォールマン Voorman の航海記錄 Kapitein ter Zee H. Voorman : Kort Beschrijving van het Japansche Vaarwater によって、その一例をみれば、次の通りである。バタビヤより日本へ向ふには、六月十四日より同月二十日の間を最適の時期とする。バタビヤを出づれば北方へかけて數千の島嶼の散布するを見る。船はやがてバンカ海峽 S. Banka を通り、それよりバトーの岬 Tg. Bato に沿うて走り、ロヨ島 P. Royo アウエル島 P. Auer ピーサン島 P. Pisang チモーン島 P. Timoon を眺め、ダンメル島 P. Dammer を眺める頃から針路を北北東にとり、コンドル島 P. Condor, N 8°40′, E 106°42′ の北東をサパトー島 S. Sapato に舵を向ける。長く高いこの岩礁は遠方から望めば支那人の靴に似てゐる。これより支那海に入り、やがて臺灣海峽に近づき、マックルス・フィールド・バンク Macclesfield Bank (Royal Bank) といふ珊瑚礁に到る。これより臺灣海峽 St. Formosa を過ぎて、日本灣 Japansche Golf に入る。この邊は六月、七月、八月のうち、時に强烈な南西風が吹き、驟雨が西方及び西北西より來る。東北東に女島諸島 Maxima Eylanden を見る。この島は北緯三十一度五十八分、東經百二十三度四十三分に位置し、日本の西南岸を探むるに好目標である。やがて北緯三十二度三十四分、東經百三十度四分に野母崎 Hoek van Nombo を望む。これは長崎に入港するに大切な目標である。暫くして北緯三十二度四十一分、東經百二十九度五十八分に位置する伊王島 Noorden Cavalles の西端の丘上に小さなオランダ國旗（入港を許可する信號）の飜るを見る。(19)

右により、大體オランダ船の長崎へのコースがわかる。陰暦七月頃長崎に到着したオランダ船は陰曆九月二十日限（遲着船は特に五十日以內延期することを得）同港を出帆する定めであった。

入津蘭船が二艘以上で、しかも一緒に入津しない場合は、入津の順に一番船、二番船と唱えて、各船から風說書を呈上せしめた。一番船に新任の商館長が坐乘しておれば、最も正確にして詳細な風說書を呈上することが出來るのであるが、然らざる場合は先着した船の船長から取り敢えず風說書を差出して置いて、詳細なことはやがて商館長到着のうえ、呈上すると斷っておくのが例であった。

五 和蘭風說書の入手

鎖國時代、長崎來航のオランダ船は入港に際して嚴重なる入港手續を義務付けられていた。わが官憲の風說書入手もこの入港手續に密接なる關係があった。

鎖國後、制度化した入港手續は、長崎奉行が派遣する檢使が來航のオランダ船と長崎港の小瀬戸近邊で旗合せを行ない、オランダ船と確認のうえ、直ちにオランダ風說書・積荷目錄・乘船人名簿・書翰・文書などの重要書類を受け取り、入津せしめるといったものであった。

文化五年（一八〇八）のフェートン號事件以後、その入港手續は、視界に來航船の帆影を認めると檢使船が來航船に向けて派遣され、オランダ語とフランス語で書かれた「一ノ印」なる橫文字の書類を來航船に提示し、かつ日本側の檢使およびオランダ商館側の派遣員二名に檢問せしめ、「一ノ印」の回答としての「略風說書」をとり、ついで「二ノ印橫文字」なる命令書を携行させ、來航船に提示して、質人二人を受け取り、かつ檢問してオランダ船の確認ないしは異國船の糺問をする。一方、派遣の檢使は、伊王島より中海に入って高鉾島まできた來航船に對し旗合せを行ない、オランダ船たることを確認する。そのうえで入津の許可を與える。入津後は直ちに人別改を行ない、積荷目錄を受け取り、乗船人名簿により點呼、諸注意を與え、出島のオランダ人風説書を受け取り、かつ補足的な説明を書き留め、それらを飜譯する、というものであった。

右のようなわけで、入港臨檢制度において、途中變更があったとはいえ、制度化したあとにおいては、常にオランダ商館側から重要書類の一つとして風説書原文の提出が行なわれた。享保七年の風説書に「本國筋風説書者、例年カピタン書付持渡申候付、外之阿蘭陀人悉敷儀不奉存候」とみえることなどはそのよき證左である。

さらにまた、右のような入港手續に從って來航船に對する檢問が行なわれたため、提出されたオランダ風説書に附屬して「一ノ印」なる檢問書類に對する回答書類が傳えられている場合も多い。文化十一年（一八一四）に年番通詞として『萬記帳』を書留めた名村八右衛門・馬場爲八郎によれば、この回答書類を「略風説書」とも稱していたことがわかる。

來航船に對して長崎奉行の派遣する檢使が臨檢時に携行する檢問書類はオランダ語で verpraaibrief といわれ、オランダ語とフランス語と二種類作成・用意されていたものである。オランダ人も長崎入港に際して、かかる檢問が行なわれることを十分承知していて、その臨檢時の檢問内容を書き留めている。かつてベルリンの日本研究所 Japan Institut に所藏されていた、シーボルト Dr. Phillip Franz von Siebold の蒐集資料のうちの Japansche Handel「日本貿易」と題せる三冊の資料中の第二冊めの中に、この種の檢問書類のサンプルが記錄されている。

Model. *Praaibrief*

Hiervan worden in de maand April of Meij *Vier* afschriften aan de rapporteurs afgegeven.

De gezagvoerder van het aankomend schip rulle de hier ter beantwoording volgende vragen in, en geve daarna dit papier onmiddelijk aan de brenger weder af.——

Naam van het schip
Groote van het schip
Naam van den gezagvoerder
Wanneer van Batavia vertrokken
Of er nog een schip komt.——
Zoo ja.—— Wanneer het laatstgezien——
Welke gouvernements ambtenaren zich aan boord bevinden.——
En welke aan boord van het ander schip zijn.——

Geen nieuws van welken aard ook zal meerder hier mogen worden ingevuld noch aanden Japanner bekend gemaakt, terwijl ingevolge de op Java van de Hooge regeering ontvangen orders onder den *Papenberg* moet worden geankerd, en ongeen reden hoe ook genaamd verder zonder aanschrijving mag worden opgezeild.

Desima 1831

Het opperhoofd van den Nederlandsche Handel in Japan.

(譯文)

検問書類例

四、五月にあらかじめ年番〔通詞〕に手交されている四種の書類により、

来航船の船長が以下の質問に回答して、直ちに検使に手交すべき書式、

船名
船の大さ
船長名
バタビヤ出帆の月日
僚船の有無
僚船を見失いたる場合の月日
臨檢の檢使名
僚船に搭乘せる人の名等
各地の風說がなければ、そのことを日本官憲に述べること、印度政廳よりの命令は高鉾島で碇泊中に書面にて手交すべきこと。

出島　一八三一年〔天保二年〕

日本のオランダ商館長

このような檢問書類に對して、來航船から提出された囘答書類（略風說書）の通詞による譯例を一、二例示すれば次の通りである。

例Ⅰ

天保八年酉年渡來之阿蘭陀船より差越ㇾ横文字書翰和解

一船頭之名　フエーンスタラー

一船之名　デテウエーコル子クスセン
　但大さ三百三拾貳ラスト
　　石高四千貳百五拾石
一類船之有無　無御座候
一咬𠺕吧出船　五月廿六日
　カランテイソン
一役懸之者
渡來之有無　オロフ
　フリイスデフリイス
　フンイマン
　クソウル
　右之通和解仕差上申候

例II

　渡來之阿蘭陀蒸氣船より差越候書翰和解
一阿蘭仕出之船ニ候哉　ロットルダム
一何月幾日出船ニ候哉　第三月廿六日（三月(朔)□日ニ當ル）
一船之名　ヤッパン
一船之大サ　六百廿五トン
馬百疋力

一指揮役　ウエイセホイスセンフハン カツテンデイス
一役掛并士官人數　士官六人
一乘組惣人數　七拾貳人
一渡來之次第
一漂流人連渡之有無　無之候
一類船之有無　相得不申候
一唐船并ニ異國船等洋中ニ見懸不申哉　見掛不申候
一渡來候哉　無之候

右之通和解差上申候　以上

巳八月五日

右の例Ⅱは安政四年（一八五七）渡來のヤパン Japan 號の例である。(20)

六　和蘭風說書の飜譯・作成

和蘭風說書原文（蘭文）の入手は前項に述べた通りである。フェートン號事件以前においても、以後においても、その飜譯書類の作成は愼重・迅速に取り行なわれた。その過程を示す史料は前後幾種類も遺存しているが、繁簡の相違はあっても、ほとんど類似した内容を收めている。このことは飜譯・作成作業が通詞間においてほゞ一定の手順で進められ通したことを意味するといえよう。そこで、ここでは長崎町年寄を勤めた藥師寺氏が明和二年（一七六五）に記録したと考えられる『阿蘭陀船入津ゟ出帆迄行事帳』と、文化十一年（一八一四）に年番に當たった阿蘭陀通詞の名村八右衞門・馬場爲八郎がその一ヶ年間の實地の勤務狀況を記錄した『萬記帳』[21]とによって、手順の過程を追ってみる。

風說書原文は、出島のカピタン部屋で、新舊兩カピタン（商館長）・へとる（次席商館員）・船長・出島乙名・通詞目付・大小通詞らが立ち合いのもとで披見せしめられ、通詞達は兩カピタン・船長から口頭でも說明を聽取したうえで和解（飜譯）に取り掛る。讀解し得たところで、その內容を和文で下書きする。下書きを中淸書するか、あるいは下書きのままで、當年の年番通詞が役所へ持參する。用人の手を經て長崎奉行の一覽を受けるのである。これを內見に入れると傳えている。特別差支えもなければ、直ちに淸書すべく命ぜられる。年番通詞は再びこれを出島へ持ち歸り、風說書の淸書をする。『萬記帳』には、

薄手小奉書　淸書　貳通　連印

宮紙　竪帳　　　三册　連印

とあるから、文書としての風說書の淸書は少なくとも二通認められ、それには新舊兩カピタンと通詞目付・大小通詞が署名・捺印したことがわかる。帳立ての三册はおそらく役所か通詞仲間における控帳をさすものであろう。さて、風說書の淸書ができあがると、再び前記の年番通詞がそれを役所へ持參する定めであった。かつ、以上の飜譯から淸書の作成までの作業はオランダ船入津・原文書入手の當日のうちに急いで行なわれるのが定めであり、各年の通常の風說書を點檢してみると、これがよく勵行されていた様子を知り得る。[22]

七　和蘭風說書の申達、幕府の受理・利用

和蘭風說書の淸書を受け取った長崎奉行は、それをおそくとも翌日のうちに江戸の老中に宛てゝ送附した。寶永八年（一七一一）から享保二年（一七一七）まで長崎奉行を勤めた大岡淸相は『崎陽群談』において、

阿蘭陀船入湊之翌日、宿次を以注進申上候

と、幕府に對する蘭船入津の報告のことを記し、特に、

御老中ゑは風說書も差上候、宿次證文ニ刻限付ケ差出候事[23]

と明記している。このような、長崎の官憲が和蘭風說書を重要視し、江戸へ急送している様子をオランダ商館長も十分知っていた。先にも示したメイランはこのニュースが「特別便で江戸に送付される」と明記している。

風說書が江戸の老中に宛てゝ送附されるに際して、長崎奉行は入津蘭船に關することとともに風說書進達の添え狀を付して送るのが常であった。幕末の嘉永六年（一八五三）の夏、長崎奉行大澤豐後守秉哲より呈上された別段風說書の場合の一例を示せば、次の通りである。

當年入津仕候阿蘭陀船持渡候別段風說書一冊、かひたん差出候間、和解爲仕出來ニ付、右横文字和解共差上申候、以上

大澤豐後守[24]

文面から、右の例のころには、すでにオランダ語原文も添えて呈上していたことを知り得る。

さて、長崎奉行が添え状を付して急送した風説書を受け取った老中は、それを受理し、その受理の旨を長崎奉行へ報らせた場合もある。例えば、

一先月十八日之書状令披見候、阿蘭陀船壹艘唐船三艘入津ニ付、荷物之目錄并異國風説阿蘭陀人しやかたら、高砂之儀物語仕候覺書令到來候、（中略）

（承應二年）七月二日

阿部豐後守忠秋

松　和泉守乘壽

松　伊豆守信綱

黑川與兵衞殿

甲斐庄喜右衞門（マヽ）殿[25]

とあって、これは承應二年（一六五三）の例であって、早いころの確かなる好例である。

老中の手中に入った風説書は、對外的な重要案件が生じた場合には、その政策決定の參考にされたわけである。その好例を次に示す。

延寶三年（一六七五）七月五日付、新カピタンのヨハンネス・カンプイス Johannes Camphuis が提出した風説書の中の一節に、

一、阿蘭陀隣國デイヌマルカと申國之大將ゟ、先年日本ゑ渡海仕候オウゴノクと申阿蘭陀人を雇ひ（中略）相對ニ而雇はれ引越申候と奉存候、

とあって、デンマークでは、曾て出島のオランダ商館に勤めたエルンスト・ファン・ホーヘンフック Ernst van Hogenhoek を雇入れて船を日本に派遣して貿易を開かんと計畫していると報じている。これより先、デンマークでは、すでに十七世紀の始め、イギリスやオランダの東インド會社に倣って、一六一六年三月に東インド會社を設立して、以來、その商船をしきりにアジア各地に派遣して貿易の擴大を計ってきた。

これに對して幕府においては、翌延寶四年八月十一日に老中列座のうえ、時の長崎奉行の一人岡野孫九郎貞明の伺いに對して、次の措置を命じた。即ち、

覺

一、ていぬまるかより船可差渡由、内々風聞御座候間、若來朝仕候ハヽ、南蠻國乃儀ニ候間、御法度之宗門ニゐ無御座候共、商賣被仰付間敷候哉、左候ハヽ、諸事先年ゑけれす船着岸之節同前に仕置注進可申上哉之事

という「伺」に對して、

是者ゑけれす船同前ニ諸事仕置注進可申上候事(26)

と命を下したのであって、これより先三年、延寶元年（一六七三）來航のイギリス東インド會社船リターン號 Return の貿易再開の企圖を拒否したのと同様の處置を採るように命じたものであるが、その覺書の文言・要點は、正に前年の風說書が幕府の對外政策決定の重要參考資料に供されたことが判明する。

八　和蘭風說書の内容

和蘭風說書は、前述したごとく、當初、その主要目的がポルトガル・イスパニヤ關係の情報を得ることにあったか

ら、その記述内容もそれにしたがっていた。しかし、年を經るに従って、幕府の要求する内容の範圍はしだいに擴大していったようで、やがて、

1　ヨーロッパの風説（本國筋の風説ともいう）

2　インドの風説（咬𠺕吧表并近國筋の風説ともいう）

3　シナの風説

と、三部分から成るようになっていった。もっとも特記事項がない場合には、「歐羅巴諸州并印度邊彌以靜謐に有之」などと、一括して簡單な報告ですませた場合もある。一體に幕府もオランダ商館も、はじめのうちはこの風説書を重大視していたようで、記述内容も詳細であるが、後になるにしたがい、漸く形式的にかつ簡略な記載に流れていった。ただし、ポルトガルすなわち南蠻のことだけは、後になっても、紋切口調にしろ附言しておくのが例になっていた。

通常の風説書には次のような記事内容がみられる場合が多く、そこには、おのずから一定の順序と形式が認められるようである。

○　當年長崎入津の蘭船がいつバタビヤを出發したか、途中航海の模様、僚船があって、同時に到着しない場合には、いつどの邊で僚船を見失ったか。

○　昨年長崎を出帆してバタビヤへ向った蘭船について、その船數、いつバタビヤに歸着したか、その月日、途中航海の模様、ときには、未着・遭難の記事。

○　實際、遭難の記事も少なくない。かつて、ベルリンの日本研究所々藏のシーボルト文獻中、Japansche Handel「日本貿易」の第一册には、一六二八年より一八三〇年に到る長崎入津の蘭船の合計六九五艘、途中難破したも

の合計二六艘を算している。この遭難のニュースによってオランダ船來航のコースについて詳しく知ることができる場合が多い。また寛文六年（一六六六）の風説書に見える朝鮮に漂着した蘭船の記事のごときは、朝鮮史の一史料ともなり得る。

○　蘭領東印度總督の交替記事。

○　日本の商館長に關する記事。元商館長の消息、新舊商館長の交替や新任商館長の乗船名など。なかには、日本へ赴任の途中で死亡した人に關する記事も見える。例えば、寶暦二年（一七五二）にはサイブラント・ホーミス Sybrand Hoomis なる者が商館長に任命されたが、間もなく病死したためにダビット・ブーレン David Boelen が代って任命された。寶暦八年（一七五八）にもヤン・ヘック Jan Heck が三月二十五日に任命されたが、五月初旬に病死したために、ヨハンネス・レイノウツ Johannes Reijnouts が後任になった。また寛政五年（一七九三）には、ヤン・メイリンク Jan Meilink が商館長に任命されたが、日本へ赴任すべくバタビヤを出帆して間もなく五月十五日にノルド・アイランド Nord yland という所で卒中のため病死したので、屍體はその附近を漕行中の舟に托してバタビヤへ送り、船はそのまま暫くその地點に停船してバタビヤよりの指令を待ったが、十日過ぎても何の沙汰も來なかったので、已むなく、そのまま日本へ來航した、などという記事も見える。また、寛文七年（一六六七）十月十三日の風説書には、曾て日本の商館長であったフランソア・カロンが、のちフランスの東インド會社に入社し、日本およびシナ方面へも貿易船を差越すだろうと報じられている。延寶三年（一六七五）七月五日の風説書には、デンマークでも曾て日本に渡來したことのあるアウゴノクというオランダ人を傭入れて、日本貿易を希望しているという情報がみえる。これらの記事によって、當時、日本がいかに列國關心の的であったかが知られる。

○　異變の報道。寶暦六年（一七五六）七月十五日には一七五五年十一月一日にあったリスボンの大地震を報じ、寶暦九年（一七五九）七月九日にはバタビヤ地方にみえた彗星のことを報じているなど、この種の記事も少なくない。

○　シナの風説。

○　インドの風説。

○　ヨーロッパの風説。

右、風說書の主內容たるヨーロッパ・インド・シナ三部の一般風說については、メイランのいうごとく、戰爭や平和、野戰・海戰の勝敗、卽位・婚姻、國王の死去をはじめ、多岐にわたっている。ことに、ヨーロッパ風說中にはカムシカッテカ・ムスコビヤなどロシヤの動靜がよくみえており、東洋ではペルシャや天川（マカオ）のことが詳しく、琉球のこともよくみえる。

○　日本人漂流者に關する記事。

○　渡海中、特に臺灣近邊で異國船に遭遇したか、否か。

○　オランダ本國筋の狀態。

○　咬𠺕吧（バタビヤ）・近國の動靜。

ヨーロッパ方面の情報はオランダ本國よりバタビヤ通いの蘭船によってもたらされたものであって、このことは、風說書に、

此度、咬𠺕吧出帆之節迄者、本國より之船廻着不仕候に付、異國筋之儀、相知不申候

などとあるによってもわかる。その他の地方の情報は、該地所在の聯合東インド會社の各商館よりバタビヤに報じられ、それが轉報されたものが多い。

長崎奉行を勤めた大岡清相が、かつて西川如見のまとめた『華夷通商考』を參考にしつゝも、その立場を利用して唐・蘭人から直接聽取し得た知識をもって増訂した『崎陽群談』中の「和蘭人往來之所〻、同產物、外國海路遠近」は、とりもなおさず、オランダ商人たちが入手し得る情報の範圍を示しているとみても大きな誤りはなさそうである。そこにみえる諸國名のうちでも、「此國ゟ阿蘭陀人商賣に相越候」と斷っている國々・島嶼は重要とみなければなるまい。すなわち、

ノフルウイキ國、スヘイテ國、テイヌマルカ國、ムソカウヘヤ國、ホウル國、トイチラント國、フランカレキ國、トルケイン國、ケネイ國、スマアニラ、ボルネヲ、アンホン、バンダ、タルナアタ、セイロン、ティモウル、マカサアル、マクカ國、ヘイクウ國、アラン國、ヘンカラ國、コストカルモンティル國、サイロン、マルハアル國、ハルシヤ國、サラアタ國、モハ國、

などである。もちろん「此國ヨリ日本ゟ阿蘭陀船來候」と注記している「オランタ國、シヤムロウ國、トンキン國、ケイラン」は、最も密接なる關係國地であったわけである。

九　和蘭風說書の情報源

オランダ商人が赴く先々からもたらされた傳聞が和蘭風説書の內容を豐富にしたことは前述の通りである。ところで、幕末に近く、天保十一年（一八四〇）に、幕府が和蘭風説書の飜譯文とともに原文をも添えて提出すべきことを令したのに呼應してか、オランダ側でも日本に送る風説書の調整を入念になすようになり、新聞等からも材料を蒐錄せしむるようになった。すなわち、同じ一八四〇年（天保十一）には、オランダ東インド總督が、日本の商館長の執務に資するために、廣東・シンガポールまたはその他の新聞より蒐集して日本人の理解し易きよう、かつ十分信頼の置かるゝ如き報告を、日本向けの船の出帆するまでに殖民局部長宛送るように各部局に命じ、該報告は船の長崎到着後直ちに書面を以て上申せしめるようにした。[27]

出島の商館長であったレビスゾーン J. H. Levijssohn の Bladen over Japan（日本記事）に、左記の如き多くの新聞より必要なる日本に關する記事を引用している。[28] この全部が出島に送られたものとは思われないが、かなり多方面の新聞が商館長の手許には集まったことと思われる。

Javasche Courant, Het Handelsblad, Nieuwe Rotterdamsche Courant, Singapore Free-Press, Hamburgschen Correspondent, Amsterdamsche Courant, Times, Natuurkundig Tijdschrift te Batavia, Dagblad van Keulen, Newyork Courier and Enquirer, Courries des Etats-Unis.

阿蘭陀通詞出身の福地源一郎が「風説書とは海外新聞の抄錄なり和蘭商船の入津して新聞紙を齎す毎に甲比丹は之を鈔錄して長崎奉行所に呈するを例とす」[29]というのも、幕末における實況を傳えたものであろう。「板澤蘭學資料」に含まれている、宇田川榕庵の藏書印のある安政三年の別段風説書には「新聞紙丙辰」と題してある。文久二年（一八六二）洋書調所出版の『官版バタビヤ新聞』の第一號は Javasche Courant No. 70-31 Aug. 1861. Buitenlandsche Berichten

の全譯である。

また、左記の記録中に見える「評判記」もおそらくは新聞であろう。

長崎御奉行

荒尾石見守様

於出嶋千八百五十七年第二月廿四日（安政四年巳二月朔日）和蘭領事官申上候、當節渡來之和蘭商船ウイルレシケエンライ號（船）を以、別段風説書送越不申候、

拙者ゟ送越候評判記に、廣東におゐて暎人唐人之間に闘争差起候儀書載御座候、砦等奪取、アトミラール（官名）ムセイムール（人名）一手之軍艦を以、廣東を燒拂申候、

右兵端者暎人之條約を唐國高官之者に而相守不申候事より差起り候儀に可有之候、

右恭敬申上候、

和蘭領事官

どんくる　きゆる志ゆす(30)

幕末には、漂流民の送還を理由に、あるいは難破船として缺乏品の給付依頼を名目にして、思いのほか多くの諸外國船が鎖國日本に接近した。

嘉永二年（一八四九）三月二十六日、北アメリカ軍船プレブル Preble 號が長崎港に姿を現わし、長崎奉行所は定例の臨検を行なった。乗員一四一人、ニューヨーク出帆後、南アメリカを廻り、香港に滞在、次いで日本に立ち寄ったもので、その目的は、去る弘化四年夏に救助された北アメリカ州の漂流人一六名の受け取り方のみで、他の目的を持

つものでないことがわかった。その投錨中の出來事であるが、

當船中有合候諸國評判記差送申候、唐國出帆之頃多分持越候儀不存付候ハ、殘念ニ候得共、任有合差送申候、尤船中致吟味尚見出次第又々差送候樣可致候、右御請取相成候ハ、爲御知可被下候

曆數一千八百四十九年
第四月十九日

ゼームスギリン

右之通飜譯仕候

かひたん
よふせふ　へんりい
れひそん

右之趣かひたん横文字を以申上候ニ付、和解差上申候、以上、

酉三月晦日

植村　作七郎
名村　貞五郎(31)

とあるように、米船より香港の新聞紙若干部がオランダ商館長に贈られたことの届けがあったので、その飜譯に年番通詞二名が當たったのである。これに對し、

十九日附御書翰昨夕五半時頃落手、忝披見仕候、其節者諸國評判記御惠被下、右者御直ニ要用之事ニ而御心入之段千萬忝奉存候、且御對話申上候事も未タ相決不申自然御免ニ相成不申候樣之事ニ爲成候得者殘念之至ニ御座候

かひたん

よふせふ　へんりい
れひそん

暦數一千八百四十九年
第四月廿三日
ゼームスギリン君ゟ

右之趣かひたんゟアメリカ船主役ゟ差送候書狀之和解差上申候、以上、

酉四月
植村　作七郎
名村　貞五郎(32)

との返禮が商館長レビスゾーンから米船長へ送られたのであるが、この返書もわが官憲の內見を經てからのことであった。これは異國船がもたらした不定期情報ではあるが、その價値は見逃せない。いずれにしても、このようなことから、出島の商館長が海外新聞を多分に蒐集利用していたといわれることも十分首肯される。それにしても、當時の外交々渉は、異國語⇅オランダ語⇅日本語という煩雜さで、しかも一々わが官憲の手を經てなされるものであったので、同じ長崎港內の目と鼻の先の間でありながら、手紙の往復が數日もかかっているのは、何とも焦れったい。

一〇　現存和蘭風說書の數量

和蘭風說書の呈上が寛永十八年（一六四一）に始まったことはすでに述べた。最初はオランダ商館の自發的報告で

あるかのようにもみえたが、同年末には、はやくも幕府がその呈上を嚴命するところとなり、オランダ商館もその命に服したものであった。したがってこの年以降、毎年蘭船の入港するたびに風說はオランダ商館から提出されたものと考えられる。しかし、當初、その報告の方法が口頭で濟まされていたこともあり、文書で報告された場合でも、その形式が整ったものでなかったために、風說書提出開始後しばらくの期間は、彼我の記錄から提出事實の記載が洩れたり、あるいは、提出された文書やその寫本が共に失われたりしたこともあった。

現存諸寫本のうちでも、風說書呈上開始の寛永十八年（一六四一）から、比較的長期間の風說書を纏めて收錄している『荷蘭上告文』（學習院大學圖書館所藏）・『洋說彙集』（東京大學圖書館所藏）の收錄開始年度の寛文六年（一六六六）にいたるまでの、初期二十六年の蘭文ならびに邦文風說書の殘存確認狀況を表示すれば次表の通りである（全期間については解題文末尾の傳存和蘭風說書年表參照）。すなわち、原文たる蘭文風說書は寛永十八年（一六四一）度分から斷續的に傳存して幕末にまで到っており、譯文たる邦文風說書は寛文元年（一六六一）度分を初見として、寛文六年（一六六六）度分からは、蘭船缺航年度計一〇年と最後の安政六年（一八五九）の一ヶ年とを除いた殘りの全年度合計一八四ヶ年分を見ることができる。

したがって、『通航一覽』[33]に「延寶三年以前のもの、今所見なし」とか、「享

西暦	邦暦	蘭文	邦文
1641	寛永18	○	
1642	19		
1643	20		
1644	正保元	○	
1645	2		
1646	3		
1647	4	○	
1648	慶安元		
1649	2	○	
1650	3	○	
1651	4	○	
1652	承應元		
1653	2	○	
1654	3	○	
1655	明曆元	○	
1656	2	○	
1657	3		
1658	萬治元		
1659	2		
1660	3		
1661	寛文元	○	○
1662	2	○	
1663	3		
1664	4		
1665	5		
1666	6		○

保以後のものいま備はらす(34)」とか、いわれてきたが、寛永十八年（一六四一）より安政六年（一八五九）までの二一九年間のうち、蘭文・邦文を通じて、兎に角、和蘭風説書といわれるものは、初期の一三ヶ年分と最後の一ヶ年分との亡失年度分と、入津蘭船をみなかった一〇ヶ年分とを引いた、計一九五ヶ年度分をここに見ることができることとなった。ただし、本書が収載するところは、幕末の別段風説書を除く通常の風説書 Gewoon Nieuws のすべて計三一八通である。

なお、現在までに採集し得た風説書の諸寫本の全通數は、通常風説書と別段風説書とを合せて、すでに延べ二〇〇〇通におよんでいる（蘭文と邦文を合せて）。その採集先と採集年代については和蘭風説書原本・寫本・刊本所在目錄の通りである。すなわち、諸寫本の所在は、これを假に當時の情報受入れ體制に從ってみれば、長崎を含む九州各地から、東京周邊、年代がくだれば、さらに東北・北海道にまでおよんでいて、北方問題の生じた寛政年間にやゝ流出・擴がりはじめて、アヘン戰爭の情報が傳わった天保年間の後半以後急速に各地に傳播していった趨勢もわかる。採集年代については前述した集錄一九五年間と一致すること、この一覽表からも讀みとることができる。なおこの別表は表題のごとく、採集年度と寫本の種別をみるに便ならしめたものであって、同一年度内に何艘かの入津船があって、順次各船から風説書が提出された場合のような、風説書の提出囘數を表示したわけではない。この點を補う意味で、各年における入津蘭船數は參考になるかと考えられる。

二　別段風説書

和蘭風說書と好一對をなす唐風說書[35]において、享保の中頃以後その寫本はとぎれてしまい、纒っては傳存していない[36]。同じ時期の和蘭風說書においては、蘭船の入津手續が長年の習慣に從って形式化していったのと同樣、記載內容が形式的に簡略化していった樣子がみえる。その事情は、清朝中葉頃の大陸情勢が平穩を保った時期に當たり、ポルトガル船の來航も杜絕して久しく、國內的にも鎖國體制が存續し得て、海外交涉面に無事を保った時期に當たっていたからにほかならない。

しかし、やがて露國の南下、英・佛勢力伸張の步が進み、歐亞の情勢に變動が現われてくると、江戸幕府の對外交涉事務にもその餘波が及んで幕閣を惱ますことゝなった。かつ、この情勢の變化は風說書の內容においても認められるところである。情勢の變化に加えて十八世紀中頃を過ぎると、ようやく蘭學の研究も進んで、輸入蘭書による本格的研究の段階に入って、海外事情の理解も深まり、その知識は識者の間に普及していった。そのために、この頃から一般諸士の間にも海外情報・知識の要求が積極化し、海防論議が盛んとなった。幕府も露人の北邊出現に對處して蝦夷地の調査・直轄化を圖ったが、本格的に外交制度の改革に乘り出したのは、十九世紀に入って文化五年（一八〇八）長崎に侵寇した英艦フェートン號事件以後であって、蘭船の入津手續・和蘭風說書提出手順も複雜となった。この對外的な危機感を決定的にしたものはアヘン戰爭の情報々知にあった。鎖國日本の隣國に起きた世界的重大事件である、アヘン戰爭のなまなましいニュースに接し、これが契機となって、さらにその詳報が要求されるところとなった。

アヘン戰爭に關するニュースとしては、一八三九年（天保十）三月に淸國が廣東で英商からアヘン二萬餘箱を沒收、化學處理のうえ廢棄してアヘン嚴禁の方針を明示したことの情報が、はやくもその夏（邦曆六月四日）入津の蘭船によってもたらされた。その一條は、於廣東ヱゲレス國人等之阿片密賣するを禁せん爲ニ、官府ゟ令尹を差越れて、其地に貯ふ所之阿片を隱不置、悉皆可差出旨之嚴命あり、依之是を貯ふ歐羅巴州之人等大ニ窮苦せり、其末於支那國聊ニ而も阿片を用る者ありと聞ハ、何れも刑ニ行ふべき旨之命令あり、其中ニは此命令犯せしものは嚴科ニ所せられ候趣御座候(37)

というものである。しかし、日本官憲において特にこれに注意した様子は窺えない。

翌天保十一年（一八四〇）は六月晦日に蘭船「コルネリヤ・ヱン・ハンリェッテ Cornelia en Henriette」が入津(38)、七月朔日に商館長エデュアルト・フランディソン Eduard Grandisson 提出風説書譯文が長崎奉行田口加賀守喜行より江戸の老中宛に發送された。その譯文の一節には、

唐國ニ而ヱゲレス人ゟ無理非道之事共有之候所より、ヱゲレス國より唐國に帥を出し、ヱゲレス國は勿論カープデグーデホープ亞弗利加州之内及ひ印度ヱゲレス國之領地ニ而も、專ら兵を揃へ唐國ゟ仇を報んが爲め之仕與に御座候(39)

という、その後の事件の推移が傳えられた。これは、イギリス政府が、一八四〇年二月、正式に清國への派兵を決定し、ジョージ・エリオット少將を總司令官兼特命全權大使とするインドの東洋艦隊遠征軍、東インド會社武装船、英本國からの派船、ケープタウンからの派船などがものものしく清國に向った、正にそのニュースなのである。

これに續いて商館長フランディソンは別にアヘン戰爭に關する詳報を提出した。それには、

和蘭暦數千八百三十八年天保九戌年ニ當ルより四十年迄唐國ニ於てヱゲレス人等の阿片商法を停止せん爲に起りたる著しき事を爰に記す

という長い表題がついていて、百項目餘りにもわたる詳報であった(40)。その末尾の項目にみえる、イギリス商人たちが、事の顚末を書き立て、それを「風俗書」に載せて所々へ流布させた、という「風俗書」あるいは「風説書」は、

どうも新聞もしくは雑誌のようなものと考えられる。そしてフランディソンが、「右之趣咬𠺕吧頭役共より申上候様申付越候ニ付奉申上候」というところをみると、この新聞もしくは雑誌を利用して自發的に報じたものと思われる。この段階においては、幕府に對するオランダ商館の「御奉公筋」「御忠節」に當たる行爲かと考えられる。いずれにしても、中山作三郎と石橋助十郎の二通詞による譯文には「子七月」とみえるから、先の通常の風説書に續いて、この長文の詳報も鋭意飜譯が行なわれ、呈上されたものとみうけられる。

このニュースはわが官憲の注目するところとなった。

古河藩主土井大炊頭利位は天保十年十二月に西丸付老中から本丸の老中となり、やがて、老中のなかでも海防掛を擔當するようになった士である。同藩の家老鷹見十郎左衞門（號泉石）は利位に仕えて、公私にわたってよく補佐の任に當たった士である。その『鷹見泉石日記』(41)をみると、天保十一年の夏から急に風説書關係の記事が散見される。すなわち、天保十一年七月廿五日の條には、

（前略）根本様ゟ手紙、入舟風説書御内々被遣（下略）

とみえ、八月三日の條には、

（前略）支那紀行蘭書御覽被成度候由

と書き付けられている。同八月廿三日の條には、

○廣東ヘエゲレスゟ軍船參幷奥蝦夷地之御意有之

とみえ、九月朔日の條には、

○田口加賀守様ゟ御直書ニ而紅毛入津風説書來

と書き留められている。これらは前掲の和蘭風説書を指すこと明白にして疑いを入れない。オランダ商館長から提出された風説書原文は阿蘭陀通詞によって飜譯がなされ長崎奉行のもとに届けられる。長崎奉行は添狀を附して江戸の老中宛翌日のうちに送附するのが定めであったから、田口加賀守もその通り實行したものであることがわかる。追加の詳報も譯が出來たところで、急ぎ追送されたものと考えられる。泉石日記の翌九月二日の條には、

（前略）田口様御狀入御覽風說書上ル（下略）

と明記されているから、長崎奉行の添狀と風說書とが確かに老中のもとに届いたことを知り得る。

さて、情報の內容が打ち捨て難い重要なるものと判斷されたためか、同日記の十月十五日の條には、

○長瀨權太來、采覽異言入御覽候様

と書き付けられているところをみると、老中土井利位が改めて當時における海外地理書たる新井白石の『采覽異言』を取り調べるべき姿勢を示したために、早速、泉石が架藏本を用立てたものに相違ない。同時に、この主君の意を帶して、泉石は、戶川播磨守安淸と交替して江戶に戾った長崎奉行田口加賀守を訪れ、先に風說書で知らされた以外の詳しいアヘン戰爭關係のニュースを老中のために話してくれるよう依賴したものであって、そのことは、十一月十七日の條において、

廣東阿片出入エケレス亂妨之事等御咄御賴申置候

と、はっきり書き付けられている。その結果は、同月廿一日の條になって、

○內風說書寫出來、晚ニ上ル

とあるから、そのような風說書の寫をとゝのえて主君に提出したものと判斷され得る。そして、さらに遡ってこの件

に關する情報を取り揃えるべく、同月廿六日の條において、

○田口加賀守様（中略）去冬唐船風説書等頼置

と、直接、當事者たる唐人からの情報を入手すべく、積極的に依頼をしているのである。

一方、長崎においては、長崎町年寄にして西洋砲術の導入に意を用いていた秋帆高島四郎太夫の注目するところとなり、同年九月、秋帆は西洋流砲術の採用をもって護國第一の武備とすべきことの意見書いわゆる「天保上書」を長崎奉行田口加賀守に提出した。その冒頭に、

當子紅毛船入津之上風説に申上候エゲレス人於唐國廣東之地及騒擾候由、猶當方在留船主周藹亭唐國出帆前及承候大略申上候次第、全相違無之候事に奉存候(42)

とある。これによれば、和蘭風説書の報に接し、秋帆が直にその事の重大さを確かめるべく、在留清商の船主周藹亭に問い質したことがわかる。田口加賀守は秋帆に好意を持ち、その趣旨に賛成していたので、秋帆の上書を江戸に進達した。それを受けとった閣老水野越前守忠邦は、評定所に諮問したうえで、秋帆一行の出府を命じ、翌年、德丸原における秋帆の演練が實現したものであって、このことはあまりにもよく知られた一事である。そして、秋帆の出府に際し、その宿所の周旋に努めたのはほかならぬ鷹見泉石であった。泉石と秋帆は氣心の通じた間柄であった。

秋帆の問い質し、泉石が老中の意を帶しての要求、これらが契機となって、唐人に對しても、蘭人に對しても、アヘン戰爭に關する詳報が要請されることとなったものと考えられる。結果としては、この後、兩者からアヘン戰爭の經過についての詳報が繼續的に提出されたのである。

さて、翌天保十二年には蘭船入津せず、天保十三年は夏六月に蘭船の入津をみた。六月十九日付の年次の風説書で

ある「寅年紅毛船風説書」[43]は、その一節において、

一唐國とヱケレスとの戰争今以不穩候、去ゝ子年已來之義は追ゝ別段ニ申上候

と、アヘン詳報は「別段」に報告する旨を斷っている。次いで、その別段詳報は、

和蘭暦數一千八百四十年(天保十一子年ニ當ル)より千八百四十一年(同十二丑年ニ當ル)迄唐國にてヱケレス人之阿片商法停止方ニ付記錄致候事

と、

和蘭暦數千八百四十一年(天保十二丑年)より同千八百四十二年(天保十三寅年)迄唐國にてヱケレス人阿片商賣停止方ニ付記錄致候事[44]

という表題のもとに、兩年度分が同時に提出された。この兩年度分の詳報の寫本は、各種傳存しているが、東北大學圖書館所藏の狩野文庫本は、この長い内題のほかに、特に「御内密申上候別段風説書」と外題を付している。[45]ここに「別段風説書」の名稱が表題にみえていることは注目に値する。

すなわち、オランダ側の自發的「御奉公筋」の行爲として報じられた前回天保十一年度の詳報においては内容に即した内題のままであったものが、日本側からの積極的な要請によって呈上された、次回の天保十三年提出分からは、これを年次の風説書において「別段」に報告すると斷り、該詳報を「別段風説書」と概括的に呼稱して報告したものと見受けられる。やがては、單に「別段風説書」とだけ表題に用いられるようになるのであって、そのことは諸寫本の題名が示す通りである。そして、幕末まで、毎年、年次の風説書と共に當局に提出されるようになった。

一二　和蘭風說書の終焉

和蘭風說書の下限とその終焉の事情を知るには、長崎奉行所の記錄『諸上書銘書』[46]と、外務省引繼書類に含まれる『新聞紙事件』[47]と題する公儀の評議記錄とが役立つ。

『諸上書銘書』は「従安政四年至慶應二年」の年次にわたり、長崎奉行所から公儀へ提出した諸種の上書の表題を月日を追って書き留め、整理しておいたもの。つまり諸上書の銘書を集めた帳簿といったものである。取扱う諸事務を長崎奉行から老中へ申達し、また伺いをたてゝいるわけで、通常の事務報告あるいは伺いは「町便」をもって送り、重要事項、急を要する外交事務關係等は「宿次」をもって送られている。單なる報告はそのまゝ、伺い事項や指示が與えられるべき事柄のものには折り返し老中より指示の通達がなされ、これは「覺」として『諸上書銘書』の上欄に朱で加筆整理されている。風說書關係記事を順を追って示せば、

安政五午年十二月廿九日町便

阿蘭陀人例年持越候風說書向後差上兼候段申在候義ニ付申上候書付

岡部駿河守[48]

とあって、オランダ商館側から和蘭風說書の提出を取り止めたい旨の申し出があったのである。當時のオランダ商館長は最後のドンケル・クルチゥス Jan Hendrik Donker Curtius であった。そこで長崎奉行岡部駿河守長常はその旨を

認めて町便をもって老中へ報告したのである。この和蘭風説書提出の停止を申し出た理由は公儀が本件につき評議した文に明らかである。すなわち、

（前略）和蘭陀商法御變革以來交易筋之儀は都而商人江任せ置候ニ付、船々仕出候場所も難極置、且外國々江御條約御取結之上は、和蘭ニ限り風説書差上候而は、各國江對し嫌疑も不少候間、以來御國之御爲筋、又は新聞紙可差上候得共、例年之風説書は差上兼候、（後略）(49)

とあって、開港後各國に對する氣兼ねがその主たる理由のようである。これに對して、酒井隱岐守、水野筑後守、堀織部正、村垣淡路守、加藤正三郎が縷々評議を行なった結果、結局、幕府から長崎奉行へは、

〔岡部駿河守江

未三月六日備後守殿立田錄助を以、御下ケ

覺

書面和蘭人例年持越候風説書之義ニ付領事館申立之趣も有之候得共、彼國は舊來御趣意も有之候譯等能々説得いたし、風説書は是迄之通差出候樣篤ﾄ申諭し候樣可被致候事、(50)

と、あくまで和蘭風説書を必要視して「篤ﾄ申諭し」提出させるよう指示している。「未三月六日」であるから安政六年三月六日のことである。

次に、安政六年度の分をみると、

四月廿七日宿次

和蘭領事官風説書差出方之儀ニ付申上候書付

とあって、これは「五月廿七日備後守殿ゟ立田錄助を以進達」された。これに對して、

未八月十五日中務大輔殿早川庄次郎を以御下ヶ　岡部駿河守(51)

覺

伺之通和蘭領事官申立之趣承置候樣可被致候事(52)

との指示がなされた。次いで、

七月六日宿次

和蘭領事官別段風說書差出候間差上候儀申上候書　岡部駿河守(53)

とあって、これは「八月四日中務大輔殿ゟ佐藤清五郎を以進達」された。この二ヶ條によって判斷されることは、前者からは、和蘭領事官クルチゥスより再度風說書の提出に關して申し出があった模樣で、それが老中太田備後守へ進達されたことであった。進達された內容の詳細はこれだけの記錄では不明であるが、老中から二ヶ月半程たって、そのオランダ側の提案を聞き置くようにとの指示が下された。この期の外交事務の輻湊していた事情の故か、あるいは指示を下すまでの檢討、協議に餘程時日を要する重要案件であったのか知る由もないが、隨分手間取った處置である。後者からは、この年別段風說書の提出が和蘭領事官からなされたということが明白であり、七月六日宿次で長崎奉行岡部駿河守より發信、八月四日に脇坂中務大輔安宅のもとに届けられたのであった。このことは、オランダ國立中央文書館に、

Relaas van Apart Nieuws. Get. door Donker Curtius. Desima, 31 Julij 1859.(54)

の表題をもった送信控文書の現存していることによっても證せられる。ここに示す太陽暦の七月三十一日は陰暦の七月二日に當たっているから、この別段風説書が飜譯に四日間を要し、五日目に宿次便で發送されたことを知り得る。

さて、先にも述べた如く、和蘭風説書および別段風説書の現存は安政五年提出分(内容は安政四年分である)までゝあって、『諸上書銘書』の記載で明らかとなった安政六年度分の邦文別段風説書は現在まだ確認されていない。なお『諸上書銘書』には、この安政六年七月六日送信の別段風説書の記事を最後に、以後 和蘭風説書に關する記事はみえない。かえって唐風説書に關する記事の方がしばしばみうけられる。すなわち、

萬延元年六月廿七日町便

當地在留唐船主家族共亞米利加船ニ而渡來ニ付入館爲仕候趣并唐國賊亂風説書差上候儀申上候書

岡部駿河守(55)

とあって、これは七月十日に老中安藤對馬守信正へ早川庄次郎を以て進達されたのであり、また、

文久元年十一月廿七日宿次

唐國騷亂之風聞書差上候儀ニ付申上候書付

高橋美作守(56)

とあって、宿次で進達され、さらに、

文久二年二月廿七日町便

唐國騷亂之儀ニ付風聞之趣申上置候書付(57)

というのも進達され、いずれも太平天國の亂を速報したものであろうことは確かである。このように唐風說書に關する記事がしばしばみられるくらいであるから、和蘭風說書が安政七年以降も長崎奉行に提出されたのであれば、必ずや長崎奉行から老中へ進達された書類の銘書である『諸上書銘書』にその記事がみられるはずである。しかし、これがみられないことから、先に示した安政六年七月六日付送信の別段風說書をもって和蘭風說書の最終と見做すことができる。

ところで、オランダ商館側が長崎奉行に風說書の提出を廢止したい旨申し出たのは、先にも引いた長崎奉行所關係の記録『諸上書銘書』によって安政五年（一八五八）の暮のことであった。この年は日蘭關係史からみると、日蘭和親條約および追加條約の批准書交換が安政五年十月三十日に終わり、日蘭修好通商航海條約と貿易章程の調印も同年八月十日に濟んでいるのであって、風說書廢止の提案は實にこの直後になされたのであった。オランダ側が擧げた理由は、諸外國とも條約締結が濟んだうえは、オランダだけが風說書を提出することは、兎角嫌疑を招きやすいから、というものであった。また實際問題として、開港後は急に諸外國の入津船數も增加し、オランダも例外でなかった。オランダ商館長日記が記すところによれば、一八五八年（安政五）七月七日に Zeevaart 號が、九月四日には Cornelia Henriëtte 號が、そして十一月二十八日には Oldenbarneveld 號の三隻が、はやくも入津、翌一八五九年（安政六）には實に三十數隻の船がやってきている。またイギリス船、アメリカ船、ロシヤ船も相ついで多數入津しており、本國からはるばるやって來る船にまじって上海との間を往來する船も急に增加している。(58) さらに長崎に入港中の船が神奈川や箱館へも往來するようになった。このような情勢から判斷するに、先にオランダ側が申し出た理由も容易に首肯できるとともに、江戸幕府が從來オランダに對してとってきたようなむずかしい規制も實際問題として維持出來なくなったことと思われる。つまり限定された場所出島を通じ、しかも年一、二隻の船から提出せしめるという少ない機會であったればこそ、和蘭風説書の受理から飜譯、進達まで特別に注意深い配慮と制度がたてられて勵行されたのであるが、今やこれはあまりにも煩瑣な制度となってしまった。ましてオランダにとってこの種の義務づけは誠に繁雑にしてわずらわしいことゝなったわけである。更に風説書廢止の決定的な要因として、先にも述べた新聞の輸入があげられる。したがって、安政五年にオランダ領事館が風説書の提出廢止を申し出た際に、幕府では、「(前略)尤も新聞紙手に候か又は御國の爲言上不仕候而難計義は早々可申上旨領事館申立(下略)」(59)との言質を得て諒解するところとなったのである。

さらに、幕府が新聞紙の輸入をもって和蘭風説書にかえることを諒解したことは、幕府において外字の新聞を十分活用出來る、すなわち短時日の內に飜譯出來る態勢を整え得たことを明白に意味することにもなる。事實、幕府はすでに天保十一年(一八四〇)五月二十七日に「蘭人風説書こののちは飜譯に原文を添へ出すへし」(60)と令し、曆局において蘭學者をして提出された風説書の原文および譯文の検討を開始していた。また、嘉永三年、五年(一八五〇、一八五二)には、司天臺譯と稱する別段風説書もあり、(61)安政五年(一八五八)にいたれば江戸譯と明記した別段風説書の寫本が多數現存している。(62)この江戸譯はいずれも蕃書調所の手塚律藏、市川齋宮、淺井雄三郎、西周助、山內六三郎、木村宗三等六名によって飜譯されたものゝ寫本である。幕府は長崎の阿蘭陀通詞の手を借りず、江戸において自己の手中において讀解する態勢を整え得るにいたったのである。さればこそ、同年の暮、蕃書調所頭取古賀謹一郎から蘭人提出の風説書蘭文を即刻取り寄せ、和解開板したい旨の提案さえ行なわれた。しかし、この件は、「長崎表差支之趣も有之」ということで實現しなかった。(63)しかし、このことによって、この期の幕府が極祕とすべきものから公開のうえ、むしろ積極的に海外事情を周知せしめ、ひろく見解を聴取して外交・貿易の方針決定の資とすべく、幕閣要路、關係諸大名などにも同時に回達する必要もあって風説書の上梓ということが考えられたことに相違ない。そして、この飜譯態勢の整備は、萬延元年（一八六〇）十二月二十七日にいたれば、蕃書調所に、

廿七日始めて筆記方を置く、金子泰輔、小菅辰之助、櫻井金八郎、鈴木鋼三郎、吉田賢輔筆記方出役となる、同日賢輔筆記方出役取締となる。教授方海外諸種新聞を口譯し、筆記方之を筆授したるなり云々(64)

と教授方の口譯する海外諸新聞を筆記する筆記方を五人も要する程、スピードアップした狀態に發展したのであった。(65)

一三　和蘭風說書の速度と信用程度

和蘭風說書に含まれている諸事件に關する情報は、それぞれの事件發生後、どれくらいの速さで日本にもたらされたものであるか。また、その通報內容は信用のおけるものであったか、どうか。

そこで、まず、特に基準を設けたわけではないが、年度・日付などのわかる諸事件若干をとりあげて、それらの情報が日本に到達するまでに要した年月を點檢すべく表示してみれば次の通りである。

これによってみれば、諸事件に關する情報は、おゝむね一年後にもたらされていることが判明する。(66)殊にヨーロッパの情報はほとんどすべて一年後にもたらされている。オランダ本國から出帆した船がバタビヤに寄港し、積荷を整えて日本に來航するか、あるいは本國からの船の荷物をバタビヤで別の船に積み替えて日本に來るか、いずれの場合

風説着年	情報内容	經過年數
慶安 2(1649)年	1648 ウエストファリア和約	1
3(1650)	1649.1.30 英，チャールズⅠ處刑	1
明暦 元(1655)	1654.4.23 英蘭講和條約調印	1
寛文 6(1666)	1665.5.4 第2次英蘭戰爭中，イギリスがオランダに宣戰布告，オランダの損害大	1
8(1668)	イスパニヤ王位繼承戰爭の發端，1667.7.26ブレダの和約	1
延寶 元(1673)	英，チャールズⅡは1672.3.28に，ルイXⅣは4.6に，オランダに宣戰布告	1
4(1676)	1674.2.19 のウェストミンスターの和議	2
6(1678)	1678.1.4 ヨアン・マーツサイケル死去	0
8(1680)	1679.8.10 蘭佛間に講和條約締結	1
天和 元(1681)	1680.10.29 バタビヤ總督交替	1
貞享 元(1684)	1684.1.11 同上	0
元祿 2(1689)	1688.7.11 シャム，ナライ王死去	1
3(1690)	1688.12 オランエ公ウイルレム，王妃メリーと共にイギリスに迎えられ，王位につく	1
4(1691)	1688.12.23 ジェームズⅡフランスに逃亡	2
5(1692)	1691.9.24 總督交替	1
7(1694)	1693.11 コスト・コロマンデルの砦をオランダ人占領	1
11(1698)	1697.5.9〜9.20 ライスワイク講和會議	1
12(1699)	1699.1.4 爪哇西部大地震	0
14(1701)	1700.11.1 イスパニヤ國王カルロスⅡ死去	1
16(1703)	1702.7 英蘭連合軍と佛軍とナイメーヘンで激戰	1
	1702.10.22 英蘭連合軍，イスパニヤのシルバー・フリート撃破	1

風説着年	情報内容	經過年數
寶永 元(1704)年	1703. 8. 24 英蘭連合艦隊と佛西連合艦隊との海上抗爭	1
	1703. 4 爪哇，回教王マングクーラートII死去，III卽位	1
2 (1705)	1704. 8. 15 總督交替	1
6 (1709)	寶永5. 8. 27(10. 10) シドッチ潛入事件	1
7 (1710)	1709. 10. 30 總督交替	1
寛延 2 (1749)	1748. 10. 18 アーヘン條約締結	1
寶暦 6 (1756)	1755. 11. 1 リスボン大地震	1
7 (1757)	ハレー彗星出現の豫想	
9 (1759)	1759. 3—4 バタビヤ地方にみえたハレー彗星	0
明和 元(1764)	1763. 2. 10 パリ平和條約締結	1
安永 9 (1780)	1779. 6 スペイン，イギリスに宣戰	1
天明 8 (1788)	1787. 8. 10 トルコ，ロシヤに宣戰	1
寛政 元(1789)	1788. 7 ロシヤ，スウェーデン開戰	1
5 (1793)	1792. 1 露土戰爭講和條約	1
6 (1794)	1789 フランス革命第1報	5
文化 10(1813)	1812 ナポレオン，ロシヤ遠征，モスコより退却	1
14(1817)	1814. 9 ウィーン會議開催	3
文政 10(1827)	第2次ペルシャ戰爭（1826—28）	1
天保 2 (1831)	ポーランド反亂（1830—31）	1
4 (1833)	1830 列强，ベルギー獨立承認	3
	1831. 10 24ヶ條條約	2
5 (1834)	1833. 5 クタヒァ條約	1
7 (1836)	1835 アンボイナの地震	1
10(1839)	1839. 3 アヘン情報第1報	0
14(1843)	1842. 8 英・淸和睦	1
弘化 元(1844)	1842. 8 南京條約	2

においても、所要期間に大きな差異はなく、ほぼ一ヶ年前後で情報は日本に到達している。インド・中國關係の情報もほぼ右に準じているが、バタビヤおよびその周邊地域で連絡のとれやすい範圍の事柄についてはバタビヤを出帆するまでよく情報を蒐集することに努めていたらしく、より新しい情報をもたらしている。シャムの王室の動向に關する情報、バタビヤの總督交替の報知が比較的速くもたらされていたことは右の表にみえる例からだけでも首肯されよう。中國がその舞臺となった、アヘン戰爭に關しても、事件發生から、戰鬪開始、その經過、終結、條約の締結、その條約文まで、順次、比較的速くその情報はもたらされた。

次に、それらの情報はおゝむね正確である。殊に、第二次英蘭戰爭（一六六四—一六六七年）に關しては、オランダにとってむしろ不利益と思われるような事柄をも報道している。一六六五年五月四日、イギリスがオランダに對して宣戰を布告したこと、その後の海戰においてオランダが大きな損害をこうむったことなど、その要點を正確に報告した。

しかるに、フランス革命後、オランダ本國が一時フランスに併合されるころになると、事實を曲げて報道している。フランス革命の報道は一七九四年（寛政六年七月五日）に届いているから、その勃發より六年目になる。これから文化年間にかけて虚報が少くない。例えば、文化六年（一八〇九）六月十八日の風説書には、

フランス國王之弟ロウデウエイキ、ナアポウリユムと申者、阿蘭陀國ゟ養子仕、國主に相立申候

とあるのは巧言を以って我を誑したものである。一七九五年フランス革命軍がオランダに侵入し、オランダ聯合州執政 Stodhauder のオランエ公ウイルレム五世 Prins van Orange, Willem V は英國へ逃れ、ついでバタビヤ共和國 Bataafsche Republiek の出現を見て、オランダは革命フランスの勢力下に置かれ、越えて一八〇六年四月五日バタビヤ

共和國を變じてオランダ王國 Koninkrijk Holland となり、ナポレオン一世の弟ルイ Louis Napoleon がオランダ國王に封ぜられた。この眞相を全く祕して、「養子仕、國王に相立申候」と誤魔化したのである。やがて、一八一三年ナポレオン一世がライプチッヒに惨敗するや、英國に亡命していたプリンス・ファン・オランエはオランダに歸って王位に卽いてウイルレム一世 Willem I と稱せられると、文化十四年（一八一七）七月四日の風說書は次の如く報道している。

去る巳年申上候、フランス國王弟ロウデウエイキ・ナポレウリユスと申者、阿蘭陀國に養子仕國王に相立置申候處、死去仕候に付、以前之國主プリンス・ハン・ヲラーニイ血脈之者、阿蘭陀國王に相改、國政等三十ヶ年以前に回復仕候

一八四六年まで生存したルイを三〇年も前に死んだことにして、前の虛報と辻褄を合せようと苦肉の策を弄したのである。この虛報作成に手間取ったためもあってか報道もまた數年の遲れを生じているのである。しかし、このヘンドリック・ヅーフ Hendrik Doeff 時代の風說書を以て、全部の和蘭風說書の信用を決定することは苛酷であるばかりでなく、事實と相反するのであって、これあるがために和蘭風說書全體としての史料的價値は決して減ぜらるゝものではない。否、かゝる虛報を餘儀なくされたことがまた當時のオランダを知るうえで貴重な史料ともなり得ると思う。(67)

一四　和蘭風說書の獨占・活用

和蘭風說書が特別至急便で江戸の老中のもとに驛傳具達されたこと、老中による利用の一端については既述の通り

であるが、幕府においては、この和蘭風說書を祕密重要書類として、極く限られた要路の間だけにしか閲覽を許していなかったようである。

『通航一覽』所收の和蘭風說書に、

右一通、（延寶五年）七月廿三日、從美濃守（按ずるに老中稻葉正則）來る(68)

というような添書があるが、それはいずれも老中である。

風說書の呈上が行なわれだした當初において、大目付にして宗門改の重職にあって、キリシタン禁壓、鎖國體制の確立・維持に辣腕を振った井上筑後守政重の海外知識の基となった。それというのも、幕府が蘭人に對して和蘭風說書の提出を命じた際、將軍の名においてこれを直接擔當したのは、ほかならぬ井上政重自身であった。事實、彼が每年の風說書を讀んでいたらしい樣子は『オランダ商館日記』にも散見されるところである。また、必要に應じて、海外情報を判斷して、老中とゝもに政治的對策をたてゝもいた。慶安二年（一六四九）八月二十九日、井上政重は老中松平信綱とゝもに、西國・中國・四國の諸侯の家臣を召集し、沿岸警備を嚴重にすべきこと命じたが、これは長崎に着いた蘭人から、雍州邊で遭遇したゴア行きの南蠻船に伴天連が乘っていたという情報を得て採った措置であった(69)。これも好例の一つであろう。

朱子學を以て幕政の中樞に列し、幕政ならびに對外交涉の諸制度に改革の實をあげた新井白石は、當然のことながら、當時における海外事情通の一人であった。白石は自著『西洋紀聞』上卷において「彼地方のこと葉をいひしものは、嚴刑をまぬかれず、たとひ其言葉を聞傳しものも、敢て口より出すべき事にもあらず(70)」と述べて、明らさまには記していないが、同書中卷の終わりに記すイスパニヤ王位繼承戰爭（一七〇一―一七一四）の記事中、寶永六年以後のことは「これより後の事は、ヲ、ランド人の説を、こゝにしるしぬ」とあり、「己丑年四月〔本朝寳永六年なり〕ヲ、ランド人、フラヤンス・イスパニヤ等の人と戰ひ、一萬餘人を斬てレイセル、バルゲ、タウルネキの三城を取る、ヲ、ランド人戰死するもの一萬餘におよべり」とは寳永七年度の風説書の一項目と同内容であって、以下もまた風説書を利用している。

また『西洋紀聞』中卷のソイデ・アメリカ諸國すなわち南アメリカの説明のところに、「祕府にヱウロパのクラントあり」とあって、その註に「クラントはヱウロパの俗に、凡そ事ある時は、其事を圖註し、鏤板して世に行ふもの也」とある。クラントはcourantで、繪入り新聞のごときものゝように思われる。白石の時代、祕府にかゝるものゝあったことは頗る興味深い。恐らくいつの年にかオランダ人が獻じたものであろうが、勿論毎年の例であったとは考えられない。このように白石の利用し得たものには祕府の所藏にかゝる諸文獻や地圖のほか和蘭風説書のあったことは注目に値する。ただし、それは全部ではないらしく、彼の幕政に關係した年代のものゝみのようである。(71)

降って、寛政改革が思想統制の改革なる色彩を濃くした異學の禁において、あやまれる海外知識と低俗な蘭學知識の吹聽者を抑えんとし謀った老中松平定信が、實は有能なる蘭學者を招聘・配下に置くとゝもに、呈上された風説書を讀んで、餘程豐富な海外知識を保持していたのである。自敍傳『宇下人言』に寛政四年ラクスマンの根室來航事件を處理した顚末を記した後に、「われ蠻國の事など悉しく探り置たるによて、こたびの御用など大に益を得し也」(72)とある。風説書には、ロシヤの極東經略については夙に享保十七年（一七三二）から見え、寛保元年（一七四一）にはスパンベルグの千島および日本探檢のこと、天明元年（一七八一）には、ロシヤにおいて日本漂流民を利用して日本語の研究をなしつゝあることを報じるなど、その後もロシヤ關係の記事が多い。定信の西洋事情の研究はその手澤本

等によっても知ることができるが、彼の『祕錄大要』の「集書披冤之次第」をみると、その用意のほどが如實に窺える。(73)

このように、和蘭風說書の閲覽は長崎奉行、關係の阿蘭陀通詞のほかでは老中、宗門奉行など、幕府要路の範圍內であって、この時點に到るまでの現存風說書の寫本數のきわめて少ないことゝ相俟って、幕府からこれが漏れた形跡はみられない。折角の新鮮な海外のホットニュースも、嚴しく幕府によって獨占され、廣く一般人士の知識とはなり得なかったようで、民は依らしむべし、知らしむべからずの感を深くする。

その利用についても、鎖國時代には、直接關係を有した幕府要路の人々が萬一に備える豫備知識として集積しておくか、あるいは內々にわずかばかり個人的な利用をするくらいがせいぜいであって、幕府における積極・公的な活用はあまりみられなかったようである。これが利用の必要性は、やはり、異國船の出現頻度が增すにつれて高まり、開國期に到ってようやく活用されだしたといった感が強い。例えば、嘉永六年六月三日(一八五三年七月八日)浦賀に來航した米國のペリー艦隊について、幕府は、その前年、嘉永五年の別段風說書において知っていた。しかるに風說書を受けとった長崎奉行牧志摩守は「全渡來可致義ニハ無之候」(74)と幕府に意見を具申し、いよいよ米艦隊が來てみると、

蘭人兼而申通候通り、上官の名、船數すべて符號す、只四月と申處、六月に相成候儀而已相違せり(75)

という次第で、幕府は、オランダの情報を祕して、何等の準備をもしなかったのである。ところが、開國後の安政四年、幕府がハリスと日米通商條約締結の交涉を行なった際、擔當の海防掛勘定奉行・同吟味役らは盛んに風說書を利用してハリスの言動に吟味を加えた。すなわち、

亞墨利加使節申立之儀ニ付心附候趣申上候書付

海防掛
御勘定奉行
同　吟味役

という彼等の吟味の内容は、

亞墨利加使節申立之儀ニ付評議仕候趣申上候處、一體右申立之廉々西洋之事蹟を記し候諸書并和蘭人申立候風説書其外見合可相成書類等取調候處、不審之廉有之、容易ニ御信用者難相成筋哉と奉存候、依之御參考之爲右廉々御對話書寫ゝ下ヶ札仕見合候書類之内、緊要之分其外御見合可相成書抜相添此段申上候、以上

巳十一月

というものである。さらにその一例をあげるならば、ハリスが十月二十六日、老中堀田正睦と談判した際の對話書に、ハリスが、

合衆國の政府於ゐ者他方に所領を得候儀は禁申候

と言明したのに對して、

（前略）去る申年和蘭甲必丹差上候別段風説書之内、合衆國メキシコと戰爭之上メキシコ之地カリホルニーを掠取、別紙二印之通、寅年別段風説書にも償銀之代りメキシコ領メシルラタルと申地を取候趣も相見候間、申立之趣者全僞と相聞申候

と反論を加えた。蘭人提出の別段風説書によって米使ハリスの虚僞の申立を暴露したものであって、他にも日本ヘアメリカ人のアヘン持ち込みを警戒し、その嚴禁方を云々した箇條などに附した意見にも、第一に「唐蘭風説書」を論

據としている。これらは、風說書・別段風說書が幕府に公然と、かつ有效に利用された好例であろう。(76)

一五　和蘭風說書の遺漏・傳播

次に、幕府の獨占物とされていた和蘭風說書が遺漏・傳播した經路を考察してみたい。風說書が入手・飜譯・驛傳具達される順序に從って追究・例示してみよう。

第一、風說書のオランダ語原文から飜譯を擔當したのは、いうまでもなく阿蘭陀通詞である。阿蘭陀通詞の役所には風說書の控もあって、彼らの手から漏れた場合をあげることができる。この例は比較的多い。具體例を擧げてみよう。古河藩の家老泉石鷹見十郎左衞門は、主君の土井大炊頭利位が大坂城代・京都所司代・西丸老中・本丸老中と歴任する間、よく仕えた士である。大坂時代には大鹽平八郎の事件に遭遇して、これを處理した。天保改革期に老中の座にあり、水野忠邦失脚後の幕政にも深く關與した主君が、特に海防掛を擔當したから、泉石もこの方面で意を拂う點が大きかった。その泉石が、職務上の必要からだけでなく、個人的な蘭學趣味や海外知識吸收の一環として、異常なまでに和蘭風說書の入手に手を盡していた。そのことは『鷹見泉石日記』や泉石來翰のうちにしばしば見受けられるところである。そしてその入手先の大多數が阿蘭陀通詞であったことは注目すべきことである。いまその一斑を列擧すれば次の通りである。

1　文政十年（一八二七）三月、オランダ商館長の江戸參府に隨行出府した大通詞の末永甚左衞門は「風說書三册」を泉石に提供した。

2　天保八年（一八三七）二月、同じく參府による江戸滯在中の通詞岩瀨彌十郎が風說書を泉石に貸して寫本の機會を與えた。

3　弘化四年（一八四七）十月、江戸から長崎に歸る通詞楢林重兵衞は泉石から「和蘭風說書」の送付を依賴された。同年十二月に「風說書、別段風說書」ともに泉石のもとに屆いた。

4　嘉永元年（一八四八）の風說書については、十一月に通詞の吉雄某から「風說書、內風說書」などが泉石の許に屆けられた。この吉雄某は長崎奉行所の役人星野一郎から泉石に宛てた書狀によって吉雄權之助と推定される。

5　その他、石橋助十郎、楢林鐵之助や西紀志十らも泉石に風說書を提供した樣子である。

このほか、鷹見家には何某が何時提供したか判然としない風說書も在る。(77)
泉石の手許に入った風說書は、泉石と親交のあった幕府の役人や蘭學者たちに貸し出されることがたびたびあった。事實、渡邊崋山、宇田川榕庵からそれらの件に關する禮狀が泉石に贈られており、川路聖謨の書狀にもそれらしき節がみえる。

佐賀の鍋島家にはかつて「和蘭風說書」寫本六册があった。現在行方不明。いま故板澤武雄博士が寫本せしめられたもの六册によってみると、第一册の卷頭に漢文の序文が一葉付いている。それによれば、

荷蘭上告文五卷附錄一卷係鷹見泉石請長崎象胥所就日記中令抄寫者泉石古河藩人壯歲好洋學適土井侯任閣老而身替公事故得有此舉泉石晚年以地學與餘交厚頃者出其深祕寄示于餘乃寫一通藏家（中略）披閱一過乃題其首嘉永四年辛亥仲春逢谷病人儒書于樂忘居中南窓下(78)（下略）

とみえる。これによれば、荷蘭上告文五巻、附録一巻は長崎の通詞の役所にある記録から鷹見泉石が抄寫せしめたもので、泉石が晩年に逢谷箕作阮甫にこの祕書をみせ、逢谷は別に寫本一本を作り、嘉永四年仲春、樂忘居中の南窓下において本書の首に題言を書いた、というものである。もって、寫本作成の經緯がわかる。本書の收錄年數は寛文六年（一六六六）から文政九年（一八二六）まで〻ある。

學習院大學圖書館は『荷蘭上告文』乾坤二冊を所藏し、序文はないが、收錄年數は同じく寛文六年から文政九年まで〻、初めの四十四葉は樂忘居という罫紙に書かれている。箕作阮甫作成本であることがわかる。

ところで、渡邊崋山と鷹見泉石との親交のあったことはすでによく知られているところであるが、風説書をめぐっても、その様子が窺える。例えば、天保七年十二月十八日付、崋山から泉石に贈った書状に、

今年風説書之義被仰下、定而此節は御入手とは奉存候得共、愚釋相添、呈進仕候(79)

とい〻、また同じく、「五月八日」の日付を持つ一翰には、

風説書　五卷　追〻留觀難有御庇蔭不淺奉拜謝候、則返上仕候……(80)

ともいっている。文面から、崋山が泉石よりしばしば風説書を借覽した機會のあった様子が窺える。

現在、田原町の崋山文庫は上下二冊の『風説書』寫本を所藏している。崋山の自筆本でなく、何人の筆寫に係るものか寫本自體からは何も手懸りは見出せない。その收錄している内容は次の通りである。

● 上卷

・寛延元辰年（一七四八）から文政九戌年（一八二六）までの風説書

・蘭船三艘分の乘船員名簿

・寛文六午年（一六六六）から延寶五巳年（一六七七）までの風説書

●下卷

・延寶六午年（一六七八）から延享四卯年（一七四七）までの風説書

收錄年度の順序からすれば、「上」の最後についている寛文六年——延寶五年度分が「下」の前半に移って、「上」「下」が逆になるべきものである。(81)この亂れはいかなる事情によって生じたものであろうか。

全體を一度に寫本したものであれば、その寫本のもとゝなった本が亂れていないかぎりかゝる亂れは生じそうもない。ばらばらに寫本したものを製本する段階で亂してしまったものかとも考えられるが、「上」の方には白紙が三丁もついたまゝになっている。したがって、寫本後製本したものとは考えにくい。そこで考えられることは、乘船員名簿の八丁をのぞいた風説書の部分のみでいえば、

寛延元年——文政九年

寛文六年——延寶五年

延寶六年——延享四年

この順序で三度に分って寫本する機會があったのではあるまいか、ということである。入手・寫本の決して容易でない性質の史料であるだけに、順序を追って、全部一度に寫本出來るということは困難なことであったであろうから、かゝる推測は全く無理なことゝも思われない。それどころか、こゝに有力な傍證が存在する。

泉石は重要な書狀を認めた場合に、よく下書き、もしくは控を作成した。そのような書狀の下書きの一通に、次のような一節がみえる。

（前略）和蘭風説書、寛文六年ゟ之一册延寶迄ハ、是又助次郎へ御賴遣申候、先日申上候、仕候得共、六代來、荒崎陽此手之書役寫㕝候儘ニ付、誤多、旁御用立之程無覺束奉存候、書抜差上候（下略）(82)

誰に宛てた書状の文面か、宛名の記載がなく不明なれど、「寛文六年ゟ之一册延寶迄ハ」とは、ちょうど、崋山文庫本「風説書　上」の後半部分に當たるではないか。してみると、泉石自身、長崎の阿蘭陀通詞から、何回かに分けて寫本してもらったらしいこと明白なる文面であり、少なくとも寛文六年から延寶までの寫本一册は通詞の石橋助次郎の斡旋に係るものであったわけである。このようにして、泉石は寛文六年から文政九年までの風説を蒐集し得たものと考えられる。泉石の手中に入った風説書が順次崋山に貸し出されたことは、前述の様子からして、その可能性は高い。鍋島本風説書、學習院本荷蘭上告文、崋山文庫本風説書がいずれも寛文六年度分から文政九年度分までを収録していることは、右の情況からして無關係とみるよりは、むしろ密接なる關係あり、とみるほうが順當であろう。

風説書を漏らしたのは、一人阿蘭陀通詞だけではない。唐通事による遺漏の一例を紹介しておこう。天保十三年十二月、アヘン戰爭の情報を傳えた唐人風説書を島津齊彬に漏らしたのは唐通事の潁川渲助で、その風説書の付記に、

右之通此節入津之唐船舶主共より、唐國戰爭之一件ニ付申上候成行、和解仕候ニ付、爲御見合御内々申上候、以上、

但、他ゑ漏候儀者堅く御制禁に承知仕候間、御他言ハ一切御無用ニ被成下度奉願候、(83)

と、他言無用の念を押している。

第二、通詞によって飜譯された風説書譯文は、二通清書されて、長崎奉行へ届けられる。(84)長崎奉行は、翌日のうちに、その一通を老中宛に送付し、他の一通は奉行所に留め置いたようである。(85)右の關係から、長崎奉行ないしは長崎

奉行所から遺漏した可能性も考えられる。かつて、幸田成友博士が「寛政九巳年の和蘭風説書」と題して、慶應義塾大學法學部教授故永澤邦男氏所藏の風説書全文を紹介された。これは商館長ヘースベルト・ヘンミー Gijsbert Hemmij をはじめ、通詞目付三嶋五郎助以下各通詞らが署名捺印し、奉書紙三枚餘の繼目の紙背には黑印が捺された、傳存唯一の和蘭風説書原本である。(86) 永澤氏の母堂は近藤守重(正齋)の孫に當たられる由で、正齋が寛政七年から同九年にかけて長崎奉行所の手付出役を勤めたことを考え合せると、これは長崎奉行所からの遺漏ということになりそうである。

第三、長崎の有力者たる町年寄から漏れた場合もある。町年寄は、その立場から、長崎奉行所の役人や阿蘭陀通詞たちと接觸の機會が多かった。例えば、長崎町年寄の秋帆高島四郎太夫は蘭學知識を身につけ、殊に洋式兵術を學んで、すすんだ見識の持ち主であって、交際範圍もひろかった。

『鷹見泉石日記』の天保十二年七月十一日の條をみると、その夏來航の唐船からもたらされたアヘン戰爭の新しいニュースを早速入手して、次のごとく書き留めている。

〇高嶋四郎太夫ゟ燧石廿、并唐船入津寧波ニ而王女(イギリス)其外戻和睦いたし候處、廣東へ又參阿片商賣願、不相濟付戰爭相成、與山(マヽ)之外城被破、內城ニ而防候由、北京ニ而和睦ヲ好候處、帝王逆鱗、出陣之沙汰相成候付、弟親王出陣之由、其後剛臆相分不申由申來

とあるように、これは高島秋帆の報らせたところである。

三河吉田藩士柴田猪助なる者が藩老の子息西村恭次郎に宛てた天保十三年十二月二十四日付の書狀の下書きには次のごとき文言がみえる。

（前略）唐土へイキリス侵來候事昨年か風説書一見仕候、然る處、彌實事の趣にていろいろ紅毛人なと書上も有之、本邦漂流人南洋諸島に居候者より當六月入津の蘭船へ誂、鎭臺へか申上候事も有之、是はイキリス唐土を片付候後ハ、本邦へもかかり可來様子に聞へ候事を申上候哉に聞へ申候由、夫よりして海邊の淺深量り方等の被仰出も出候哉の旨に候、是ハ近頃西洋の大炮新製の品、長崎高島四郎太夫と申者習ひ得候由にて、濱松様よりも田原様よりも御家中の者、右を習ひに長崎へ被遣候、當五月、田原の者參り、九月に歸り申候、右大砲習ひに鹿兒島の士、熊本の士なども參居候咄も承候、

柴田猪助の西洋知識は三河田原藩士村上定平（範致）から受けるところがあったという。[87] 村上定平は天保十二年、秋帆が行なった德丸原の演習において銃隊員の一人として參加したもので、翌年すなわち、この年の四月、長崎に到り秋帆に入門し、その傳を受けた。[88] さすれば、柴田猪助が一見し得た昨年度分の風説書は高島秋帆――村上定平――柴田猪助の經路で傳わったものであることを窺い知ることができる。そして、柴田が家老に入説するところが契機となって藩士の高島流砲術の傳習が行なわれることゝなったという。風説書の傳播經路と利用のされかたが窺えて興味深い。

第四、鎖國時代唯一の國際港長崎の警備の任に當たっていたのは、福岡、佐賀、大村の三藩であった。警備當番の年は勿論、非番の年においても長崎防備の必要から海外事情を知っておく必要があった。したがって、これら三藩が殊のほか海外情報の入手に熱意を示したのはむしろ當然のことである。

例えば、佐賀鍋島侯の場合には當番・非番の年を分かたず、はやくから風説書の入手に努めていた。佐賀藩が寛延三年（一七五〇）の風説書を入手したのは長崎町年寄高嶋八郎兵衞からであり、翌四年も同様であった。寶暦二年（一

七五二）分は大通詞の名村勝右衛門から、寶暦五年はまた高嶋八郎兵衞から、同六年は名村勝右衞門、七年の一番船分は高嶋八郎兵衞、二番船の分は通詞猪俣源三郎から得ており、寶暦八年分も猪俣源三郎からである。[89] いずれも入手先は阿蘭陀通詞か町年寄である。鍋島家史料に風説書を多數見受ける事情がわかろうというものである。恐らくは、福岡・大村二藩も例外ではあるまい。

さて、この三藩に加うるに、島原の松平家は唐津の藩侯とゝもに「長崎に事變あらば奉行に協議便宜處置[90]」するの特別の任務・地位にあったから、風説書入手の可能性も高かった。事實、島原侯が長崎巡見の途次、早速和蘭風説書を入手のうえ記録している。文政二年（一八一九）の場合であるが、この年、五月廿九日から長崎へ出張した島原侯一行は、六月十一日、蘭船の入港に遭い、當日は船の出所等を記した「覺」と「渡來之紅毛船ゟ差越候横文字和解」を手控帳に記し、翌十二日には、同じく、昨十一日付で年番通詞の今村金兵衞と吉雄權之助から奉行所に屆けられた清書前の風説書譯文を早くも寫しとっているのである。[91]

フェートン號事件以後、長崎港の警備を嚴重にし、入港船に對する臨檢を嚴しくしたと同時に、一方では、右のような機會と經路によって、風説書が手寫され、傳えられたのである。さればこそ、和蘭風説書を含む唐風説書の寫本たる『華夷變態』や『唐人風説書[92]』が島原に所藏されているのも故なしとしない。

第五、以上の經路から流出した風説書は、海防・貿易・商業上の目的から西南諸藩が長崎に派遣しておいた「長崎聞役」などによって、それぞれの國元や藩の要路に速達され、さらには出入の御用商人達までもが聞知するにいたるのであった。

例えば、福岡の黑田齊溥や薩摩の島津齊彬のごときは、よくこの情報を聞知し、利用していた。嘉永六年八月二十九日、島津齊彬は水戸の德川齊昭に書を贈り、海防の議を開陳し、和蘭風説書の類は廣く諸大名に公示すべき事をさえ主張している。すなわち、

(前略)蘭船ゟ申上候風説書、御用部屋外は一切拜見不被仰付御定之由ニ而、近年は嚴敷　御制禁被仰付候事ながら、諸大名ゟは此節之ことく、拜見被仰付度儀と奉存候、只今ニ而は却而疑念を起し、不取留風説も生し、其上異國之事情知兼、氣遠く相成候姿も有之、其上諸大名銘々自分ゟもれ候と被存候を恐れ、却而流布仕間敷、不取留浮説も相止ミ、御手當之御一助ニも可相成哉と奉存候、乍然とても御沙汰ニ難被及事ニ御座候ハヽ、せめて浦賀御固メ之面々并長崎兩家、(長崎警衞ノ福岡黑田家、佐賀鍋島家)私方ニは不殘拜見之儀奉願上度、此段恐入奉申上候、(93)

また、萩藩毛利家も長崎に「聞役」を派遣して情報の蒐集に努めていた。毛利家文庫には『異國風説書』(94)と題する史料があって、その内容は長崎入津船の記事と風説書が主たるものである。萩藩御用商人熊谷五右衞門方には蘭學者も出入りし、長崎との關係浅からぬものがあったが、同家には文政九年(一八二六)の一番船と二番船の風説書が寫しとられてある。(95)もっともこの分は、同家によく出入りし、文政九年當時、長崎の通詞家吉雄塾に遊學中、シーボルトにも師事していた岡泰安・岡研介兄弟の周旋にかゝるところかもしれない。

第六、江戸幕府に進達された風説書は、早速老中の掌中に入るわけであるが、時によっては評定所一座に回達され、評議にかけられることもあって、そこから漏れる場合も多い。天保八年のモリソン號事件を翌九年六月の和蘭風説書で知った老中水野忠邦は、これを評定所の議にかけた。評定所記錄方芳賀市三郎はこれを密かに抄寫して十月十日の尚齒會の席上、渡邊崋山・高野長英・小關三英ら同志に示し、いわゆる蠻社の獄の起因となったことは、あまりにも著明な事實である。アヘン戰爭報知の頃以降、異國船の近接、來航も頻發して外事多端となるにおよび、いわゆ

る幕府の統制力・権威が低下の一途をたどるにしたがい、老中が外交問題を評定所において評議せしめるに、風説書を資料として示すこともしばしばとなった様子である。すなわち嘉永六年（一八五三）の例をあげるならば、

当年入津仕候阿蘭陀船持渡候別段風説書一册、かひたん差出候間、和解為仕出來ニ付、右横文字和解共差上申候、以上

大澤豊後守(96)

とあって、これは天保十一年の和蘭風説書原文添付命令に従い、長崎奉行大澤豊後守秉哲が實行したものであることがわかる。これが公儀へ到着後は、

嘉永六丑七月、阿部伊勢守殿爲心得、見達候様被　仰聞、三奉行ゟ御渡(97)

とあるから、この場合は老中阿部伊勢守正弘の心得として、時の寺社・勘定・町三奉行に回覧せしめられたもので、とりもなおさずこれは評定所構成メンバーにほかならないことがわかる。開港後の安政三年にも到れば、評定所一座に加えて林大學頭、海防懸、大目付、浦賀・下田・箱館奉行、目付らに回達され(98)、やがて回達された大名の範圍も擴まっていったゝめ(99)に寫本の數も全國的に多くなる。

第七、江戸で飜譯がなされた場合に、飜譯に當たった天文方の譯員や蕃書調所の教授連、すなわち江戸におけるトップレベルの蘭學者の間からも遺漏があった模樣である。

鷹見泉石が風説書の入手に熱心であったことは前述したところであるが、その泉石がなお天文臺の飜譯方の箕作阮甫にも風説書をみせてくれるよう依頼し、阮甫がそれに應じていた事實がある。例えば、『鷹見泉石日記』の天保十二年（一八四一）十月廿三日の條には、

箕作へ和蘭風説書、別段風説書、對州一條等承度、小鴨二遣（下略）

とみえ、阮甫へ風説書の入手方を依頼している。この箕作阮甫に依頼した風説書は、十一月十七日の條に到って、四郎右衞門なる者が泉石のもとに「箕作封物」を持參したと記され、特にそれについて「內風説書也、卽寫濟返書」と明記されているから、時を移さずこの風説書は寫し取られて、箕作へ返却されたことがわかる。因に、阮甫の天文臺出仕は天保十年六月からであり、(100) 幕府が長崎奉行に和蘭風説書の譯文に原文を添付して提出すべきを命じたのは天保十一年五月であった。さすれば、天保十二年のこの年、阮甫は天文臺譯局にあって風説書の調查・飜譯に從事していたものに相違ない。

弘化二年（一八四五）、天文方澁川敬直が和蘭國王の書翰の譯文を密かに他に漏したこと、その他の罪により、豐後臼杵藩に預けられた。世に「和蘭告密」と題せる流布寫本が多く、別段風説書の寫本に合綴されていることの多いのはそのためである。これはこの種の一好例である。

右のような趨勢から、結局、幕府は獨占・極祕の外交政策決定資料としていたものから天下に周知せしめ、識者の認識と理解のうちにおいて貿易・外交事務を推進すべく、その考えを變え、幕閣要路・關係諸大名に同時に回達し、見解を聽取する必要もあって、安政五年の交、蕃書調所において風説書の上梓を檢討する、というほどにまでなったものであって、このことはすでにみたとおりである。

その他、蘭學者が何らかの方法と經路とによって風説書を入手した場合も多い。杉田玄白が海外情報の蒐集に熱心で、殊に風説書の入手に早かったことは注目に値する。玄白の日記『鷧齋日錄』の寛政九年閏七月十二日の條に、

十二日　大風雨　所々人家ヲ破る。本庄病用。雨故早ク歸る。

當年紅毛着之所、歐羅巴及印度所々戰爭ありて、インキリス諸國ヲ亂リ、紅毛商館共被奪ニ付、荷物少ク、其上大船ハ軍用ニ用、夫故小舟ニてカビタンも不乘參ル由、尤去年來の戰故去年も不來よし申上、其外ヲロシヤ女帝死し、トルコ戰ヒスウエーテン・コストも亂ル、よし申上

などとみえる。これは明らかに寛政九年（一七九七）の夏にもたらされた和蘭風說書の主內容である第三項と第四項に當たる內容を、言葉少なではあるが書き留めているものである。文言が風說書本文と一致するわけではないから、見て書き寫したものとは思われないが、內容の要點は正確に書き留められている。したがって、陪臣の身たる玄白がこの種の幕府の祕密書類の閱讀に深く關係する人物と交涉をもっていたに相違ないことを推測せしめる。入手の早さ、文言・內容の正確さから、幾人もの耳や口を經た聞き傳えとは決して考えられないからである。詳しくは、すでに論述したこともあるので省略に從うが、草創期の蘭學者が風說書を入手した好例であることだけは指摘しておきたい。[101]

幕末に近づくに隨い、蘭學者をはじめ、識者の間に風說書が轉々と手寫されていった樣子は、よく眼にするところである。萩の吉田松陰のごときも、その書狀において、しばしば風說書の入手・閱讀・利用のことを述べている。[102]また、志士の手から手へと傳えられてもいったもので、例えば諸藩の志士と交りの深かった山口藩士秋良貞溫・貞臣父子のもとに寄せられた志士たちの書狀にも風說書が散見される。[103]對外事情が推移するなかで、刻々に事態の千變萬化する尊攘運動に身を挺した志士たちにとっても、風說書は情況判斷の好資料であったものとみうけられる。

また、すでに文化初年の交、大坂の藥種問屋が長崎入津の蘭・支雙方の貿易船によって舶載された輸入品藥種類の數量、價格を書き上げた帳簿に風說書が付載されているなどは、商人の眼に觸れ、利用されたうちでも早い例である。[104]幕末の安政二年（一八五五）には長崎の㊅なる商人が蘭船の積荷案內書を御得意先に出した書類に簡略な風說書を

寫し添えている、(105)などのこともあり、異國船の來往、開港頃には諸商人がしきりに海外情報の入手に努めていることの例も多い。

かく風說書の遺漏・傳播の經路と、利用の實例を探ってゆくと、興味が興味を惹き、問題が問題を呼んで、これのみでも一小册子を成すくらいである。割愛する次第である。

一六　結　言

以上みてきたごとく、和蘭風說書は幕府が鎖國體制を完成したと時を同じくしてオランダ人にその提出を義務づけたものであって、實に唐風說書とゝもに鎖國時代に江戸幕府の當局者が持ち得た海外知識を検討するうえに不可缺の史料ということができる。鎖國體制を維持していくうえで、幕府の當局者が對外關係の諸件を判斷するに、直接・間接に風說書を參考にしたことは確かである。しかし、これが祕密書類とされていたこともあって、利用した事實を明らさまに筆に託した者は少く、幕府の絕大なる權力によってながらく獨占され續けた。したがって、この期間、風說書によって直接かつ最も裨益を受けたものは飜譯擔當者の阿蘭陀通詞であった。新井白石が『西洋紀聞』上卷において「通詞等は阿蘭陀の語に學び熟しぬれば」と指摘したことを引くまでもなく、通詞家は常に新しい海外知識をいちはやく吸收し、それを集積・常識化していたから、風說書そのものは直接多數邦人の利用するところとならなかったとはいえ、間接に通詞家を通じて邦人の海外知識を深め、その世界的知見を向上せしめたといわなければならない。

やがて、北方問題に端を發し、異國船が頻りに近海に出現しはじめた寬政期以降、これが諸侯や民間識者の間に遺漏・傳播して、對外問題を論ずる參考として利用されだした。殊に、アヘン戰爭の情報は識者の間に擴まって、上下に危機感をたかめた。それにつれ、風說書の利用もたかまった。風說書遺漏の度數が殖え、傳播の範圍が擴まっていった樣子は、諸原因あるにせよ、あたかも幕府の統制力低下の趨勢を反映しているかのようである。幕末・開國期ともなれば、幕府自身、外交問題を吟味する資として、風說書を公然と活用しだし、ついには祕密・獨占の方針を捨てて出版・公開をも考えるほどになった。したがって、幕末史の研究上、日本人の世界知識を知る史料として、はたまた、その多岐にわたる內容からして、日蘭文化交涉史や外交史研究の好史料たるにとどまらず、東洋・西洋にわたる科學・技術史など特殊な研究分野にも示唆を與え、話題を提供することの少なからざる史料として、風說書の價値は盡きない。

〔註〕

(1) Historical Documents Relating to Japan in Foreign Countries. Vol. III. The Netherlands. Part III. Tokyo, 1965. によってもわかる。
(2) 岩生成一『鎖國』。
(3) この項、片桐一男「鎖國時代にもたらされた海外情報」(『日本歷史』二四九號)參照。
(4) 新訂增補國史大系、第四十卷『德川實紀』第三篇、二三二頁。
(5) Maximiliaen le Maire : Daghregister. Aº1641. 村上直次郎譯『長崎オランダ商館の日記』第一輯、六五頁。
(6) Jan van Elserack : Daghregister, Aº1641. 村上、前揭書、一二四頁。
(7) Maximiliaen le Maire : Daghregister, Aº1641. 村上、前揭書、一一九―一二〇頁。
(8) Jan van Elserack : Daghregister, Aº1641. 村上、前揭書、一九六―七頁。
(9)『德川實紀』第四篇、六五―六頁。
(10) 同右、三八一―二頁。

（11）林韑編『通航一覽』國書刊行會本、第六、二五一―二頁。
（12）同右、二三三頁。
（13）同右、二二四頁。
（14）金井俊行編「增補長崎略史」第三十二卷（『長崎叢書』下卷、五〇六頁）。
（15）Isaacq van Schinne : Daghregister, A°1681.
（16）『通航一覽』刊本、第六、二四七頁。
（17）Germain Felix Meijlan : Geschiedkundig Overzigt van den Handel der Europezen op Japan. Batavia, 1828. p.355.
岩生成一「和蘭風說書の研究と現存狀態について」（『日本歷史』一八一號）。
（18）片桐一男校訂『鎖國時代對外應援關係史料』所收。
（19）板澤武雄「阿蘭陀風說書解題」（『阿蘭陀風說書の研究』所收）。
（20）この項および引用史料、片桐、前揭書、參照。
（21）早稻田大學附屬圖書館所藏。
（22）この項、片桐一男「阿蘭陀風說書についての一考察（下）」（『日本歷史』二二七號）參照。
（23）中田易直・中村質校訂『崎陽群談』三〇八頁。
（24）小野秀雄氏所藏寫本『嘉永六年　別段風說書』。
（25）國立公文書館內閣文庫所藏、寫本『長崎御役所留　上』。
（26）同『長崎御役所留　中』。
（27）Extract uit het Register der Resolution van den Gouverneur Generael van Nederlandsche Indie. A°1840.
（28）J. H. Levijssohn : Bladen over Japan. 's Gravenhage, 1852.
（29）福地源一郎『長崎三百年間』一五六頁。
（30）板澤「阿蘭陀風說書解題」。
（31）九州大學九州文化史研究所々藏、松木文庫、寫本『來津アメリカ軍艦ゟ奉行所江差出候書面飜譯に關する書付』。

（32）同右。
（33）『通航一覧』刊本、第六、二五二頁。
（34）同右、二八九頁。
（35）財團法人東洋文庫は、內閣文庫所藏本『華夷變態』三十五册本と『崎港商說』三册本によって、正保元年（一六四四）から享保七年（一七二二）まで七十九年間の唐風說書を三卷に收錄して刊行した。
（36）片桐一男「鎖國時代にもたらされた海外情報」（『日本歷史』二四九號）。
（37）佐賀縣立圖書館所藏、鍋島文庫、寫本『和蘭風說書』。
（38）片桐、前揭書。
（39）國立公文書館所藏、內閣文庫、寫本『蠹餘一得』。
（40）以後、アヘン情報を專らとする詳報の續く、天保十五年（弘化元年）提出分まで、同形式の長い表題がつけられている。
（41）大倉精神文化硏究所々藏、寫本による。片桐一男「鷹見泉石の蘭學攻究」（『大倉山論集』第十一號）參照。
（42）勝海舟『陸軍歷史』所收。
（43）國立國會圖書館所藏、寫本『夔庵筆記』二、所收。
（44）東北大學圖書館所藏、狩野文庫、寫本『御內密申上候別段風說書』。
（45）アヘン詳報として最後の天保十五年（弘化元年）分にも、同形式の長い內題とゝもに「御內密申上候別段風說書」という全く同じ形式の外題がついていて、內題・外題ともに、その形式が定着していった樣子を看取することができる（佐賀縣立圖書館所藏、鍋島文庫本も參照）。
（46）長崎縣立圖書館所藏、鄉土史料。
（47）東京大學史料編纂所々藏、外務省引繼書類。
（48）『諸上書銘書』。
（49）『新聞紙事件』未二月（安政六年）の評議。
（50）『諸上書銘書』。

(51) 同右。
(52) 同右。
(53) 同右。
(54) Historical Documents Relating to Japan in Foreign Countries. Vol. III. The Netherlands. Part III. Tokyo, 1965. p. 62.
(55) 『諸上書銘書』。
(56) 同右。
(57) 同右。
(58) 片桐、前掲書。
(59) 『新聞紙事件』安政六年三月幕府（勘定奉行）での評議書。
(60) 『續德川實紀』第二篇、四〇七頁。
(61) 阿部正道氏所藏、寫本『別段風説書』。
(62) 管見に入ったものだけでも九種の寫本がある。『幕末外國關係文書』所收本、岡山大學附屬圖書館所藏池田文庫本、東京大學法學部研究室本、板澤蘭學資料本、阿部正道氏所藏本、國文學研究資料館史料館本、國立國會圖書館本、佐倉厚生園堀田家本、鷹見安二郎氏所藏本。
(63) 『新聞紙事件』。
(64) 『蕃書調所起源考略』。
(65) この項、片桐一男「阿蘭陀風説書についての一考察(上)」(『日本歴史』第二二六號) 參照。
(66) 寶暦七年（一七五七）の風説書において「異星」の出現を豫想した情報をもたらしている。豫見的ニュースとして興味深い。これは Edmond Halley (1656~1742) が、一七〇五年發表の「彗星天文學總論」において、一七五八年に再び出現することを豫言した、いわゆるハレー彗星を指す。なお、一七五八年の豫言について、フランスの Clairaut が惑星の引力影響の計算を行って、一七五九年四月十三日頃（一月程の前後はするかもしれない）に出現すると一七五八年十月に發表したが、出現してから求めた近日點通過は一七五九年三月十九日であった、という。(以上は、廣瀬秀雄博士の御教示による。」右、風説書には、「阿蘭陀本國におゐて推考仕候者」と述べている。一七五七年夏にもたらされた風説書の性質からして、少なくとも一ヶ年くらい前にオランダにおいて豫言した者の存在が推定されるが未詳。發表年が一・二年早いから、Clairaut 說の傳聞でないことだけは明らかである。後考を俟ちたい。

(67) この項、板澤「阿蘭陀風說書解題」參照。

(68) 『通航一覽』刊本、第六、二六〇頁。

(69) 東京大學史料編纂所々藏、寫本『正慶承明集』。

(70) 長谷川一夫「井上筑後守政重の海外知識」(『法政史學』第二十一號)參照。

(71) 新井白石著、宮崎道生校注『新訂西洋紀聞』六頁。

(72) この白石の項、板澤「阿蘭陀風說書解題」。

(73) 松平定信著、松平定光校訂『宇下人言・修行錄』一六七頁。

(74) 天理圖書館所藏。天理ギャラリー『第三十八回展、鎖國と西洋』參照。

(75) 『幕末外國關係文書』卷一、「與力香山榮左衞門上書」。

(76) 同右。六月、「浦賀奉行支配組與力等より聞書」。

(77) 維新史學會編『幕末維新外交史料集成』第三卷、四三〇—四四三頁。

(78) 片桐「鷹見泉石の蘭學攻究」(『大倉山論集』第十一號)參照。

(79) 板澤蘭學資料、寫本『和蘭風說書』六册。

(80) 鷹見安二郎氏所藏。『日本思想大系』第五卷所收、一〇六頁參照。

(81) 鷹見安二郎氏所藏。

(82) 崋山文庫所藏、寫本『風說書』二册、昭和四十七年七月二十五日採訪現在の狀態。

(83) 東京大學史料編纂所々藏、影寫本『鷹見文書』による。

(84) 東京大學史料編纂所々藏「島津齊彬御手許大簞笥書類」のなかの「唐人共風說書」の天保十三年十二月提出寅三—六番船風說書。

(84) 森睦彦「阿片戰爭情報としての唐風說書」(『法政史學』第二〇號) 參照。
(85) 寫本『萬記帳』。
(86) 幸田成友「寛政九巳年の和蘭風說書」(『史話東と西』所收)。
(87) 昭和四十八年七月二十八日、原本採訪の機會に惠まれた。永澤家の御好意に深甚なる謝意を申し上げる。
(88) 岩崎鐵志「洋學的知見の一傳播――柴田猪助の西洋認識と鈴木春山との交遊――」(『日本教育史』所收)。
(89) 有馬成甫『高島秋帆』一二九頁。
(90) 佐賀縣立圖書館所藏、鍋島文庫、寫本『阿蘭陀記』。
(91) 林銑吉編『島原半島史』下卷。
(92) 島原公民館所藏、松平文庫、寫本『長崎勤書』。
(93) 島原公民館所藏、松平文庫、昭和四十二年夏、採訪のうえ、片桐「鎖國時代にもたらされた海外情報」において紹介、學界における利用を提唱した。その後、これをうけて、大庭脩氏は『關西大學東西學術研究所資料集刊九』(昭和四十九年)に覆刻・收錄された。
(94) 島津齊彬文書刊行會編『島津齊彬文書』下卷、七〇九―七一〇頁。
(95) 山口縣立圖書館所藏、毛利家文庫。
(96) 昭和三十八年八月十一日採訪。同家の御好意に深甚なる謝意を申し上げる。現在、熊谷美術博物館。
(97) 小野秀雄氏所藏、寫本『嘉永六年　別段風說書』。
(98) 同右。
(99) 安政三年七月呈上の「別段風說書」(國會圖書館舊幕引繼書『海外事類雜纂』卷第一所收)の表題紙朱書によれば「辰八月十九日、伊勢守殿早川庄次郎を以、評定所一座、林大學頭、海防懸、大目付、浦賀・下田・箱館奉行、御目付」に老中阿部伊勢守正弘から廻達している。
(99) 安岡昭男「和蘭別段風說書とその內容」(『法政大學文學部紀要』第一六號)。
(99) たとえば、岡山池田家に傳えられた安政元寅年の別段風說書が岡山大學附屬圖書館池田家文庫に收められている。「別段風説書和解」と題した半紙判一冊とゝもに、これが廻達された書付も遺っている。それは三紙が一包みになっているもので、包紙には「御廻達　寫」とあり、三紙はそれぞれ、

「　　　　　　　　細川越中守
　　　　　　　　　松平大膳大夫
　　　　　　　　　御名
　　　　　　　　　立花飛驒守

當秋阿蘭陀船より指出候別段風説書和解一冊差進候間爲心得一覽致し廻達候樣可被致候事」

「　　　　　　　　松平大膳大夫樣
　　　　　　　　　御名
　　　　　　　　　立花飛驒守樣」

「阿部伊勢守樣御勝手ゟ今日家來之者御呼出ニ而、御用人を以被成御渡候御封書一封、以使者被致御廻達候、御承知之上、
御銘々樣より伊勢守樣御勝手ゟ御答之御使者被成御差出候樣との義ニ御座候
一御在國之
御方樣ゟ御通達之振合
伊勢守樣御勝手迄相伺候處、大膳大夫樣者長門守樣御披見御寫取御國許ゟ被成御差上、飛驒守樣者御家老衆拜見寫取之上被差上可然由ニ御座候、以上

　　八月八日　　　　　　　　細川越中守內
　　　　　　　　　　　　　　　神谷矢柄

猶以御通達相濟候段者越中守よりも被致御届候間、御順達留りより御封書早々御差返被下度候、以上」

とある。包紙には特に「阿部樣御信書　寫」とも附記されているところをみると、これまた老中阿部伊勢守正弘からの廻達に係るものであることがわかる。安政四年度分の「別段風説書」の包書にもまた、

「去巳年阿蘭陀船より差出候別段風説書和解爲心得相達候、一讀之上同席之面々庶流とも廻達候樣可被致候事　」

とある。かく、廻達・轉寫の範圍が擴げられていったがゆえに、翌安政五年、前述もした蕃書調所頭取古賀謹一郎から風説書和解の開板要求さえ出たのである。もはや、この段階に到れば遺漏などというものではない。

(100) 吳秀三『箕作阮甫』。

(101) 片桐一男「杉田玄白と海外情報」(『日本歴史』第二七二號)

(102) 「辛丑壬寅蘭人風説」「辛亥風説」のほか、安政二、三、四、五年分の風説書や別段風説書を入手閲讀し、西洋新聞をも眼にしていたようである。

(103) 防府市右田、加藤家藏「秋良文庫」。

(104) 武田藥品工業株式會社研究所圖書室所藏文書『差出帳』。

(105) 板澤武雄『おらんだ風説書について』(大東急記念文庫、第二回文化講座シリーズ第一〇卷)。

和蘭風説書原本・寫本・刊本所在目錄

昭和五十一年十月十五日現在

番號	所在	文庫・集書名	名稱・表題	年代
1	學習院大學圖書館		「荷蘭上告文」乾・坤 二册	寛文六〜文政九 一六六六〜一八二六
①	『阿蘭陀風説書の研究』		「荷蘭上告文」	寛文六〜延享二 一六六六〜一七四五
2	東京大學圖書館	舊南葵文庫	「洋説彙集」	寛文六〜安政三 一六六六〜一八五六
3	法政大學史學研究室	板澤蘭學資料	「和蘭風説書」六册	寛文六〜文政九 一六六六〜一八二六
4	崋山會館	崋山文庫	「風説書」二册	寛文六〜文政九 一六六六〜一八二六
5	慶應義塾圖書館	幸田成友舊藏	「和蘭風説留」	寛文六〜文政九 文政十二 一六六六〜一八二六
6	京都大學圖書館		「荷蘭上告文」	正寶三〜文政九 一七一三〜一八二六
7	國立公文書館	內閣文庫	「華夷變態」	延寶三〜享保八 一六七五〜一七二三
⑦	『華夷變態』		「華夷變態」	延寶三〜享保八 一六七五〜一七二三
7′	島原市公民館	松平文庫	「華夷變態」	延寶三〜享保八 一六七五〜一七二三
8	國立公文書館	內閣文庫	「通航一覽」	延寶三〜享保五 一六七五〜一七二〇 文化二、四 一八〇五、一八〇七
⑧	『通航一覽』		「通航一覽」	〃
9	國立公文書館	內閣文庫	「蠹餘一得」	延寶三〜延寶六 一六七五〜一六七八 天明元、寛政九、文化十、一七八一、一七九七、一八一三 天保十〜弘化二 一八三九〜一八四五

番號	所在	文庫・集書名	名稱・表題	年代
10	佐賀縣立圖書館	鍋島文庫	「阿蘭陀記」	寛延三〜寶暦九 一七五〇〜一七五九
11	九州文化史研究所	肥後宇土細川文書	高砂之内けいらんと申所より貳艘參申候おらんだ人之口上書	寛文元 一六六一
⑪	『日本歴史』第四八號		森克己「國姓爺の臺灣攻略とオランダ風説書」	寛文元 一六六一
12	國立公文書館	内閣文庫	「外國叢書」十三、亜媽港紀略藁上	寛文七 一六六七
12′	國立公文書館	内閣文庫	「亜媽港紀略稿」明治寫（外務省）	寛文七 一六六七
⑫	『近藤正齋全集』		亜媽港紀略藁	寛文七 一六六七
13	國立公文書館	内閣文庫	「長崎御用留」	正徳元 一七一一
14	島原市公民館	松平文庫	「唐人風説書」	享保十 一七二五
15	堺市立圖書館	堺史料類纂		延享二、三、四、寛延元 一七四五〜一七四八
16	福岡縣文化會館	縣史史料三六七	修史館錄別集一	天明三 一七八三
17	永澤家		風説書（原本）	寛政九 一七九七
⑰	『史話東と西』（幸田成友著）	（史學一六卷三號）	風説書	寛政九 一七九七
18	國立公文書館	内閣文庫	「外國通覽」	寛政九 一七九七
19	日本學士院		阿蘭陀船之風説書　松前若狹守御届書	寛政九〜文化二 一七九七〜一八〇五
20	長崎大學附屬圖書館經濟學部分館	武藤文庫	阿蘭陀船之風説書　松前若狹守御届書	寛政九〜文化二 一七九七〜一八〇五
21	長崎市立博物館		御達書類紅毛船風説書	享和三 一八〇三

22	千代田區立圖書館	内田嘉吉文庫	阿蘭陀風說書上	文化六 一八〇九
23	國立公文書館	內閣文庫	「管見環涯寄記」	文化六 一八〇九
24	福岡縣文化會館	柳川藩政史料	紅毛人風說書	文化六 一八〇九
25	九州文化史研究所	松木文庫	風說書	文化十 一八一三
26	島原市公民館	松平文庫	長崎一件	文化十 一八一三
27	九州文化史研究所	松木文庫	風說書	文化十四 一八一七
28	金澤市立圖書館	加越能文庫	風說書	文化十四、文政元年 一八一七、一八一八
29	九州文化史研究所	三奈木黑田家文書	阿蘭陀壹番船貳番船之風說書并諸書付	文政二 一八一九
㉙	『長崎縣の歴史』(箭內健次編)		〃 (寫眞)	文政二 一八一九
30	國立國會圖書館		「弊函一掃」	文政八 一八二五
31	萩・熊谷家		風說書	文政九 一八二六
32	長崎大學附屬圖書館經濟學部分館	武藤文庫	文政十亥閏六月壹番船風說書	文政十 一八二七
33	佐賀縣立圖書館	鍋島文庫	「和蘭風說書」	文政十〜安政三 一八二七〜一八五六
34	縣立長崎圖書館		「和蘭風說書」	文政十〜安政三 一八二七〜一八五六
35	縣立長崎圖書館		風說書	天保四 一八三三
36	東京大學史料編纂所		「聞集錄」四十	天保四 一八三三
37	縣立長崎圖書館	藤文庫	入津蘭船風說書	天保五 一八三四

番號	所在	文庫・集書名	名稱・表題	年代
38	宮內廳書陵部		「靜幽堂叢書」四九	天保五 一八三四
39	蓬左文庫		「資治雜笈」	天保五 一八三四
40	縣立長崎圖書館	藤文庫	風說書	天保九、十一 一八三八、一八四〇
41	縣立長崎圖書館	藤文庫	風說書	天保十 一八三九
42	國立公文書館	內閣文庫	「文鳳堂雜纂」	天保十 一八三九
43	國立國會圖書館・憲政資料室	箕作阮甫文書	「夔庵筆記」	天保十～弘化四 一八三九～一八四七
㊹	『浮世の有様』			天保十一～弘化二 一八四〇～一八四五
45	蓬左文庫		「資治雜笈」	天保十三 一八四二
46	法政大學史學研究室	板澤蘭學資料	寅紅毛船風說書	天保十三 一八四二
47	國立公文書館	內閣文庫	「天保屆書」	天保十五 一八四四
48	國立公文書館	內閣文庫	「天保聞書」	天保十五 一八四四
49	國立公文書館	內閣文庫	「天保雜記」五五	天保十五 一八四四
50	長崎大學附屬圖書館經濟學部分館	武藤文庫	和蘭陀風說書扣	天保十五 一八四四
51	福岡縣文化會館	柳川藩政史料	風說書	弘化元（天保十五）一八四四
52	史料館		「阿蘭陀本國船入津記」跡船風說書	弘化元（天保十五）一八四四
53	史料館		「紅毛告密集成」	天保十五 一八四四

54	長崎大學經濟學部圖書館	武藤文庫	「天保庚辰和蘭使節渡來始末」	天保十五 一八四四
55	熊本大學附屬圖書館	永青文庫（細川家史料）	「鴉片始末」所收（蘭商風說）風說書	弘化二 一八四五
56	佐賀縣立圖書館	鍋島文庫	「異國船記」	弘化二 一八四五
57	佐賀縣立圖書館	鍋島文庫	入津蘭船より差出之事	弘化三 一八四六
58	東京都立中央圖書館	近藤記念海事財團文庫	フランス國軍艦三艘渡來見聞筆記附和蘭人風說書	弘化三 一八四六
59	國立國會圖書館		「弊函一掃」	弘化三 一八四六
60	九州文化史研究所	松木文庫	風說書	弘化二、三、四 一八四五、四六、四七 嘉永二 一八四九
㉑	『有所不爲齋雜錄』			弘化三、四 一八四六、一八四七
62	靜嘉堂文庫	大槻文庫	紅毛告密	弘化四、嘉永元 一八四七、一八四八
63	國立國會圖書館		「胡路謾䜀宜」	弘化四 一八四七
64	東京大學附屬圖書館	舊南葵文庫本	「和蘭風聲」	弘化四 一八四七
65	國立國會圖書館憲政資料室	勝海舟文庫	風說書	弘化四、嘉永元 一八四七、一八四八
66	山口縣文書館	毛利文庫	異國風說書	弘化三、嘉永三、四、六〜安政四 一八四六〜一八五七
㊼	『對外交通史論』（武藤長藏著）		年々風說書	弘化四〜安政四 一八四七〜一八五七
68	岩瀨文庫		唐蘭風說書	嘉永六 一八五三
69	縣立長崎圖書館		風說書（嘉永四〜安政四）	安政二 一八五五
70	オランダ國立中央文書館	商館長日記		一六四一〜一八五二 寛永十八〜嘉永六

傳存和蘭風說書年表

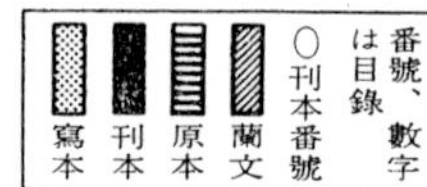

西曆	年號	干支	入津蘭船數	風說書	商館長
1639	寛永十六	己卯	12	70	François Caron
1640	十七	庚辰	11 ?		François Caron
1641	十八	辛巳	9		Maximiliaen le Maire
1642	十九	壬午	5		Jan van Elseracq
1643	二十	癸未	5		Pieter Anthonijsz. Overtwater
1644	正保元	甲申	8		Jan van Elseracq
1645	二	乙酉	7		Pieter Anthonijsz. Overtwater
1646	三	丙戌	5		Reijnier van 't Zum
1647	四	丁亥	4		Willem Verstegen
1648	慶安元	戊子	6		Frederick Coijet
1649	二	己丑	7		Dircq E. Snoecq
1650	三	庚寅	7		Anthonio van Bronckhorst
1651	四	辛卯	8		Pieter Sterthemius
1652	承應元	壬辰	9		Adriaen van der Burgh
1653	二	癸巳	5		Frederick Coijet
1654	三	甲午	4		Gabriel Happart
1655	明曆元	乙未	4		Leonard Winnincx
1656	二	丙申	8		Joan Boucheljon
1657	三	丁酉	9 ?		Zacharias Wagenaer
1658	萬治元	戊戌	10		Joan Boucheljon
1659	二	己亥	8		Zacharias Wagenaer
1660	三	庚子	5	11 ⑪	Joan Boucheljon
1661	寛文元	辛丑	11		Hendrick Indijck
1662	二	壬寅	8		Dirck van Lier
1663	三	癸卯	6		Hendrik Indijck
1664	四	甲辰	8		Willem Volger
1665	五	乙巳	12	1 ① 2 3 4 5	Jacob Gruijs
1666	六	丙午	7	12 12' ⑫	Willem Volger
1667	七	丁未	8		Daniel Six
1668	八	戊申	9		Constantin Ranst
1669	九	己酉	5		Daniel Six
1670	十	庚戌	6		François de Haase
1671	十一	辛亥	7		Martinus Caesar
1672	十二	壬子	7		Johannes Camphuijs

西暦	年號	干支	入津蘭船數(隻)	風説書	商館長
1673	延寶元	癸丑	6	1 ① 2 3 4 5 70	Martinus Caesar
1674	二	甲寅	6	7 ⑦ 7′ 8 ⑧ 9	Johannes Camphuijs
1675	三	乙卯	4		Martinus Caesar
1676	四	丙辰	4		Johannes Camphuijs
1677	五	丁巳	3		Dircq de Haas
1678	六	戊午	3		Albert Brevincq
1679	七	己未	4		Dircq de Haas
1680	八	庚申	4		Albert Brevincq
1681	天和元	辛酉	4		Isaacq van Schinne
1682	二	壬戌	4		Hendrick Cansius
1683	三	癸亥	3		Andries Cleijer
1684	貞享元	甲子	5		Constantin Ranst de Jonge
1685	二	乙丑	4		Hendrick van Buijtenhem
1686	三	丙寅	4		Andries Cleijer
1687	四	丁卯	3		Constantin Ranst de Jonge
1688	元祿元	戊辰	3		Hendrick van Buijtenhem
1689	二	己巳	4		Cornelis van Outhoorn
1690	三	庚午	2		Balthasar Sweers
1691	四	辛未	3		Hendrick van Buijtenhem
1692	五	壬申	4		Cornelis van Outhoorn
1693	六	癸酉	5		Hendrick van Buijtenhem
1694	七	甲戌	4		Gerrit de Heere
1695	八	乙亥	5		Hendrik Dijckman
1696	九	丙子	4		Cornelis van Outhoorn
1697	十	丁丑	6		Hendrik Dijckman
1698	十一	戊寅	7		Pieter de Vos
1699	十二	己卯	5		Hendrik Dijckman
1700	十三	庚辰	5		Pieter de Vos
1701	十四	辛巳	4		Hendrik Dijckman
1702	十五	壬午	4		Abraham Douglas
1703	十六	癸未	4		Ferdinand de Groot
1704	寶永元	甲申	4		Gideon Tant
1705	二	乙酉	4		Ferdinand de Groot
1706	三	丙戌	5		Hermanus Menssingh
1707	四	丁亥	4		Ferdinand de Groot
1708	五	戊子	3		Hermanus Menssingh
1709	六	己丑	4		Jasper van Mansdale
1710	七	庚寅	4		Hermanus Menssingh

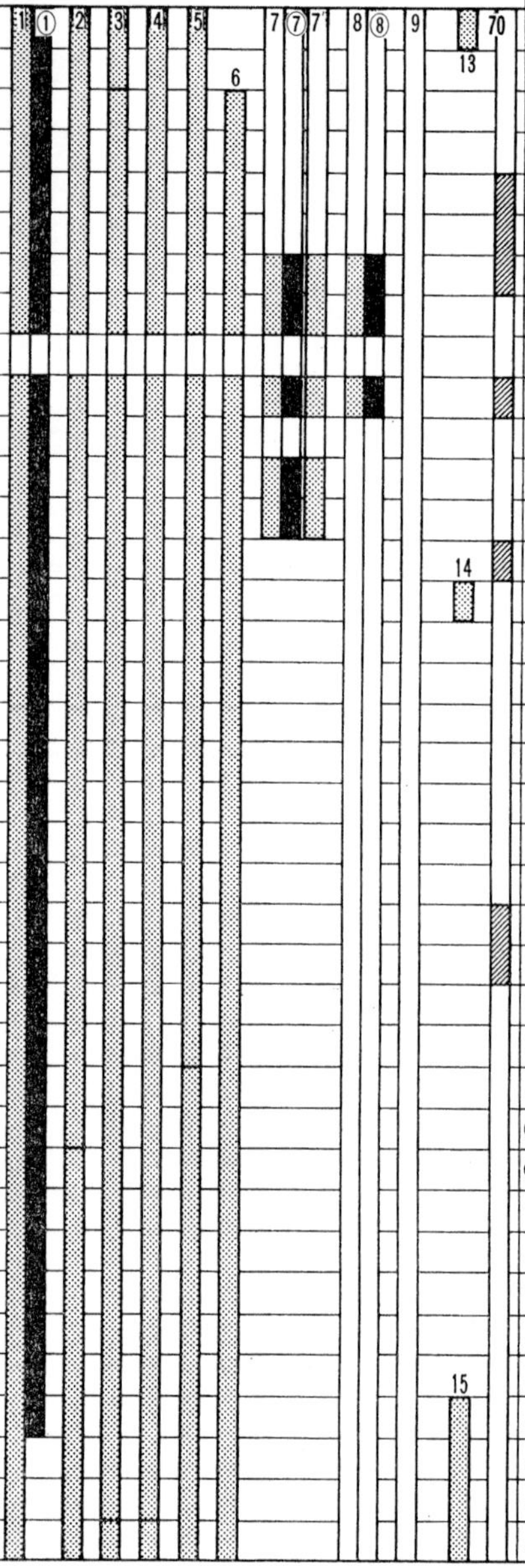

西暦	年號	干支	入津蘭船數(隻)	風說書	商館長
1711	正德元	辛卯	4	1 ① 2 3 4 5 7 ⑦ 7' 8 ⑧ 9 70	Nicolaas Joan van Hoorn
1712	二	壬辰	4	6 13	Cornelis Lardijn
1713	三	癸巳	3		Nicolaas Joan van Hoorn
1714	四	甲午	3		Cornelis Lardijn
1715	五	乙未	3		Nicolaas Joan van Hoorn
1716	享保元	丙申	2		Gideon Boudaan
1717	二	丁酉	2		Joan Aouwer
1718	三	戊戌	2		Christiaen van Vrijberghe
1719	四	己亥	0		Joan Aouwer
1720	五	庚子	2		Joan Aouwer
1721	六	辛丑	3		Roeloff Diodati
1722	七	壬寅	1		Hendrik Durven
1723	八	癸卯	2		Hendrik Durven
1724	九	甲辰	1	14	Johannes Thedens
1725	十	乙巳	2		Johannes Thedens
1726	十一	丙午	2		Joan de Hartogh
1727	十二	丁未	2		Pieter Boockesteijn
1728	十三	戊申	2		Abraham Minnendonk.
1729	十四	己酉	2		Pieter Boockesteijn
1730	十五	庚戌	2		Abraham Minnendonk
1731	十六	辛亥	1		Pieter Boockesteijn
1732	十七	壬子	2		Pieter Boockesteijn
1733	十八	癸丑	2		Hendrik van der Bel
1734	十九	甲寅	2		Rogier de Laver
1735	二十	乙卯	1		David Drinckman
1736	元文元	丙辰	2		Bernardus Coop à Groen
1737	二	丁巳	2		Jan van der Cruijsse
1738	三	戊午	2		Gerardus Bernardus Visscher
1739	四	己未	2		Gerardus Bernardus Visscher
1740	五	庚申	2		Thomas van Rhee
1741	寛保元	辛酉	2		Jacob van der Waeijen
1742	二	壬戌	2		Thomas van Rhee
1743	三	癸亥	2		Jacob van der Waeijen
1744	延享元	甲子	2	15	David Brouwer
1745	二	乙丑	3		Jacob van der Waeijen
1746	三	丙寅	3		Jan Louis de Win
1747	四	丁卯	3		Jacob Balde
1748	寛延元	戊辰	2		Jan Louis de Win

西曆	年號	干支	入津蘭船數(隻)	風說書	商館長
1749	寛延二	己巳	3	1 2 3 4 5 6 8 ⑧ 9 10 70	Jacob Balde
1750	三	庚午	3		Hendrik van Homoed
1751	寶曆元	辛未	3		Abraham van Suchtelen
1752	二	壬申	2		Hendrik van Homoed
1753	三	癸酉	2		David Boelen
1754	四	甲戌	2		Hendrik van Homoed
1755	五	乙亥	2		David Boelen
1756	六	丙子	2		Herbert Vermeulen
1757	七	丁丑	2		David Boelen
1758	八	戊寅	1		Herbert Vermeulen
1759	九	己卯	3		Johannes Reijnouts
1760	十	庚辰	2		Johannes Reijnouts
1761	十一	辛巳	2		Marten Huijsvoorn
1762	十二	壬午	2		Johannes Reijnouts
1763	十三	癸未	2		Fredrik Willem Wincke
1764	明和元	甲申	2		Jan Crans
1765	二	乙酉	1		Fredrik Willem Wincke
1766	三	丙戌	2		Jan Crans
1767	四	丁亥	1		Herman Christiaan Kastens
1768	五	戊子	1		Jan Crans
1769	六	己丑	2		Jan Crans
1770	七	庚寅	1		Olphert Elias
1771	八	辛卯	2		Daniel Armenault
1772	安永元	壬辰	1		Arend Willem Feith
1773	二	癸巳	2		Daniel Armenault
1774	三	甲午	2		Arend Willem Feith
1775	四	乙未	1		Daniel Armenault
1776	五	丙申	2		Arend Willem Feith
1777	六	丁酉	2		Hendrik Godfried Duurkoop
1778	七	戊戌	2		Arend Willem Feith
1779	八	己亥	2		Arend Willem Feith
1780	九	庚子	2		Isaac Titsingh
1781	天明元	辛丑	1		Arend Willem Feith
1782	二	壬寅	0	16	Isaac Titsingh
1783	三	癸卯	1		Isaac Titsingh
1784	四	甲辰	1		Hendrik Casper Romberg
1785	五	乙巳	1		Hendrik Casper Romberg

西暦	年號	干支	入津蘭船數(隻)	風説書	商館長
1786	天明六	丙午	2	1 2 3 4 5 6 8 ⑧ 9 70	Johan Fredrik Baron van Reede tot de Parkeler
1787	七	丁未	2		Hendrik Casper Romberg
1788	八	戊申	2		Johan Fredrik Baron van Reede tot de Parkeler
1789	寛政元	己酉	2		Hendrik Casper Romberg
1790	二	庚戌	1		Hendrik Casper Romberg
1791	三	辛亥	0		Petrus Theodorus Chassé
1792	四	壬子	1		Petrus Theodorus Chassé
1793	五	癸丑	1		Gijsbert Hemmij
1794	六	甲寅	1		Gijsbert Hemmij
1795	七	乙卯	1		Gijsbert Hemmij
1796	八	丙辰	0	17 ⑰ 19 20 18	Gijsbert Hemmij
1797	九	丁巳	1		Gijsbert Hemmij
1798	十	戊午	1		Gijsbert Hemmij
1799	十一	己未	1		(Leopold Willem Ras)
1800	十二	庚申	1		Willem Wardenaar
1801	享和元	辛酉	1		Willem Wardenaar
1802	二	壬戌	2	21	Willem Wardenaar
1803	三	癸亥	1		Willem Wardenaar
1804	文化元	甲子	2		Hendrik Doeff
1805	二	乙丑	1		Hendrik Doeff
1806	三	丙寅	2		Hendrik Doeff
1807	四	丁卯	2		Hendrik Doeff
1808	五	戊辰	0	22 23 24	Hendrik Doeff
1809	六	己巳	1		Hendrik Doeff
1810	七	庚午	0		Hendrik Doeff
1811	八	辛未	0		Hendrik Doeff
1812	九	壬申	0	25 26	Hendrik Doeff
1813	十	癸酉	2		Hendrik Doeff
1814	十一	甲戌	1		Hendrik Doeff
1815	十二	乙亥	0		Hendrik Doeff
1816	十三	丙子	0	27 28	Hendrik Doeff
1817	十四	丁丑	2		Hendrik Doeff
1818	文政元	戊寅	2	29 ㉙	Jan Cock Blomhoff
1819	二	己卯	2		Jan Cock Blomhoff
1820	三	庚辰	2		Jan Cock Blomhoff
1821	四	辛巳	2		Jan Cock Blomhoff

西暦	年號	干支	入津蘭船數隻	風說書	商館長
1822	文政五	壬午	2	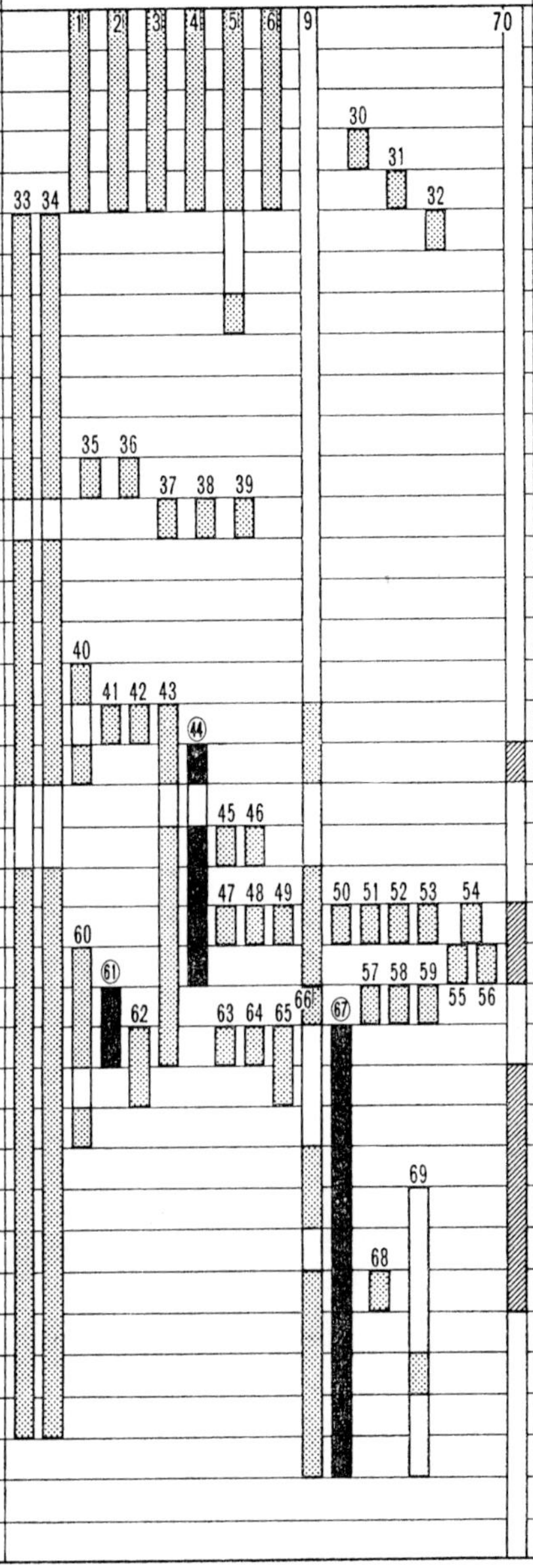 1 2 3 4 5 6 9 70	Jan Cock Blomhoff
1823	六	癸未	2		Jan Cock Blomhoff
1824	七	甲申	2	30	Johan Wilhelm de Sturler
1825	八	乙酉	2	31	Johan Wilhelm de Sturler
1826	九	丙戌	2	33 34 32	Johan Wilhelm de Sturler.
1827	十	丁亥	2		Germain Felix Meijlan
1828	十一	戊子	1		Germain Felix Meijlan
1829	十二	己丑	2		Germain Felix Meijlan
1830	天保元	庚寅	2		Germain Felix Meijlan
1831	二	辛卯	2		Jan Willem Fredrik van Citters
1832	三	壬辰	2	35 36	Jan Willem Fredrik van Citters
1833	四	癸巳	1	37 38 39	Jan Willem Fredrik van Citters
1834	五	甲午	1		Jan Willem Fredrik van Citters
1835	六	乙未	1		Johann Erdewin Niemann
1836	七	丙申	1		Johann Erdewin Niemann
1837	八	丁酉	1	40	Johann Erdewin Niemann
1838	九	戊戌	1	41 42 43	Johann Erdewin Niemann
1839	十	己亥	1	㊹	Edouard Grandisson
1840	十一	庚子	1		Edouard Grandisson
1841	十二	辛丑	0	45 46	Edouard Grandisson
1842	十三	壬寅	2		Edouard Grandisson
1843	十四	癸卯	1	47 48 49 50 51 52 53 54	Pieter Albert Bik
1844	十五(弘化元)	甲辰	1	60	Pieter Albert Bik
1845	二	乙巳	1	㊶ 57 58 59	Pieter Albert Bik
1846	三	丙午	1	62 63 64 65 66 ㊼ 55 56	Joseph Henrij Levijssohn
1847	四	丁未	1		Joseph Henrij Levijssohn
1848	嘉永元	戊申	1		Joseph Henrij Levijssohn
1849	二	己酉	1		Joseph Henrij Levijssohn
1850	三	庚戌	1	69	Joseph Henrij Levijssohn
1851	四	辛亥	1		Frederik Cornelis Rose
1852	五	壬子	1	68	Jan Hendrik Donker Curtius
1853	六	癸丑	1		Jan Hendrik Donker Curtius
1854	安政元	甲寅	1		Jan Hendrik Donker Curtius
1855	二	乙卯	2		Jan Hendrik Donker Curtius
1856	三	丙辰	2		Jan Hendrik Donker Curtius
1857	四	丁巳	4		Jan Hendrik Donker Curtius
1858	五	戊午	2		Jan Hendrik Donker Curtius
1859	六	己未	2		

和蘭風說書集成

上巻

第一號　寛永十八巳年（一六四一年）風說書

（譯文）

一六四一年七月二十四日〔寛永十八年六月十七日〕
兩船から手に入つた書類並びにレヘモルッス君の書翰を通讀して、ポルトガル人がカンボヂヤに居住し、土着人並びにシナ人を用ゐて再び手早く當地に通商する計畫をしてゐることを知り、風說〔nieuws〕として（正確ではないが）奉行に報告した。奉行はこの報告に非常に滿足したやうで、長い文書を作り、通詞三人と會社の通詞二人とが誓約して、我らから聞いた風說〔novos〕である旨を記して署名した。今後はこのやうな風說については何も言はぬ方が適當ではないかと考へた。

十月二十八日〔九月二十四日〕
これより先、二十二日に通詞が我々に話したところによれば、皇帝陛下に對する我らのなし得る最大の奉仕は、ポルトガル人およびイスパニヤ人が宣敎師やその他を用ゐて、祕密に日本に於て行はうとする事件を報告することである。カンボヂヤのことについて我らが明らかにしたことは、その意にかなひ、宮廷に於て皇帝陛下と重臣連がその眞相を悉く諒解したであらう。

十一月八日〔十月六日〕

さらにまた今、書翰[3]および口頭で得た海外の情報を奉行に通知し、これを出來るだけ多く誓約した通詞にも話した方がよいと命ぜられた。

〔註〕和蘭商館長 Maximiliaen le Maire および Jan van Elseracq の日誌より採錄。

なお、本年の風説記事の扱いについては、京口元吉「甲比丹と和蘭風説書(中)」(『史觀』二五册)、片桐一男「鎖國時代にもたらされた海外情報」(『日本歷史』二四九號) 參照。

（1） 兩船名は Roch, Orangienboom.

（2） Pieter van Regemortes. カンボヂヤのオランダ商館長。

（3） 此頃の風説言上の方法は、一部を文書に認め、一部は口頭でしたもののようである。

第二號　正保元申年（一六四四年）風説書

商館長　Maximiliaen le Maire (14 Feb. 1641~31 Oct. 1641)

長崎奉行　馬場三郎左衞門利重、柘植平右衞門正時

入津蘭船　九艘

（譯文）

一六四四年八月一日〔正保元年六月二十八日〕

朝十時頃、奉行から長崎港を去る六哩附近に一隻の船を見張番が認めたことを知らせ、和蘭人二名が其の方に行くことを許可して來たが、それに先だつて同船は港内に入つて商館前南側に投錨した。(神よ感謝されてあれ) それはバタビヤ及び臺灣から來たフライト船〔船の一型式〕カストリコム號(1)であつた。慣例に依つて臨檢し、人員を數へて書留められた。

奉行の求めによつて、閣下に有益と認められる風説〔novas〕を告げた。卽ちポルトガルとは今なほ激しく交戰中であること(それを閣下は非常に喜んでゐる)、セイロンの近況、カンボヂヤ(2)に於ける大恐怖で、これに關しては船の當地に到着する以前に、奉行等はシナ人から知らされて居た。又閣下は日本の北を廻つて南部に到つた船の無事到着したことを告げると非常に喜ばれて、奉行はその船の到着〔バタビヤに歸着の意〕した日及び臺灣に來た日を知らせることを請求した。この兩日附は明朝の便で江戶に書き送られるであらう。

〔註〕和蘭商館長 Jan van Elseracq の日誌から採錄。商館長が歐洲及び東洋の事情を幕府に言上することは、この前年一六四三年(寛永二十年)一月十五日江戶參府の Pieter Anthonijsz Overtwater によってもなされたことがその日誌に見えている。

(1) Castricum 號は僚船 Breskens 號と共に金銀島探檢の目的を以て、一六四三年二月バタビヤを發し、五月二十日暴風のために兩船は離散して、カストリコム號は蝦夷・千島及び樺太の東海岸に到って引きかえし、十月十八日臺灣に歸着し、ブレスケンス號は七月三十日(寛永二十年六月十四日)南部藩閉伊郡山田浦に水をとるために寄港し、船長 Hendrik Corneliszoon Schaep 以下十人の乘組員が南部藩士のために捕えられて江戸に護送され、同年十二月商館長エルセラックが江戸參府の時に釋放されて、商館長に引渡された。

（2）一六四四年六月カンボヂヤ國のメコン河の支流でプノンペンの東方において、オランダ船 de Leewerick, de Kievith, der Dolphijn, de Wakende Boeije の四艘がカンボヂヤ軍によって陸上から砲擊されて大損害を蒙ったことを指す。

第三號　正保四亥年（一六四七年）風説書

商館長　Jan van Elseracq (1 Aug. 1643~23 Nov. 1644)
長崎奉行　山崎權八郎正信、馬場三郎左衞門利重（九月着）
入津蘭船　八艘

（譯文）

一六四七年七月十日〔正保四年六月八日〕

風及び天氣前日に同じ。朝七時頃全く思ひがけなく一隻の和蘭船が灣內に入航して來るとの報に接した。誰もそれを見ないうちに、奉行は見張番によって知らされたのである。投錨した船に許可を得て赴いたが、それは五月十日バタビヤを發し、六月二十七日（十日乃至十一日碇泊の後）臺灣を發して來たウイッテ・ファアルク號の僚船フライト船ウイッテ・パールト號であることを知り、齎した長官オーフエルト・ワーテルの書簡、和蘭風説〔de Nederlantsche novelles〕を受取つた。卽ち、オレンヂ公に征服せられた諸侯のこと、及びダインケルク及びマルダイク城等が佛蘭西に併せられたこと、バタビヤではコルネリス・フアン・デル・ライン閣下が總督に就任したこと、臺灣では變りがないこと。奉行の命令によつて、毎年の慣例に依り、積んで來た積荷と共に次の風說〔novas〕卽ち、ワースの地の諸侯及び三十餘の城はオレンヂ公に、ダインケルク、マルダイク、アルメンテイルス及びコルトライクは佛蘭西に併せられたことを、更に口頭で、葡萄牙人との戰爭については更に知られざることと、マニラは新に十七隻の船隊（其のうちの數隻は砲四十八門を有す）で包圍されたこととを通告した。

〔註〕

（1） 一六四六年 Duynkerk（現フランス國內）と Mardyk（現フランス國內）がフランスに略取された。

（2） Cornelis van der Lijn (10 Oct. 1646～7 Oct. 1650).

（3） Armentières（現フランス國內）、Kortryk（現ベルギー國內）。

商館長　Willem Verstegen (28 Oct. 1646～3 Nov. 1647)

長崎奉行　馬場三郎左衛門利重（九月發）、山崎權八郎正信（九月着）

入津蘭船　四艘

第四號　慶安二丑年（一六四九年）風說書

（譯文）

一六四九年八月八日〔慶安二年七月朔日〕

朝平穩、ブロックホルスト君病む。[1] 船を町の前に漕ぎ付けさせるため、二十艘の艀舟を送り、午後一時頃安全に投錨した（神よ讚へられてあれ）。奉行は予等にその船に行くことが出來るやうに許可を與へた。そして四時頃に仕事を片付け、同時に通詞と乙名とが來館し、予と暫く對座して奉行に報告すべき、歐羅巴及び印度の風說〔tijdingen〕を彼等に知らせられることを要請したので、次の如く陳述した。

遂にイスパニヤ國と我が國〔和蘭〕との講和（このやうなことは起り得るとは思ひもよらぬこと）は、兩方からの提議と云ふよりも、寧ろ彼等の提議によつて成立し、各國に宣言せられた。五ヶ年餘に亙り努力して來た全キリスト教國王の一般的和睦は、共に良好な狀態にあつた。獨り頑迷なフランス國王は（キリスト教徒の諸地を荒掠した）トルコ皇帝に對して、キリスト教國王が協力して彼等の武器を向けんことを欲して、そしてそのやうな負擔をその頸から振り落さうと試みることには疑ひもなく決心するに至るであらう。

彼等〔通詞乙名等〕は又イギリス國に於ける戰爭はなほ繼續してゐるか、それともイギリス國の戰爭も右の一般的講和に包括せられて居るかと尋ねたから、イギリス國は島で歐羅巴大陸から隔離し、何國とも戰爭して居らず、然し内亂で非常なる紛亂狀態にあつて、なほ容易に終息するとは思はれず、但しこの紛爭には他の王國は何等の關係も無いと答へた。

印度の情報として、既に彼等も承知してゐるやうに、一時交戰狀態にあつた東京及び廣南王國は今や平和條約を締結したと語つたのに、これを彼等は滿足したもののやうに見へた。更に會社の船がカンボヂヤのジャンク船を拿捕したか否かと尋ねたから、然り、そして同國王が會社を滿足させるまではそれを續行せねばならないと返答した。これに對して彼等は、我等〔和蘭人〕の行動が、その海岸及び領土外で爲されても妥當ならんと答へた（奉行も了解した）。又、和蘭又はバタビヤから使節(2)が來航するか否かと尋ねたから、和蘭よりは期待せらるるが、未だそのやうな情報はなく、バタビヤから高い地位の者が見へるだらうと應答したところ、彼等は極めて滿足して辭して立ち去つた。

同月九日

正午近く吉兵衞(3)と八左衞門とが書役を伴つて、講和(4)に關して更に聽取するため來館して、先づ如何なる地がキリスト教徒である國王の所領であるか、何國がこの一般的講和條約に加はつて居るかを質問した。予は、ポルトガル、イスパニヤ、法王、イタリヤ國王、ドイツ帝國、ハンガリー、ボヘミヤ、ポーランド、モスコビエン〔ロシヤ〕、スエーデン、デンマルク、ノールウエー、オランダ聯邦、イギリス、フランスを擧げ、（以上について彼等は始めて良く了解し出した）彼等はそれを適宜書留めた。

更に和蘭人がなほ平戸に居留してゐた頃、常に和蘭人とイスパニヤ人とが和睦するとすれば、寧ろ水と火、光明と暗黑とが一緒になるであらうと何故に話したかを質問した。予は答へて、そのやうに話したのには大きい理由があることで、このやうな正反對の最大の變化を見なかつたならば、予は今もなほそのやうに話したであらう。何故ならば我等に對して爲した大きな僭越の故に、我等が異端者として叛することを望まねばならなかつたやうな時に、イスパニヤと和睦する事は我等にとつては不可能な事であつた。既に我等は六十年以上にわたり彼から苦しめられ、生命と物質とを失ひ、法王より破門され、地獄へ送られ、法王の免罪により約束されて、唯死のみと、赫ゝたるイスパニヤ國が我等との講和を切望するために、このやうな屈辱的行爲をするとは我等の想像もする事が出來なかつた所である。同様に彼等は最少限度を維持して、今なほその稱號で見榮を飾り、我が領土へ向けた野望を、斷念させるやうにしなければならなかつたのである。我等は近い内に日本の陛下〔將軍〕に議定された條約を提示し、イスパニヤ人とどんな條件の下に和議が結ばれたかと、且又神の創造物である人ゝをかつてこの日本において非常に卑しめ輕蔑したのは如何なる國民であるか、今我等が知悉評定している事を報告したいと欲するものである。しかし我等の愛が彼とこのやうな和議を結んだのでは無く、我等の勝利の武器によつて齎らされたものであり、そして和蘭人はこのやうな事を正當と認めなかつたからこそ、そんな強力な王との戰を八十年も堪へて來て、彼等は生命の限り決して一人たりとも單獨に彼と和議を結ばなかったのである。しかしこの世の總ての事物が變轉するやうに、多くの事物は世人の見聞や理解とは全く違った方向に常に終結する事は、我等の意見にも亦あるものである。

〔註〕商館長 Dircq E. Snoecq の日誌から採録。

（1）新商館長 Anthonio van Bronckhorst (5 Nov. 1649〜25 Oct. 1650).

（2）和蘭からの特派使節 Andries Frisius は一六四九年九月十九日長崎に到着し、翌年一月商館長と共に江戸に參府し、寛永二十年南部において捕えられた蘭人に對する厚遇を謝した。

（3）西吉兵衞、名村八左衞門。

（4）歐羅巴風說の中心をなすものは、この前年一六四八年に諸國間に結ばれたウェストファリア Westphalia の講和條約である。

商館長 Dircq E. Snoecq (9 Dec. 1648〜5 Nov. 1649)
長崎奉行 馬場三郎左衞門利重（九月發）、山崎權八郎正信（九月着）
入津蘭船 七艘

第五號 慶安三寅年（一六五〇年）風說書

〔譯文〕

一六五〇年八月八日〔慶安三年七月十一日〕

奉行は書面で船の到着を上方に知らせやうと、ポルトガルに關する確實な風說〔tydinge〕と、イギリス國王の斷頭臺にのぼせられた理由とを聽かせるために、檢使一人及び通詞二人を遣はして來た。予はこれに對して次の如く答へた。

即ち、前にジャンク船の齎したる總督閣下の書翰によつて、我が國〔和蘭〕は新にポルトガルと交戰狀態に入つたことを知つたが、最近和蘭から到着した船によつて、その確實な報道であることを了解した。

イギリス國王に關しては、[(1)]宗教に反對して起つた流血の內亂に由來するもので、それは國王並に議會は、今に至るまで旣に九ヶ年に亙つて戰つてゐるが、耶蘇會が將來國王に、自分達の宗派のみの支持によつて統治させやうとするのに對し、我等の宗教〔新教〕である議會は（國王が國家に對して行つた誠實の宣誓が遵守されないのを見て、國家統治の古來の慣行を維持しやうとするために）國王に反抗して起ち、遂に戰爭中に國王を捕へて斷頭臺上に送つた。

〔註〕商館長 Anthonio van Bronckhorst の日誌より採錄。

（1）イギリスのチャールズ一世が一六四九年一月三十日に處刑された。

第六號　慶安四卯年（一六五一年）風說書　其一

商館長　Anthonio van Bronckhorst (5 Nov. 1649～25 Oct. 1650)
長崎奉行　山崎權八郎正信（十月死去）、馬場三郎左衞門利重
入津蘭船　七艘

（譯文）

一六五一年七月二十九日〔慶安四年六月十二日〕

更に本月十六日附の知事ニコラエ・フエルブルフ(1)の書翰によつて、同地の現狀について、我等に報ぜられたことを、書信簿について詳細に閲讀したところ、通詞等が奉行の命によつて、ヨーロッパやその他各地の風說〔novas〕、並に使節フリシウス(2)がバタビヤに滯在中か、それとも江戶に於て幕府の當局者にした約束に從つて、（同人が首腦部に彼の得た結果について口頭で報告するために）オランダへ出發したかを聽取するために來た。

そこで我等は此等の件に關して次のやうに告げた。先づこの船は總督及び印度參事會員の書翰を齎さないので、正確な風說を告げることは不可能であるが、ヨーロッパに於けるオランダとポルトガルとの戰爭はなほ繼續中で、ポルトガルはオランダ及びイギリス人のため、海上で慘敗を喫したものと解せられること。又總督及び印度參事會員は當印度に於てその同類を不意をうつべく每日注視してゐること。使節フリシウスについては、バタビヤに滯在中であるか否かは、前述の理由で確かなことを知らなかつたが、しかし彼の助言が役立つに相違ないことが期待されて、到着した友人から、同人がバタビヤに安着して、總督閣下の祕書官の職に就くことが判つたことである。しかし、こゝに附け加へて言へることは、この使節が彼等によつて當地で非常に厚遇されたので、（これまでと同じく）彼等の滿足するやうにすべきことは確かであつて、第一彼が本國へ出發しなかつたならば、幕府の當局者及び奉行によつて、當地に於ける我等の利益は甚大なる惡影響を蒙り、又將軍よりは輕侮される（徒らに將軍に相手の御世辭と思はせるに等しい）と說明されなければならないこと。總督及び印度參事會員は將軍に非常な敬意を拂ひ、此のやうに長くこの國と通交してゐるから、彼がこの點を非常に周到に處理して、幕府の當局者及び當地の奉行に滿足されることには疑ひの餘地がなく十分明白である旨を返答した。

〔註〕 商館長 Pieter Sterthemius の日誌より採錄。

（1） Nicolaes Verburch は一六五〇年より一六五三年迄臺灣の長官であった人。

（2） 第二號風說書にあった、南部領山田浦において捕えられたブレスケンス號の乘組員取調の際、幕府は一六四〇年にオランダ、ポルトガルの兩國が休戰條約を締結したことを知り、オランダ人がこの事を祕して居たことを不快に思った。その後一六四七年七月ポルトガルの使船が長崎に來て、ポルトガルが獨立し、ヨアン四世が王位に卽いたことを報告して、日本貿易の復活を請願したが、幕府は、この時オランダとポルトガルの關係が親密なことを知って、オランダ人に對する不快の念を加え、一六四七年商館長の江戶參府に際して、その獻上品を却け、將軍の謁見を許さず、翌年オランダ船入港後貿易を禁じ、商館長が將來ポルトガル人を援助しないことを約束して、ようやくこの禁を解かれることとなった。そこで東印度會社は、幕府の誤解を解くためブレスケンス號乘組員の釋放に對する謝意を表すことを名目として特使を日本に派遣することとなり、一六四九年（慶安二年）特派使節 Petrus Blockhorius と隨員 Andries Frisius 等を遣わした。ところが使節は途中で病死したので、フリシウスがこれに代り、同年十一月二十五日出島を出發して、十二月三十一日江戶に着き、一六五〇年（慶安三年）三月十七日將軍家光に謁して獻上品を上り、使命を果して、四月八日ポルトガル船の事について注意を申渡され、四月十六日江戶を發して、五月九日長崎に歸り、同年九月七日長崎出帆の船に乘ってバタビヤに歸った。

商館長　Pieter Sterthemius（25 Oct. 1650~1 Nov. 1651）

長崎奉行　馬場三郎左衞門利重（十一月發）、黑川與兵衞正直（六月着）
入津蘭船　八艘

第七號　慶安四卯年（一六五一年）風說書　其二

（譯文）

一六五一年八月十九日〔慶安四年七月四日〕

早朝フアン・デル・ブルフ君を上陸させるために船に赴き、又一人に船員名簿と報告とを恆例のやうにすることを命じた。歸館後間もなく通詞等が奉行の命に依つて來て、今到着したばかりのフアン・デル・ブルフ君と我等とは挨拶を交はす遑もなく、ヨーロッパの風說〔novos〕及び使節のことについて續けて述べた。ヨーロッパの風說についてはすでに先月二十九日にしたものと違つたことで知り得たことは、プリンス・フアン・オランエの死去せられたことと、なほポルトガル人とは以前の國境に於けるイスパニヤ人のやうに、昨年報告した狀態を繼續してゐることである。使節に關しては、なほバタビヤに滯在するもののやうである。

それは元來この使命の遂行は同使節〔フリシウス〕ではなくして、故使節ペトルス・ブロックホリウスが我が首腦者から任ぜられ、そして使節〔フリシウス〕自身は（御承知のやうに）バタビヤで、總督及び印度參事會員から彼〔使正〕の副使を命ぜられたのであるから、その歸るやその任を解かれ、當地に於て當局者によつて重大視せられる使命は、前總督(4)コルネリス・ファン・デル・ラインの負ふものである。これについて彼等は詳にすることが出來るのを望んだ。これについては相手は少しも滿足せず、奉行及び有力者は、疑ふべからざる適切な飜譯に於て彼等の責任を果さうと欲して、それ等について明朝返事をすることを約束した。

〔註〕第六號と同じ商館長日誌より採錄。

（1）Adriaen van der Burgh (1 Nov. 1651 ~4 Nov. 1652).

（2）Prins van Oranji Willem II は一六五〇年十一月六日、二十四歳で死亡。

（3）第六號の註(2)參照。

（4）Cornelis van der Lijn は一六五〇年十月七日總督を免ぜられる。

第八號　承應二巳年（一六五三年）風説書

〔譯文〕

一六五三年八月十日〔承應二年閏六月十七日〕

取得した風説〔nieuws〕中から通詞等は明日奉行によつて幕府へ通知せられるため、唯以下のことのみを書取つた。即ち、臺灣のシナ人が恐しい再興を示してゐる時、廣東で我等によつて何が爲されてゐるか、即ち、二艘の船が今年再びその方面へ向つたこと。(1)レーニエルスソーン總督の死亡した日のこと。(2)イギリスの戰爭に關すること。これについては予はよく知らないから、予の後任者の到着の際先づ通知されなければならない。

〔註〕 Frederick Coijet (4 Nov. 1652～10 Nov. 1653) の日誌より採錄す。

(1) Carel Reynieisz は一六五〇年四月二十六日東印度總督となり、一六五三年五月十八日バタビヤに於いて死亡。

(2) 一六五二年に第一次蘭英戰爭が勃發して、五四年七月に及んだこと。

商館長　Frederick Coijet (4 Nov. 1652～10 Nov. 1653)
長崎奉行　甲斐庄喜右衞門正述（十月發）、黑川與兵衞正直（九月着）
入津蘭船　五艘

第九號　承應三年年（一六五四年）風說書

〔譯文〕

一六五四年八月三日〔承應三年六月二十一日〕

天候及び風は前日に同じ。非常に早く前記の人々が予の許に來て、船員名簿を受取り、更に風說

〔novos〕の事に進み、予は次のやうなことを色〻彼等に知らせた。即ち、イギリスと我が國との戰爭。[1]
バタビヤと臺灣とは良好なる狀態を續けて居ること。昨年出帆した五艘の船は全く安全に渡航した
が、然し立派なヤハト船スペルウエル號[2]（その來航を待つたので我等の取引は非常に延引させられた）
は難破したこと。片眼のシナ人[3]（彼について當地の人〻は昨年不平を抱いて彼は、それを彼等より受
けねばならなかつた。）は不本意ながら東京に歸つたが、本季節には當地に來るものと思はれること。
使節は來ないこと（これについて彼等は種々質問した）。廣東に於ける會社の事件の多年の係爭につ
いても、同樣更に情報を與へることを辯解した。この事は來るべき予の後任者レオナルド・ウインニ[4]
ンクス君の責任とは異つてゐる。

〔註〕商館長 Gabriel Hapart（10 Nov. 1653～31 Oct. 1654）の日誌より採錄。

（1）第八號註(2)參照。

（2）Jacht de Sperwer のことで、同船はバタビヤを出帆して臺灣經由、日本に向う途中、暴風雨に遭って、一六五三年八月十六日未明、濟州島南部の大靜縣の海岸で難破した。

（3）長崎在住中國人貿易商魏毓禎で日本東京間の貿易を盛んに營んだ。

（4）Leonard Winnings（31 Oct. 1654～23 Oct. 1655）.

商館長　Gabriel Hapart（10 Nov. 1653～31 Oct. 1654）

長崎奉行　甲斐庄喜右衞門正述（九月着）、黑川與兵衞正直（九月發）

入津蘭船　四艘

第十號　明暦元未年（一六五五年）風説書

（譯文）

一六五五年八月二十四日〔明暦元年七月二十三日〕

晝、通詞等奉行が江戸へ通知するため以下の風説〔novos〕を聽取に來た。卽ち、我が國とイギリスとの間には講和(1)が成立した。昨年當地へ送られた最新の船であるフルイト船ヘットラム號、美麗なデ・フレデ號及び他の二艘の船の殘留してゐることを昨年聞いた。臺灣には白絲の齎されたるものは無い。從つて當地では東京からのものを期待して居るが利益は少い。ブラジルのペルナムブーク(2)はポルトガル人に奪はれた。

〔註〕商館長 Leonard Winnincx の日誌から採錄。

（1）一六五四年四月二十三日英蘭講和條約調印。

（2）Kolonie Brazilie の Pernambuco は一六三〇年オランダが占領したが、一六五四年ポルトガルに奪われた。

商館長　Leonard Winnincx (31 Oct. 1654～23 Oct. 1655)

長崎奉行　甲斐庄喜右衞門正述（九月發）、黑川與兵衞正直（九月着）

入津蘭船　四艘

第十一號　明暦二申年（一六五六年）風說書

（譯文）

一六五六年七月十七日〔明暦二年五月二十五日〕

臺灣の現狀等について同地の長官閣下(1)からの書翰に記されたことを、我等は書信簿によつて詳細に閲覽することが出來た。そして、その書翰やその他の書類を閲了後、通詞等が奉行の命に依つて、當船〔ローテランド號〕の齎した風說〔novos〕を聽取しに來たから、大體次のやうな情報を知らせた。

先づ昨年當地から送つた諸船は安全な航海をしたこと。廣東使節が北京へ上京(2)したこと。コロンボに於けるポルトガル人との戰爭(3)。臺灣に於ける良好なる狀態。最後に今年なほ臺灣・暹邏・バタビヤ・東京から如何なる船が、如何なる積荷を持つて當地へ來るか、此等の事情を船員名簿及び當船の積荷目錄と共に、日本文に書取つて、通詞等は奉行の許に持つて行つた。

〔註〕商館長 Joan Boucheljon (23 Oct. 1655～1 Nov. 1656) の日誌より採錄したもので、Louteland 號が臺灣經由で齎した風說である。

（1）當時の臺灣長官は曾て出島商館長であった Frederick Coijet (1656～1662) である。

（2）Pieter Goyer と Jacob Keyzer 兩特使が、一六五六年三月末日廣東を立って陸路北京に上ったことを示す。

（3） Rykloff van Goen の指揮するオランダ艦隊が Ceylon 島の Colombo のポルトガル人根據地の攻略を企てたことを指す。

商館長　Joan Boucheljon (23 Oct. 1655~1 Nov. 1656)
長崎奉行　黑川與兵衞正直（九月發）、甲斐庄喜右衞門正述（九月着）
入津蘭船　八艘

第十二號　寛文元丑年（一六六一年）風說書　其一

（譯文）

一六六一年七月六日〔寛文元年六月十日〕

通詞等が打連れて予の舍宅に來て、國姓爺の侵略に關し臺灣の狀況を以下のやうに日本文で書取つた。

國姓爺(1)は既に九年前より……………フオルモサ人及びタイヲワン(2)のシナ人と氣脈を通じて、ゼーランヂヤ城(3)を奪取し、自らその地の王者たらんと謀つたが、臺灣の長官閣下は二三の忠實なシナ人から、この事を知らされて、武裝した人々を以てこれに備へ（フアイエット(4)なる者の指揮下に打寄せた非常に多數の）不信なシナ人と戰を交へるやうになつて、勝利は我等の側に歸して上記のフアイエットは死に、他の三人の首魁は捕虜となつて城中に連れて來られた。彼等の言に依つて、この事が國姓爺の意志によつて始められて今やその計畫も無駄になつた事が明瞭となつたにもかゝはらず、上記の國姓爺はこれにも懲りず、このやうなことを再度繰返さんと畫策したが、その陰謀の遂行に都合のよいピ[5]ンカと云ふシナ人が居た。彼は會社及び個人に多額の負債があつて、それがため既に二年以前タイヲワンから國姓爺の許に逃れて行き、彼に同地の事情をすべて告げた。そこで長官コイエット閣下はそのシナ人側の準備を、既に日本の月の四月、即ち昨年四月に、國姓爺の貿易船の一によつて知り、これに就いて彼に書翰を贈つたが、それに對して來た返答によれば、彼はそんな報告を信ぜず、このやうな虚僞の流言が何處から、又何人によつて發せられたかを確めるために、密告者を捕へ置かねばならないと云つて、なほも我等の目を眩さうとした。そこで世人は彼の信用について他の違つた感を懐いたであらう。しかし前記の長官閣下は、當時タイヲワンに碇泊中の二十艘乃至三十艘の商船が警戒に當つてゐたが、そのことに就いてバタビヤの總督閣下に書翰を贈つて警告したので、その結果閣下は、[6]十二艘の戰艦を準備して、反抗に備へて、これ等の船は殆んど同時に、日本の八月即ち去年九月にタイヲワンに到着し、前記の閣下〔コイエット〕は内三艘に日本の十月即ち十一月に、使者を便乘させて國姓爺の許に遣はした。使者は同地に於て厚遇され、又國姓爺の好意と、會社との友好關係維持について書面で明確にしてタイヲワンに歸つて來た。そこで我等の疑念も一掃されて、上記艦隊はその航[7]程に就き、そこには僅か四艘の船が殘留するに過ぎなかつた。即ち二艘は大船、二艘は小船で、これは又積荷を彼方より此方に移すため、他の船から積荷を積取つてゐた。このことを國姓爺は明かに熟知して、日本の四月二日即ち去る[8]四月三十日に、四萬餘の兵と約三百艘のジャンク船から成る大艦隊を率ゐて現はれ、夜のうちに城に極く接近して、朝伐に鹿耳門の水道を通過して兵を上陸させたから、灣内の航行は封鎖され、臺灣本島から遮斷された。そこで、その地を出來るだけ防禦するために、ゼーランヂヤ城から、一隊長が二百の兵を率ゐて派遣されたが、その全部がシナ人のために殺戮された。彼は更に進んで、日本の六月には赤嵌にあるプロビンシヤ城、並に臺灣本島の廣大なる土地を、その手中に收めた。その上、ゼーランヂヤ城は非常に狹く封鎖されて、我等は出入することも出來ず、加ふるに、四月卽ち去る五月五日に、市區は掠奪され、燒打ちを受け、或は破壞され、又二十四門の大砲をゼーランヂヤ城（城内には千百人餘の人がゐた）の前に持つて來て猛射を浴びせ、又上述の我が四艘の船も戰火を交へて、内最大にして百名以上乘組の船は火災を起して爆沈し、他の一艘(9)はバタビヤへ向け（このやうに推測する）更に二艘は鷄籠(10)へ向けて、戰況を報告するために出帆した。然し此等の船は、再びタイヲワンの港に引返し、同地に正月十九日まで滯留し、その日再び出港して鷄籠に向ひ、そこから當地に到着した。國姓爺が自らタイヲワンに居るか否か明かではない。右の船のタイヲワンを去る時はなほ、ゼーランヂヤ城は彼の掌中に入らず、なほ上記の商務員ニコラス・ルニウスから聞くところによれば、知事コイエット閣下は船長ヤコブ・ラスの下に小船イムメンホルンをタイヲワンから鳥島(11)に送つて、住民等は前記貨物全部を彼等の船に積んで薩摩侯の許へ送つたと彼に知らせて來たと言ふことである。

〔註〕商館長 Hendrick Indijck (26 Oct. 1660~21 Nov. 1661) の日誌から採錄。インダイクは一六六一年三月二日長崎出發、江戸に參府し、五月十六日に長崎に歸着した。

（1）鄭成功は當時厦門にあって清軍の壓迫が加わったのと、同地の地理事情も宜しくないので、東進して臺灣の占有を企圖した。
（2）今の臺南安平地方をタイヲワンといい、フォルモサ人とは臺灣島土着の蕃人を指したるものである。
（3）Zeelandia 城は臺江門戸の一島である一鯤身（今の安平街）に一六三〇年に築城された。
（4）Fayet（郭懷一）は Sakam（赤嵌、臺南城の東北方西里新市街附近の地）から二哩距てた一小邑のシナ人の首長であった。
（5）Pincqua 何斌のことで曾て和蘭人の通事を勤めたシナ人で、故あって厦門に逃れて、臺灣の地圖を國姓爺に提供した。
（6）總督 Mr. Joan Maetsuker は一六六〇年七月十六日 Jan van der Laan に命じて船艦十二艘に六百の兵を載せて、臺灣の救援に赴かせ、同船隊は同年九月臺灣に到着した。
（7）ファン・デル・ラーンは臺灣が危險であるという風聞が無根ならば、進んでマカオを攻擊すべしとの命令を受けて來たが、彼は寧ろマカオを攻擊して自己の名聲を高める方がよいと考え、臺灣長官の要請を無視して、マカオに到着して無益な攻擊を企てた後、バタビヤに還り、臺灣には僅かに四艘の船を殘留させただけであった。
（8）一六六一年四月三十日は明の永曆十五年（清の順治十八年）で、我が寛文元年四月二日に當る。鄭成功が親ら優勢な舟師を率いて、厦門を出發し、臺灣海峽を横ぎって澎湖大山嶼の媽宮澳に入り、ついで臺灣の臺江北口にある鹿耳門に進み、先ずゼーランヂヤ城とプロビンシヤ城との連絡を斷った。
（9）Maria 號は脱出して急報をバタビヤにもたらした。
（10）鷄籠は基隆である。
（11）鳥島は琉球島尻郡、那覇港の北一百海里の海上に在って、中國人はこれを硫黄山と稱した。

商館長　Hendrick Indijck（26 Oct. 1660～21 Nov. 1661）

長崎奉行　妻木彦右衞門頼熊（九月發）、黑川與兵衞正直（八月着）
入津蘭船　十一艘

第十三號　寛文元丑年（一六六一年）風說書　其二

＊肥後宇土細川本による

高砂之内ケイランと申所ゟ貳艘參申候オランダ人之口上書[*]

一九年以前ニ國姓爺（こくせんや）と高砂之住宅之唐人と申合謀ニ而高砂之オランダ城迄取申手だて仕候處ニ、其唐人之内ゟオランダ方へ内通申聞候に付、用心仕罷在候、然處ニ人數貳萬餘ニて寄來候へ共追拂申、其寄手之頭分之唐人三人生捕せんさく仕候へハ、彌國姓爺方ゟ被賴申候由申候、其時之唐人惣大将ハエタ(1)と申者討死仕候而其後先しづまり申候、

一三年以前ニ高砂住宅之唐人頭之内ニ而オランダ通事仕候ヒンクハンと申唐人、オランダの銀子を大分取込、高砂を逃、國姓爺方へ參居申候か、高砂仕寄之様子取懸之道引、爲可仕逃申候と只今存當り申候、則今度此ヒンクハン先手之大將仕高砂へ參申候、

一去年四月比國姓爺と高砂之地之唐人と申合、オランダ城責可申巧仕由、高砂住宅之唐人之内ゟオランダへ内證申聞に付、オランダ城大將ゟ國姓爺方へ唐人を使者ニ仕申遣候ハ、高砂へ取懸可被申由承候、必定ニ而候哉、左候はゞ互ニ軍を可仕と申遣候處ニ、國姓爺返事ニ申來候ハ、曾以左様之儀ニ

而無之候、ケ様ニ僞を申唐人之儀ハ、其方ニ而曲事ニ被申付候様ニと國姓爺ゟ申來候故、其唐人をオランダ城中へ入置申候、

一其後國姓爺ゟ商賣船を度〻に卅艘程高砂へ遣申候に付、商賣ハ仕候、然共右之次第共ニ御座候故、油斷不仕候、ジヤガタラゼネラル方へ此趣申遣候、就夫兵船十二艘ジヤガタラゟ高砂へ去年八月ニ遣置申候、暫様子を見合申候へ共、爲替儀も無御座躰ニ見え候處ニ、又高砂へ取懸ケ申風聞承候間、實正爲可承、オランダ船三艘ニ而、去年十月比、國姓爺方へ使者を遣申候へハ、國姓爺方ニ而殊外馳走いたし候て、高砂へ取懸ケ申儀聊左様ニて無之候、自今以後彌互ニ申合、商賣可仕由堅契約仕候、此使者高砂へ罷歸、右段〻オランダ大將へ申聞候、悦申候處ニ國姓爺方ゟも使者之爲禮、書狀相添、商賣船四五艘高砂へ遣申候、就夫彌國姓爺方別儀無之と存、右之兵船を去年極月ゟ當正月迄にジヤガタラへ戻シ申候而、日本へ商賣ニ遣申船四艘計殘置申候、

一右之兵船ジヤガタラへ戻申候儀、國姓爺聞届、當四月二日ニ國姓爺ゟ兵船三百艘餘、人數四萬程、其外高砂地之唐人と申合、都合六萬人餘ニ而城を責申候、城ゟもオランダ出合戰仕候、オランダ貳百四五十人餘討死仕候、同日ニオランダ本城とセカムと申ゐた城之間一里程御座候所を取切、同六日之未明ニ此ゐた城を國姓爺方へ責取申候、此城ニ石火矢廿四挺オランダ四百人餘居申候、不殘討死生捕ニ逢申候、

一同七日オランダ本城之廻町屋を燒拂、ゐだ城之石火矢迄も取寄、本城へ打かけ責申候、本城ニハ人數千百人餘籠居申候、

一日本へ遣申筈之四艘之船共ニ荷物積かゝり居申候處ニ、三百艘程之兵船取卷兩日戰申候、四艘之内壹艘ハ石火矢藥桶ニけがニ火を付燒わり申候、此船ニ人數四百人餘乘居申候、一人も不殘相果申候、殘三艘ハ漸逃申候、此内壹艘ハジヤガタラへ參申候、同貳艘ハ四月七日ニケイランへ逃參申候、又此二艘之船共ケイランゟ高砂へ見廻ニ參申候、又高砂ニて船軍仕候へ共、永ゝ逗留不罷成候に付、五月十九日ニケイランへ逃參申候、ケイランへも取かけ申由承申候間、ケイランのオランダ人共此貳艘之船ニのせ日本へ參候、五月十九日迄ハ高砂之本城落不申躰ニ相見え申候、跡之儀ハ如何樣ニ可有御座儀存不申候、高砂へ國姓爺自身參候共又名代遣申候共、申候、實正存不申候、以上、

右之通今度入津仕候貳艘船之オランダ人共申上候通和解指上申候、

寛文元年六月十日

へんてとき・いんてれき（オランダ・カピタン）

通　事　名村　八左衞門
同　石橋　助左衞門
同　志筑　孫兵衞
同　西　吉兵衞
同　横山與三右衞門
出島乙名　馬田九郎左衞門

〔註〕本年の風說書については、森克己「國姓爺の臺灣攻略とオランダ風說書」（『日本歷史』四八號）參照。

（1）「ハヱタ」は「ファイエット」のことで第十二號の註（4）參照。

第十四號　寛文二寅年（一六六二年）風說書

（譯文）

一六六二年八月十六日水曜日〔寛文二年七月三日〕

正午頃、通詞等が打揃つて奉行の命に依り、ポルトガル人及び國姓爺に關して齎した風說〔nieuws〕を聽取に來たから、それに關して、彼等に次のやうに報告した。イングランド(1)では、國王とその臣民との間に、かなり以前から內亂が起つて居たが、遂に國王は敗北して、その與黨は囚へられ、旣に十四年以前斷頭臺上に消えた。その後、遁潛して居た三人の王子中の長兄で、今三十歲位に達したのが、首領としてイングランドを統治して居たオリベル・クロムウエルが歿したので、巳に一二年前に呼び戾されて、斷頭臺上に消えた父の位置イングランド國の王位に卽いたが、同國王は現在旣にポルトガル國王の王妹と結婚して居り、それと共に、彼に結婚の贈物として（ヨーロッパに於ける約定以外に）ゴアとマカオとを與へられた。これによつてイギリス人は今や全くポルトガル人となつた。(2)そこでシヤムは（同地には多數のポルトガル人が居住して居るが）今やイギリス人及び同地に移住して居るモール人及びシナ人と結托して、將來當地市場に齎されるヨーロッパ製品に、この國に對して何等かの胡麻化しが、いつかつくり出されるかも知れない。こんな事は貴國皇帝陛下の忠實な友として、我等が警告的豫告的判斷を呈するのは、條約上、責任を感ずる旨をこのやうな形で陳述した。又我が國が同じくポルトガルと講和を締結したといふ流言が行はれて居るが、これは主として、わが本國の首腦者が、ポルトガルがイスパニヤの治下に置かれるのを見るのを好まず、若しさうなつた場合には、我等は同國と以前のやうに、再び高價にして激しい流血の戰爭に立ち至ることは容易に起り得ると考慮したものであらう。これに就いて、我等は最寄りの船で更に詳細な情報が來ることを希望してゐる。我等がバタビヤ出發後、彼地でも同じく毎日和蘭からの歸航船が、更に詳細な報告を齎すことを期待してゐる。

國姓爺(3)は二月一日、卽ち日本の十二月十三日ゼーランヂヤ城を、會社の商品（卽ち城塞の外、日本の丁銀で七八百箱の價値がある砲や武器など）と共に、武力によつて占領し、包圍中に彼等が捕へた和蘭人を虐殺し、多數の身分ある婦人、年若き娘に對して最も耻辱的な虐待を與へ、彼女等の面前においてその夫の頸を刎ね、又十人の者を不用意に鼻、目、右手を切り、開城後に、この悲慘な姿で我等に返還せられた。

全く戰爭の習慣に反したこのやうな殘虐な鬼畜の如き行動を無辜の男女に加へた一切のことは、當會社に對して此等の人達の生命と財產を保護防衛することを約束された彼の名譽と義務とに從つて、總督閣下の耳に達し、直ちに和蘭の首腦者にこの事を知らせるために一隻の船を本國へ派遣したから、我等の喪失した領土、城砦、被つた損害を武力によつて恢復するために、本國から大海軍と軍隊とがインドへ送られるであらう。又その間、總督閣下はシナ沿海のエンゲリング或は福州へ、戰鬪並に交渉取引のため、十二隻の船を司令官バルタサル・ボルト[(4)]指揮の下に準備し、なほ二隻の船をこれに續航させ、それには福州の副王卽ち總督と確定不變の平和條約を結び、同地で交渉、共同して國姓爺と戰ふ交渉を確定することであつたが、この計畫の由來するところは次の理由からであつた。卽ち去年臺灣の救援に來た十二隻のうち、二隻が强い逆風に遭つて福州に漂着したところ、同地で非常に優遇され、又前記の副王卽ち總督から、國姓爺に對抗する同盟援助並に自由なる貿易を提議された。然しこれ等の事がどのやうになつていくかは、時が我等に直ちに示すであらう。上記の船團からすべての樣子に從つて報道されたところによれば、此等の船團は、すべての國姓爺の船を、たとへどんなものでも假借することなく、どんな土地、どんな場所でも、海上でも陸上でも、出來得る限りの損害を與へ、火の中、暗黑の中まで追擊するやう命令を帶びた。このやうな事の要領が、全通詞によつて書取られた。そして幕府へ送附されるため奉行のヨヘイ殿〔黑川與兵衞〕に渡された。

〔註〕商館長 Dirck van Lier (11 Nov. 1661~12 Jul. 1662) の日誌より採錄。

（1）イングランドのチャールズ一世（一六二五―一六四九）及びその麾下の王黨と議會黨とが一六四二年から一六四九年に至る七年間の抗爭を續けたが、王軍は連戰連敗してチャールズ一世は一六四九年一月三十日處刑せられた。十四年以前とはこれを指す。一六五〇年二月王政が廢止され、共和政治が成立し、オリヴァ・クロムウェルが專制政治を行ったが、彼は一六五八年九月三日病歿、一六六〇年五月前王の長子チャールズ二世（一六六〇―一六八〇）を迎立して王政に復古した。

（2）チャールズ二世は一六六二年ポルトガル王女カザリンと婚したが、この兩國王室の結婚が、後年（一六七三年・寛文十三年）リターン号拒絶の主な理由となった。

（3）Coxsinja 國姓爺は鄭成功である。鄭成功は幼名福松、初め肥前の平戸において母に育てられ、崇禎三年父芝龍の許に至り、名を森と改む。隆武元年明の王室の姓朱を賜わり、成功と名のり、是から世人は國姓爺と呼ぶようである。一六六二年二月一日ゼーランヂャ城を陥した。時の臺灣長官は Frederick Coijet である。

（4）ボルト遠征のこと。

商館長　Dirck van Lier (11 Nov. 1661~12 Jul. 1662)
長崎奉行　黑川與兵衞正直（九月發）、島田久太郎利木（九月着）
入津蘭船　八艘

第十五號　寛文六午年（一六六六年）風說書　其一

咬𠺕吧出壹番船之阿蘭陀口書

一南蠻人居申候クチン(1)と申國を、先年阿蘭陀取堅め居申候處に、此國の内ホルカ(2)と申在所者、クチンゟ五六里程御座候處に、エゲレス國ゟ爲商賣船を乘駈け參申候間、此方ゟ申に者、ホルカ者クチンの内ニ而有之候處に、何とて案内なしに商賣に參申候哉、罷歸申候得と使を立申候得者、エゲレス申候者、南蠻人とエゲレス儀者緣者ニ而候間、商賣に參申候由申候得共、頻りに追歸し申候、其後阿蘭陀本國江エゲレス方ゟ使者船を以申越候者、今度ホルカ江商賣に遣申候處に、クチンに居申候阿蘭陀共追出し商賣不仕罷歸申候、ホルカ表望の代り物大分積遣し申候處に、追返し申候に付、此代物すたり申候、損銀大分之事に候間急度辨へ可申由申越候得共、此方に請付不申、其使者船をも追返し申候、此意趣に付、ヱゲレスと阿蘭陀中悪鋪罷成申候、

一去年五月初頃にヱゲレスゟ阿蘭陀本國ゐ軍船百三拾艘ニ而軍仕かけ申候處に、阿蘭陀國ゟも兵船百貳十五艘ニ而出合戰申候處に、初日の軍には船人互に痛み、其上日暮相引に仕候、二日目に者阿蘭陀之船大將乘り申候船にヱゲレス方ゟ討申候、石火矢玉を藥からりに討込み申候に付、藥に火入、大將船人共に燒失仕候、兩日戰申候得共勝負付不申相引仕候、其後兵船共双方乘り浮べ互に船共取合申候、

一去ゝ年霜月十五日阿蘭陀船十三艘連れニ而咬𠺕吧を出船仕、阿蘭陀本國ゟ參申候處に、其内一艘者行衞不知見ゐ不申候、殘拾貳艘者阿蘭陀本國ゟ百五拾里程手前迄乘り駈申候處に、阿蘭陀國ゟ小船貳艘方ゝゟ阿蘭陀國ゟ參申候船共に軍の様子爲知爲可申出し置候船に逢申候に付、阿蘭陀國ゐ乘り入不申、ノヲルヲイキと申所、阿蘭陀國ゟ百里程御座候處に乘り入、阿蘭陀國ゐ夫ゟ小船を遣、是迄參申候由注進申候得者、兵船五拾五艘に船大將壹人乘せ迎に遣し申候、此兵船に被連、阿蘭陀國ゐ可參と仕候處に、阿蘭陀國近くニ而俄に大風吹、皆ちりちりに吹ながされ申候、咬𠺕吧出し拾貳艘之内三艘一所に吹被寄申候に付、類船者何方に居申候哉と互に申合候處に、かすかに船之帆陰見ゐ候に付、類船かと存、乘り駈申候得者、類船ニ而者無御座、ヱゲレス之軍船數艘居申候所に乘掛申候、然る處ヱゲレス船共取廻し石火矢討かけ申候間、此方ゟ討合申候得共、ヱゲレス者數艘ニ而御

座候故、不相叶、壹艘者即時に討沈られ申候、殘貳艘者暫く戰申候得共、船中人數僅に討なされ試艘共にヱゲレス方に取られ申候、此三艘船之様子知れ申候儀者、ヱゲレス國と阿蘭陀國と者程近く御座候に付具に聞ゑ申候、

一咬嵧吧出し殘九艘之船、阿蘭陀國ゟ出申候五拾五艘之兵船共は追々無事に阿蘭陀國ゑ着仕候由、咬嵧吧え申越候、

一當年三月十四日に阿蘭陀商賣船壹艘、荷物積ながら咬嵧吧湊ニ而蠟燭之火ゟ火事出し燒失仕、人茂大分相果申候、其外相替たる儀不承由、今度參申候阿蘭陀共申候、重而入津之船ゟ相替儀茂御座候はゞ可申上候、

午六月十二日

阿蘭陀カピタン
ういろむ・ほろこる

〔註〕寛文六年長崎入港の蘭船は七艘であり、その壹番船のもたらした風說書。

（1）「クチン」は印度西海岸 Malabar の Coutchijn (Cochin) であって、一六六三年 Van Goens が同地を占領した。

（2）「ホルカ」は Porca.

（3）「去年五月初頃云々」とは、一六六五年五月四日イギリスがオランダに宣戰した第二蘭英戰役をいう。當時イギリスはクロムウェルの歿後王政に復古して Charles II の治下にあり、オランダは Johan de Witt の執政時代であった。Duke of York の率いる百隻の英國艦隊は四月末オランダの海岸に押寄せ、六月十三・十四の兩日 Obdam 公 Jacob van Wassenaer の指揮したオランダ艦隊と激戰、オランダ艦

隊の損害は大きかった。

（4）「咬嵧吧」とは Batavia のこと。バタビヤは Soenda 人の開いた所で、椰子樹（Kalapa, Klappa, Kalap, Kalappa）に因んで Soenda-Kalappa と呼ばれた。咬嵧吧はカラパに宛てたもの。

（5）「ノヲルヲイキ」とあるは Noorwegen である。一六六五年八月初め東印度より歸航したオランダ艦隊が、イギリス海軍を避けてスコットランドを迂回して中立港であったノールウェーの Bergen に到着したことをいう。

商館長　Willem Volger (28 Oct. 1665~18 Oct. 1666)

長崎奉行　稲生七郎右衞門正倫(二月死去)、松平甚三郎隆見(六月着、十月發)、河野權右衞門通定(八月着)

入津蘭船　七艘

第十六號　寛文六午年（一六六六年）風説書　其二

今度五嶋ゟ御送被遣候八人之阿蘭陀共口書

一(1)拾三年以前に咬嵧吧を出船仕高砂江着仕、彼地ニ而鹿皮砂糖を積、日本江參申候とて難風に逢、高麗之地江吹ながされ、セイジウ(2)と申嶋ニ而破損仕候、船中之人數六拾四人乘申候内、貳拾八人者卽時に相果申候、殘三拾六人者板木に取付漸く助り、セイジウ嶋江揚り申候、其嶋に茂人居申候故、我々をとらへケラドウと申所江召連參り申候事、一此ケラドウに者城御座候、其守護ゟ少宛之扶持方を貰ひ罷在候得共、僅之儀ニ而、たり不申候故、方〻こつじき仕、被下其餘りニ而着類を相調渡世を送り申候事、

一右三拾六人之内段〻に高麗ニ而病死仕、當年迄拾六人生殘居申候、内八人者ケラドウに罷在候、我〻八人者此船を求め、八月七日之夜ケラドウを迯出し申候、同十日に五島ゑ罷着申候、五島ニ而木水魚鹿抔被下候、此方ゟ者何色ニ而も遣不申候事、

一拾三年之内に兩度迯可申と仕候得共、兩度共に捕へられ申候、其内頭分之阿蘭陀壹人者其罪ニ而殺され申候、相殘之者共者きうめいに逢申候、惣而此國に入來候者は他國に出し不申候作法之様に相見申候、我〻儀茂他所ゑは出し不申、僅之扶持方を與へ死次第に仕召置申候と奉存候、此八人之内朝鮮之詞少存候者兩人御座候事、

一ケラドウ之内五里拾里之間あるき申事者自由に御座候、然共所〻に番所御座候而、船ゟ者他所ゑ出し不申候、

一三拾四五年以前に彼地ニ而阿蘭陀船破損仕候而、其内之阿蘭陀壹人今にながらへ居申候、是者ケラドウゟ貳拾里程脇に居申候に付、五三年に一度茂自然に逢申候事、

一ケラドウ之人者慈悲心者御座候、我〻こつじき仕候得共、或者米銀抔茂少宛、又者古き着物抔貰ひ申たる事御座候、

一唯今持居申候着類或者じき鍋釜抔者、年〻こつじき仕たる物ニ而内〻調申候事、

一我〻乗り破損仕候本船者、咬嵧吧コンパニヤ仕出之船ニ而御座候、則拾三年以前高砂之居カピタン

を咬𠺕吧ゟ乗せ參、高砂江卸し、高砂ニ而鹿皮砂糖積申、日本江參候とて、遭大風、如此御座候、
此船に南蠻人其外ウサン成者乗せ參不申候事、

一我ゝ共拾三年之間、何卒仕日本江參申度奉存候故、三拾六人之內に船之乗り道存たる者御座候間、日本長崎江參海筋內ゝ此者物語に承り罷在候、尤八人之內に茂少し道筋稽古仕たる者茂御座候、今度ケラドウを迯げ出し申候刻者、長崎を心掛け參申候得共風惡敷御座候而、五嶋江着仕候事、

一此八人之阿蘭陀共、終に日本に參たる者無御座候事、

一我ゝ共五島江着仕候刻、其儘番船を御出し被成、八人之內貳人日本之船に御乗せ被成、挽船六艘、奉行御乗候船壹艘合七艘ニ而、私共朝鮮ゟ乗渡り申候船之廻りを御取廻、爰元江被召連、昨晩當着仕候事、

午八月十六日

〔註〕商館長 Willem Volger (28 Oct. 1665~18 Oct. 1666) の日誌 一六六六年九月十四日（八月十六日）の條にある。一六五三年 de Sperwer 號が Quelparts eylant 濟州島で暴風に遭い朝鮮に漂着し、その內の八人 Hendrick Hamel van Gurcum, Govert Denys van Rotterdam, Denys Govertozoon van de Govert, Matthys Hooken van Enckhuysen, Jan Pieters van's Heerenveen, Gerrit Jans van Rotterdam, Cornelis Dirks van Amsterdam, Benedictins Clerck van Rotterdam が脱出して五島に來た。

（1）十三年前は一六五三年（承應二年）。

（2）「セイジウ」は濟州島、「ケラドウ」は全羅道か。
李朝實錄、顯宗實錄卷之十六（顯宗七年十月二十三日）云、「庚午（中略）東萊府使安縝馳　啓言、差倭橘成陳等密言於譯官等曰、十餘年前阿蘭陀郡人三十六名、載三十餘萬兩之物貨、漂到耽羅、耽羅人盡奪

其貨、散置其人於全羅道內、其中八人、今夏乘船、潜逃來泊江戶、故江戶欲詳其始末、將欲修契於禮曹、所謂阿蘭陀乃日本屬郡、來貢者也、(中略)乃奪其貨、留其人、是果誠信之道乎、又曰、差倭出來則必上京呈書契、本府及接慰官問答、與禮曹所答書契無異同可、且島主與江戶執政有隙而今此事幾係是重大如或相違、則島主先受其禍云、上下備局議之回啓曰、所謂阿蘭陀人似是頃年漂到蠻人、而服色與倭不同、且言語不通、故不知其爲某國人、何所據而入送日本乎、當初敗船物件、使漂人輩各自區處在、我既無所失、又無可諱之事、差倭之來、以是答之而已、宜令譯官試問其服色及言語與倭同否、觀其所答、然後備將蠻人實狀、言及以此回移爲便、上從之」

第十七號　寛文七未年（一六六七年）風說書　其一

未年阿蘭陀咬𠺕吧出し壹番船に申越候覺

一去年四月頃に咬𠺕吧(1)ゼネラルゟハツキン(2)に居申ダツ人の頭ゟ使者を以申入候者、福州ニ而阿蘭陀自由に商賣仕度候、次に天川(3)に罷在候南蠻人、阿蘭陀商賣事方〻ニ而妨申候間、天川を追拂給候様にと申遣候處に、ハツキンの大將ゟ廣東の頭分の者ゟ申遣候而、去年秋の時分廣東ゟ天川ゟ人數を差遣し南蠻人を追拂申候、南蠻人共大船三艘に乘り天川を出申候、內南蠻人の大將乘り申候船壹艘、川內の地ニ而破損仕候、今壹艘者マカサル(4)へ參り候、又壹艘者行衞知不申候、右の通福州に居申阿蘭陀人方ゟ去年極月の時分、咬𠺕吧ゟ申越候之由ニ而、今度之船に申來候、

一去年申上候通、エゲレス人と阿蘭陀人軍未だ𠬶中仕候之由、今度申來候、以上、

阿蘭陀カピタン
だにゑる・せきす

未五月三日

〔註〕寛文七年長崎入港の蘭船は八艘。その一番船のもたらした風説書。Daniel Six の日誌、一六六七年七月二十四日の條にこの風説書のことが記されている。

（1）「咬𠺕吧ゼネラル」は Gouverneur-Generael の Joan Maetsuyker（1653～1678）を指す。

（2）「ハッキンに居申ダッ人の頭」とは、北京の清廷のことで、一六六六年四月東印度總督より使者を遣わした。

（3）「天川」は Macao.

（4）「マカサル」は Celebes の Macassar.

商館長　Daniel Six（18 Oct. 1666～6 Nov. 1667）
長崎奉行　河野權右衞門通定（十一月發）、松平甚三郎隆見（九月着）
入津蘭船　八艘

第十八號　寛文七未年（一六六七年）風説書　其二

阿蘭陀壹番船船頭口書

一此壹番船之船頭、去年二月之頃阿蘭陀本國出船仕候而、同年十月頃咬𠺕吧ゟ着仕候、阿蘭陀本國ゟ咬𠺕吧迄、海上別に相替儀承り不申候、

一咬𠺕吧ゟ六ヶ月程逗留仕候而、當二月中旬に咬𠺕吧を出船仕候處に、高砂近所ニ而唐人之海盗船と相見ゟ貳拾五六艘阿蘭陀近くに寄申候得共、迯散り申候、

一去ゝ年阿蘭陀船に食物を積、咬𠺕吧ゟ、アンボン(1)と申所に遣申候處に、マカサルの近所ニ而遭大風破損仕、阿蘭陀共マカサルに參申候、然る處に、阿蘭陀人悉く討殺申候而、荷物不殘マカサル人取申候、右之様子咬𠺕吧ゟ相聞申候に付、去年極月頃咬𠺕吧阿蘭陀船拾貳艘マカサルゟ遣し申候、湊ゟ碇を入申候處に、マカサル之頭ゟ使者を阿蘭陀ゟ遣申候、銀子拾四貫目餘、並ゴウマアス(2)と申金子千五六拾、右之使者に爲持阿蘭陀船ゟ申越候者、去ゝ年阿蘭陀船破損之荷物並殺申候人之くわたいに乍少分遣し候間、是ニ而堪忍仕候様にと斷申候處に、右之金銀又使者を人質に取、阿蘭陀船ゟ留置申候而、ゼネラル方ゟマカサル之頭ゟ遣申候書狀を、陸ゟ阿蘭陀人に爲持遣申候處に、此阿蘭陀人一日陸ゟ留置、翌日ゼネラル方ゟ之返事、右之阿蘭陀人船に持歸り申候を、阿蘭陀人此返事明見申候得者、阿蘭陀方ゟ惡口成紙面ニ而御座候、以後此返報可仕由、右之人質に申含、金銀者船に留置、人質計差返申候而、マカサル之城下ゟ石火矢を討懸申候、然る處にバンテイヌ(3)と申所ゟマカサル人軍を仕かけ申候由承り申候に付、此所ゟ右之阿蘭陀船拾貳艘共に參候而、バンテイヌ人に阿蘭陀加勢仕、マカサル人壹萬人餘並大小八百艘程討取、マカサル之内方ゝ燒拂申候、以上、

阿蘭陀カピタン

未五月七日　　　　　　　　だにゑる・せきす

〔註〕

（1）「アンボン」は Ceram 島の Ambon であって、Java よりマカサルを經て當地に到着できる。

（2）一六六六年末マカサル事件解決のため Cornelis Speelman が彼地に到着して、翌一六六七年一月一日大勝利を收めた。

（3）「バンテイヌ」はマカサルの南東 Bonthain か。

第十九號　寛文七未年（一六六七年）風說書　其三

カボウヂヤ出五番船カウクマンロ書(1)

一カボウヂヤニ而商賣事、近年利無御座候に付、當正月カボウヂヤ仕舞、咬𠺕吧江可罷歸覺悟ニ而、唐船壹艘買調、荷物等積、阿蘭陀人乘せ出船仕候處に、ヒヤウヤア(2)と申唐人、高砂ゟ唐船六艘に人數六百人餘乘り來、川口(3)ニ而阿蘭陀乘り申候船押へ、申掛け候者、三年以前咬𠺕吧に居申候ワンカウと申唐人に銀子五拾貫目借申候處に、今に相濟不申候間、阿蘭陀人方ゟ相拂可申候、無左候はゞ、阿蘭陀共悉打潰可申由申候に付、出船不罷成、阿蘭陀居所江罷歸、荷物共陸江揚申候、然る處に、彼ヒヤウヤア陸江上り、カボウヂヤに居申候河內人數人打殺申候、子細者、ヒヤウヤア弟數年ばはん(4)仕、其上カボウヂヤ屋かたのむすこ、ダニ(5)に商賣に遣申候船を待請ばはん仕候に付、屋かた息子腹立仕、カボウヂヤに居申候河内人を頼、ヒヤウヤア弟を打殺申候、其意趣により、河内人をヒヤウヤア打殺申候由承申候、其後阿蘭陀居所を取まき申候、其時阿蘭陀頭分之者出合とかふ申内に、カボウヂヤ屋形家老、カピタンヒヤウヤア、右家老分の者三人同道仕、屋形ゟ參、此段申候處に、屋形被申候者、阿蘭陀人此銀相濟申筈に無御座候、ヒヤウヤア不屆成儀申掛候由被申、阿蘭陀人ヒヤウヤアも罷歸申候、

一翌日、ヒヤウヤア方ゟ阿蘭陀人ゟ申候者、右之銀子是非相濟し可申由申遣候、阿蘭陀申候者、此銀相濟し申候儀罷成間敷候併カボウヂヤ屋形ゟ相濟申様にと被申候はゞ、如何様とも可仕由申候、左候はゞ今一度屋形ゟ可參由、ヒヤウヤア申候故、致同道屋形ゟ罷出候處、屋かた出合不被申、埒明不申候故、阿蘭陀人並ヒヤウヤア罷歸り申候、然る處に道ニ而カピタン上下三人捕へ、ヒヤウヤア居所ゟ召連參候而、右之五拾貫目銀相濟し不申候はゞ殺可申由申候に付、無是非、阿蘭陀居所に銀子取に遣し、五拾貫目相濟申候得者、三人之阿蘭陀ゆるし申候に付居所ゟ罷歸申候得共、出船之儀とかふ埒明不申候内に、當五月中頃之咬𠺕吧ゟ阿蘭陀船壹艘差越候、ゼネラル(6)ゟ申來候者、其元仕舞荷物等不殘積、日本ゟ參候様にと申遣候に付、荷物共船に積、出船可仕覺悟に候處に、ヒヤウヤア申候者、未だ銀子不足に候間、荷物幷銀子不殘相渡可申候、無左候はゞ、阿蘭陀人共打潰可申由申候、然る處に、川口に居申候阿蘭陀船、五月十八日之朝川内に入申候に付、阿蘭陀居所に御座候荷物共、船に積、又其後茂積可申と存候處に、其夜四ツ時分に阿蘭陀三人心替り仕、ヒヤウヤア方ゟ忍び參り申候、然者夜半時分に阿蘭陀壹人案内者仕、ヒヤウヤア多勢ニ而阿蘭陀居所ゟ押寄、番之者

貳人居申候を、壹人に手をおわせ壹人者追散し、其儘内ゐ入、カピタン寢所に仕掛け、カピタン幷下〻三人〆四人卽時に切殺、銀子幷荷物抔取申候、其内に阿蘭陀人共、船又は山ゐ迯申候、内三人手負申候而、船ゐ迯參申候、內壹人は三日過相果申候、右阿蘭陀居所者同十九日にヒヤウヤア燒拂申候、此カウクマン儀も、上下貳人山ゐ迯、兩日罷在申候、然る處に、カボウヂヤに居申候日本人に近付御座候に付、夜中に下人を遣、此仕合に候間、此度之儀是非賴由申遣候得者、則日本人、阿蘭陀下人、同道ニ而山ゐ參、カウクマンを召連、宿所ゐ歸、日本居住爲致、小舟に乘せ下人相添カウ(7)クマン上下貳人共に阿蘭陀本船ゐ送り乘せ申候、左候而、五月廿一日に川內乘出し、同廿九日に川口漸出船仕候、但しカボウヂヤ川口より川上城本迄(8)、貳百四拾里程御座候由申候、

一阿蘭陀居申候所に御座候、銀子百五拾貫目幷銀貳百五拾貫目程之代物ヒヤウヤウ取申候、カボウヂヤゐ居申候阿蘭陀人數貳拾六人、內五人相果、三人者ヒヤウヤア方ゐ心替仕參申候、殘拾八人今度之船に乘り參申候、以上、

阿蘭陀カピタン
だにゑる・せきす

未六月晦日

〔註〕

（1）「カボウヂヤ」は柬埔寨（Cambodja）.「カウクマン」は Coopman. 普通は商人の意であるが、オランダ東インド會社社員の階級を示す語で、出島商館長は、この商務員または上級商務員 Opper-Coopman の

 こともあった。

（2）「ヒヤウヤア」は「ワンカウ」と共に唐人名であるが宛字不詳。一六六七年七月九日、臺灣鄭氏の一黨が柬埔寨のメコン河を遡って、上流の日本町の南に接するオランダの商館を襲撃して、館長 Pieter Kettingh や Jacob van Wijkersloot 以下の館員を虐殺し、略奪放火したことを指す。

（3）「川口」は柬埔寨のメコン河口の意。

（4）「ばはん」とは海賊的行爲をいう。

（5）「ダニ」は太泥（Patani）か。

（6）Gouverneur-Generael の Joan Maetsuyker.

（7）「カウクマン上下貳人」Opper-Coopman, Onder-Coopman.

（8）Phnom-Penh.

第二十號　寛文七未年（一六六七年）風說書　其四

カボウヂヤ出五番船に參候阿蘭陀人口書

一五月初頃、カボウヂヤに居申ヒヤウヤアと申唐人方ゟ、カボウヂヤ之阿蘭陀カピタン並其下之役人壹人〆貳人、唐人百五六拾人ニ而、ヒヤウヤア方ぇ連參、一日一夜留置申候處に、阿蘭陀方ゟ銀子五拾貫目程ヒヤウヤア方ぇ遣し申候得者、貳人共にゆるし申候、其後五月中頃かと覺申候、夜中に唐人數人參候而、カピタン幷下役三人殺申候、銀子茂百七拾貫目程御座候を、唐人取申候而、翌朝阿蘭陀人居申候所に火をつけ燒拂申候、阿蘭陀三人手負御座候、其外之阿蘭陀共川に飛入、山に隱れ居申候而、追而其船に迯乘り申候、阿蘭陀船ゟ茂、石火矢を打申度存候得共、川之水へり阿蘭陀船之武ゟ陸地之高さ四五尋程高く御座候故、石火矢打申事茂罷成不申候、

一カボウヂヤに居申候阿蘭陀數貳拾六人、內四人者、卽時相果申候、三人者唐人方ゟうちかへり申候哉、カボウヂヤに殘居申候壹人者海上ニ而相果申候、殘拾八人此船ゟ參候、

一近年カボウヂヤニ而、阿蘭陀商事、利分無御座候故、商賣事止め可申と存、小船を買、カボウヂヤに御座候荷物積、咬𠺕吧ゟ引越可申と仕候處に、ヒヤウヤア此段承届、唐船數艘川口に番を付置申候に付、咬𠺕吧ゟ參り申事罷成不申候、然る處に、五月十八九日之頃、此阿蘭陀船カボウヂヤに參候故、右小船に積申候荷物共積移し、日本ゟ參申候、以上、

阿蘭陀カピタン

未六月晦日　　だにゑる・せきす

第二十一號　寛文七未年（一六六七年）風説書　其五

阿蘭陀六番船咬𠺕吧出ゟ申越候覺

一去年四月廿日に、阿蘭陀國ゟ兵船八拾三艘ヱゲレス國ゑ遣し申候、ヱゲレス方ゟ茂兵船八拾艘出し船軍仕候、然る處に、ヱゲレス船五艘同日討捕申候、內壹艘者卽時に打沈め、四艘者阿蘭陀本國ゑ召連參申候、阿蘭陀船茂貳艘同日にヱゲレス方ゟ討沈め申候、

一同廿一日にヱゲレス船八艘阿蘭陀方に討捕申候、內貳艘者討沈、六艘者阿蘭陀ゑ連參申候、阿蘭陀船貳艘同日にヱゲレス方ゟ討沈め申候、

一同廿二日にヱゲレス船三艘阿蘭陀船ゟ追れ、折節風なぎ、先ゑのびかね申候に付、ヱゲレス人てづから藥かめに火を入、燒沈申候、又ヱゲレス大將乘申候船壹艘討捕申候處に、船損じ沈み申候に付、阿蘭陀方ゟやきわり候、大將分之者生捕、阿蘭陀國ゑ連參、座敷籠に入召置申候、

一同廿三日に、ヱゲレス國ゟ別にあらての兵船貳拾五艘出し申候、阿蘭陀ゟ茂別之軍船拾貳艘出戰申候、ヱゲレス船七艘阿蘭陀方ゑ討捕申候、內貳艘燒沈、五艘者阿蘭陀本國ゑ連參申候、夫ゟヱゲレス船不殘引申候故、阿蘭陀船も本國ゑ引罷歸申候、軍止め申候、

一ヱゲレス船合貳拾四艘、阿蘭陀方ゑ討捕申候、ヱゲレス人三千人程討果申候、外にヱゲレス人千五百人程生捕、阿蘭陀本國ゑ召連參申候、

一阿蘭陀船合四艘ヱゲレス方ゟ討沈申候、阿蘭陀人六百人程相果申候、外に手おひ貳百人程御座候、

一ヱゲレス人と阿蘭陀人と今度軍仕候意趣者、近年中悪敷御座候に付、阿蘭陀船を節〻ヱゲレス方取申候に付、去年阿蘭陀方ゟ兵船差遣軍仕候、以上、

阿蘭陀カピタン

未七月廿日　　　だにゑる・せきす

〔註〕第二回蘭英戰爭（一六六五〜一六七二）中の一六六六年六月十一日より十四日にわたる有名な四日海戰に關する情報。但し陰暦四月廿日は陽暦五月二十三日であり換算が相違している。
六月十一日 George Monk 提督麾下の五十四隻の英國艦隊が North Foreland と Dunkirk との間に現われ、Michiel Adriaanszoon de Ruyter 提督の率いた和蘭海軍と戰う。第一日はマンクは全艦隊を以て Cornelis Tromp の率いた四隻の和蘭の殿軍艦隊を攻撃したが、やゝ後れてロイテルの先頭艦隊と Cornelis Evertsen の中央艦隊とが來援して交戰、夜に及んで勝敗決せず、兩軍の損傷甚し。第二日はマンク先ず攻勢に出て始めは戰況有利に見えたが、ロイテルが十六隻の增援艦隊を得たので、マンクは退却を餘儀なくさせられた。第三日の朝、ロイテルは進撃を行い、英國艦隊は副提督 Ayscue の旗艦を含む數隻を放棄し、この日の終にはマンクの麾下には僅かに二十八隻を殘すのみとなった。第四日の朝には兩軍各〻約六十隻の互角の艦數となって交戰を續けたが、英國艦隊は遂に航行不能となった數隻の軍艦を殘して退却した。英國方の損失は、火船の外に十隻を失い、死傷者約三千人、俘虜となった者二千五百人に達し、副提督 Berkeley は戰死し、副提督 Ayscue は虜われた。

第二十二號　寛文七未年（一六六七年）風説書　其六

風説書

一阿蘭陀國之隣國フランサと申國之者共申合、近年(1)商賣中間仕、異國方〻ゟ商船遣し申候之由、就夫、先年平戸ゟ罷渡り申候カロン(2)と申阿蘭陀人を右之中間ゟ雇ひ、大明國方〻幷日本ゟ茂商賣船差越可申様に承及申候、此段咬𠺕吧ゟ當年東京𛀙申越候、慥に者不奉存候得共、乍風聞茂承たる儀に御座候故申上候、彌必定に御座候はゞ、來年可申越と奉存候間、其刻可申上候、以上、

未十月十二日

阿蘭陀カピタン
こんすたんてん・らんすと(3)

〔註〕

(1) フランサ國「近年商賣中間企」とあるは、一六六四年(寛文四年)にフランス東印度會社の創立された事をいう。商賣中間とは Compagnie の譯語である。

(2) François Caron. カロンは一六一九年平戸に來て、日本婦人と結婚し、六人の子供をもうけ、日本語を能くした。一六三九年～一六四一年平戸の商館長、一六四四年～一六四六年臺灣長官、一六四七年～一六六五年バタビヤ政廳總務長官を歷任し、その後一六六五年～一六七三年フランス東印度會社に奉職し、一六七三年リスボン港で乘船難破して死去。

(3) Constantin Ranst (6 Nov. 1667～25 Oct. 1668).

第二十三號　寛文八申年(一六六八年)風說書

當年罷渡り申候カピタン口書

一(1)イスパニヤと中國之守護に、女子壹人男子壹人御座候、姉娘をフランスと中國の守護に緣邊を相定

申候、其刻イスパニヤ國之内フランゴロと申所を聟引手物に遣し可申と約束仕、祝儀爲致申候、然る處に、無程イスパニヤ國之守護父相果申候、其後姉聟ゟ右約束之領地を急度相渡申候様にとイスパニヤ國ゟ申遣候得共、弟方ゟ相渡不申候に付去年春之頃ゟ、イスパニヤ國とフランス國と軍を始、唯今寂中仕候、されども未だ勝負相知れ不申候由承申候、

一フランス國之者共、商賣中間を企、日本ゟ御斷申上、渡海之望に奉存由に御座候得共、商賣中間之銀子未不足に御座候に付、右之存立を先止申候、今程者サラタ(2)と申國ゟ商賣に參申候由に御座候、若以後フランス人日本ゟ參上可仕儀茂可有御座と沙汰承申候に付申上候、

一去年春之頃マカサル(3)と申國ゟ阿蘭陀方ゟ軍を仕駈ケ、阿蘭陀討勝申候、然る處に、此マカサル國に南蠻人數人住宅仕罷在候を、悉彼所を追拂申、マカサル國之内ヱダ(4)城に阿蘭陀五百人餘籠置申候、以後南蠻人并餘國之者共、此マカサルに入れ不申、阿蘭陀一手ニ而、商賣爲可仕、右之人數ヱダ城に籠置申候、

一ヱゲレス人と阿蘭陀と近年軍仕候處に、去年(5)六月比、阿蘭陀打勝申候故、ヱゲレスゟ阿蘭陀方ゟ降參仕候に付、軍を止、唯今和談に罷成申候、以上、

新カピタン
だにゑる・せきす
古カピタン
こんすたんてん・らんすと

申六月朔日

〔註〕 商館長 Constantin Ranst の日誌一六六八年七月六日の條にこの風說書のことが見える。
（1） イスパニヤ王位繼承戰役の發端を傳えたもの。イスパニヤ國王 Felipe IV（1621～1665）の姉娘 Maria Theresa がフランス王 Louis XIV と結婚した。姉聟とはルイ十四世、弟方とは Carlos II（1665～1700）である。
（2） 「サラタ」は印度の Soerate (Souratte).
（3） セレベス島の Macassar.
（4） 未詳である。或は Flores 島の Ende か。
（5） 一六六七年七月二十六日（寛文七年六月六日）Breda の和約。

商館長 Constantin Ranst (6 Nov. 1667～25 Oct. 1668)
長崎奉行 松平甚三郎隆見（十月發）、河野權右衞門通定（九月着）
年番通詞 富永市郎兵衞、楢林新右衞門
入津蘭船 九艘

第二十四號 寛文九酉年（一六六九年）風說書

異國風說書

一去々年申上候、フランス國とイスパニヤ國と二三ヶ年軍仕候處に、去年互に和談仕候由、[1]舊冬阿蘭陀本國ゟ咬𠺕吧ゟ申來候、軍始り候子細者、去々年申上候通に御座候、一イスパニヤ國とポルトガル國と數年軍仕候處に、去年和談仕候由承申候、子細者數年之儀に御座候故、互に猥れ申候故、双方申合和談仕候由に御座候、
一阿蘭陀國之近所ポウロと申國中猥申、互にどし軍最中仕候由承申候、子細之儀者如何様とも承不申候、
一イタリヤ國の近所にカンデヤと申嶋御座候、此所をトルコの國ゟ手下に爲可仕、唯今最中軍仕候由承申候、
一去年申上候マカサルと申所を、阿蘭陀手下になし申候故、阿蘭陀方ゟ仕置を申付候處に、一圓承引不仕候に付、又今度咬𠺕吧ゟ人數遣し軍仕事に御座候、
一去〻年申上候通フランス國の商賣人マダガスカルと申所に住所を相定、此所ゟ唐方に商賣仕筈に御座候、サラタと申所迄、最早商賣仕候、以來者日本ニ茂可參かと沙汰仕候、
一阿蘭陀國今程者何國共軍不仕候、今に南蠻人とも矢とめ仕罷在申候、
右之趣咬𠺕吧ニ而風説共承申候、此外爲何沙汰茂承不申候故不申上候、以上、

新カピタン
ふらんそうし・で・はあす

古カピタン
だにゑる・せきす

酉六月廿日

〔註〕 商館長 Daniel Six の日誌一六六九年七月十三日の條にこの風說書のことが見える。

（1） 一六六七年フランス國王ルイ十四世は岳父イスパニヤ王が死去すると無效の相續權に藉口して、イスパニヤ領ネーデルランドに侵入したが、蘭・英・スウェーデンの三國同盟の敵對にあい、一六六八年五月二日アーヘンの和議を結び、ルイ十四世はフランスに近接する十二市を領有し、他の侵地を還附した。

（2） ポルトガルは一六四〇年イスパニヤより分離獨立したが、一六六八年イスパニヤは遂にポルトガルの獨立を承認した。

（3） 「ポウロ」はポーランド Poolen である。

（4） 「カンデヤ」は Candia. 一六六九年トルコがヴェニスより此地を略取した。

（5） セレベス島南部のマカッサルの領主 Hassan Oedin は、しばしばオランダ軍に抵抗したので、Cornelis Speelman の率いる水陸の大軍はこれを攻めて、一六六九年六月二十四日に降してオランダの保護下に入れた。

（6） Madagaskar.

（7） 新商館長 François de Haese (14 Oct. 1669～2 Nov. 1670).

商 館 長　Daniel Six (25 Oct. 1668～14 Oct. 1869)
長崎奉行　河野權右衞門通定（九月發）、松平甚三郎隆見（九月着）
年番通詞　本木庄太夫、名村八左衞門
入津蘭船　五艘

第二十五號　寛文十戌年（一六七〇年）風説書　其一

（譯文）

大陸路(1)の途上で

一六七〇年四月十三日〔寛文十年五月二十四日〕日曜日

皇帝〔將軍〕へ獻上する品物を開いて檢したところ狀態が良好なことが判った。本月十七日拜謁する希望のもとに、萬事手際よくするため、獻上品目錄の作製を命じた。

委員の通詞 Sinoosje(2) 殿が來て、次のやうなヨーロッパ及び印度の風説を書面に書き取った。

フランスとイスパニヤとは二年以上に亙った彼等の戰爭の原因を解消したこと、イスパニヤとポルトガルとの間には、これ以上土地を喪失することと、巨額の費用を防ぐために和約が締結されたこと、オランダは全ヨーロッパの主權者と和睦して居ること、ポーランドに內亂があるが、その原因は我等には不明であることを告げた。

江戸で

カンデイアに於けるトルコ人とヴェネチア人との戰爭(3)、會社とマカッサルとの戰爭の再開(4)、フランス人が印度に於ける彼等の根據地をマダガスカルに有し、スラットに於いて商賣(5)を營み、更に日本に來るかどうかは我等に不明なこと（を告げた）。

以上は去る七月來着の船が、長崎奉行にシイクス君[6]を通じて告げて、書面で呈したものと同一である。

〔註〕商館長 François de Haese の日誌より採錄。

（1）大陸路 de groote lantwech (landweg) とは、商館長の江戸參府の通路のうち大坂より江戸までの間をいう。長崎下關間を短陸路 de korte landweg と言うことに對する稱呼である。

（2）是歳の年番通詞中島清左衞門か。

（3）第二十四號註（4）を參照。

（4）第二十四號註（5）を參照。

（5）フランス東印度會社は創立の翌年一六六五年七月、船を Madagascar に派遣して根據地の設定に努め、ついで同社員となった François Caron は一六六八年インドの西海岸 Surate に商館を設け、曾ての經驗に基き日本貿易の開拓を計畫した。

（6）Daniel Six.

寛文十戌年（一六七〇年）風說書　其一

商館長　François de Haese (14 Oct. 1669～2 Nov. 1670)

長崎奉行　松平甚三郎隆見（九月發）、河野權右衞門通定（九月着）

年番通詞　加福吉左衞門、中島清左衞門

入津蘭船　六艘

第二十六號　寛文十戌年（一六七〇年）風説書　其二

咬𠺕吧出三番船阿蘭口書（ママ）

一ポウル(1)と申所之守護代繼之子無之候故、我と守護を除き、同國中之大身成者を撰み則守護に備へ申候而、先守護者他國ゟ參申候由承申候、

一トロコ(2)之國之者とヒニチヤと申所之者カンデヤと申所に出合軍仕候處に、トロコ之者軍に打勝申候而、ヒニチヤ之者を追拂、カンデヤと申所をトロコ之手下になし申候、其後トロコ之國とヒニチヤと唯今者和談仕候、

一マカサルと申所に、去年阿蘭陀軍船を遣し申候而、阿蘭陀打勝申、城を取申候處に、マカサル人達而降參可仕之由申候故、城を差返し申候、城主之一門共を彌降參之ため咬𠺕吧ゟ差越斷申候に付、和談仕手下に罷成申候、

一フランス國之者ソマアタラと申所又コストコロモンデイル(3)と申所ゟ商賣船を遣し申候由承り申候、

一フランス國の出家四人、平人之衣裝着仕、商賣人之躰を仕、商賣事之訴訟に東京(4)ゟ參申候由申候、

一フランス國ゟ船を仕出し、サラタと申所ゟ參候とて、海上ニ而船を破損、咬𠺕吧ゟ參り、右之船修理仕、又〻サラタと申所ゟ參之由ニ而、寂中修理仕居申候、

一マダガスカルと申所にフランス人城を構ゑ居申候處に、マダガスカル之地之者と軍を致申候處に、双方數人相果申候、フランス人未だマダガスカルに居申候得共、兵粮不自由ニ而迷惑仕由承申候、
一ヱゲレス人船壹艘、咬𠺕吧近所バンタム(5)と申所ゑ参り、夫ゟ爲商賣高砂ゑ參申候由承り申候、
一阿蘭陀國歐羅巴之内何國共和談仕、軍不仕候、以上、

戌六月廿三日

新カピタン
まるていぬす・せいざる(6)
古カピタン
ふらんそうし・で・はあす

〔註〕
(1)「ポウル」はポーランド Polen.
(2)「トロコ」はトルコ Turcken,「ヒニチヤ」は Venetia.
(3)「コストコロモンデイル」は印度の東海岸 Kust Coromandel.
(4)「東京」は越南の北部 Tonquin, Tonking.
(5)「バンタム」はジャバの Bantam.
(6) 新商館長 Martinus Caesar (2 Nov. 1670～21 Oct. 1671).

第二十七號　寛文十一亥年（一六七一年）風説書　其一

覺

一今度私儀日本に伺公仕候に付、異國筋相替沙汰承知仕候はゞ早速可申上候得共、私咬𠺕吧出船仕申候時分迄者、相替儀茂承り不申候、併跡船追ゝ入津仕儀に御座候間、風説ニ而茂申來候はゞ早ゝ可申上候、

一今度咬𠺕吧ゟ差越申候貳拾壹通之阿蘭陀書狀ニ茂、相替儀無御座候に付、不申上候、以上、

亥六月十四日

新カピタン
よわのす・かんぷいし(1)
古カピタン
まるていぬす・せいざる

〔註〕

（1）　新商館長　Johannes Camphuijs (22 Oct. 1671~12 Nov. 1672).

商　館　長　Martinus Caesar (2 Nov. 1670~21 Oct. 1671)
長崎奉行　河野權右衞門通定（十月發）、牛込忠左衞門重悫（九月着）

年番通詞　富永市郎兵衞、中山作左衞門
入津蘭船　七艘

第二十八號　寛文十一亥年（一六七一年）風說書　其二

今度咬𠺕吧ゟ申越候風說書

一去年九月之頃サラタ國ニ而、地之海賊人町屋を數ヶ所燒拂强盜仕候由承申候、

一去年フランス國ゟ船拾貳三艘仕出、カアボ・テ・ボウヌ・イスヘランス(1)と申國之近所迄參申候、右之船共彼地ゟ何國江可參儀不奉存候、

一フランス國之船三艘商賣物積、先年平戶江罷渡り申候カロン(2)と申阿蘭陀人右之船に乘申候而、五月晦日に咬𠺕吧近所バンタムと申所江參、六月十九日迄者、彼地江罷在申候、

一阿蘭陀國相替儀無御座、南蠻人と者今に矢留仕罷在申候、以上、

新カピタン
よわのす・かんぷいし
古カピタン

亥八月九日

まるていぬす・せいざる

〔註〕

（1）喜望峯 Cabo de Boua Esperanza (Kaap de Goede Hoop).

（2）François Caron.

第二十九號　寛文十二子年（一六七二年）風説書　其一

風説書

一咬𠺕吧之近所バンタムと申所ゟヱゲレス船トウネイ(1)ゟ參、夫ゟ日本之御地ゟ茂參可申之由、咬𠺕吧ニ而風聞承申候、但船數之儀者如何様共承不申候、次に今度海上ニ而、ヱゲレス船南蠻船見掛不申候、

一當月十日に阿蘭陀貳番船、福州之近所ニ而、唐船貳艘之帆陰をかすかに見申候、併何國ゟ參申候共不奉存候、以上、

子閏六月廿一日

阿蘭陀カピタン

よわのす・かんぷいし

〔註〕

（1）「トウネイ」は東寧。明の末年鄭成功が臺灣を改稱して東都といった。次いで鄭經の時、更に東寧（タンリエン）と改めた。

商館長　Johannes Camphuijs (22 Oct. 1671～12 Nov. 1672)
長崎奉行　牛込忠左衞門重忞（九月發）、岡野孫九郎貞明（八月着）
年番通詞　立石太兵衞、楢林新右衞門
入津蘭船　七艘

第三十號　寛文十二子年（一六七二年）風說書　其二

風說書

一去十二月頃、サラタと申國ゟフランス國之船拾壹艘出船、ゴワ(1)ぇ寄せ、南蠻人申合、船數拾五六艘に罷成、マルバアル(2)と申所ぇ參、人數千人程陸ぇ揚り申候而、其後右之人數船に乘り、マルバアルを出船仕候由、マルバアルに居申候阿蘭陀人方ゟセイロン(3)に居申候阿蘭陀人方ぇ申越候、其後當二月初頃、セイロンと申嶋之前を船共走り通申候、何方ぇ參候儀者不奉存候由、セイロンに居申候阿蘭陀人方ゟ咬𠺕吧ぇ申越候南蠻人と申合、阿蘭陀方ぇあだをなし可申儀茂可有御座かと奉存、咬𠺕

吧ニ茂用心仕候、

一當五月中旬頃、咬𠺕吧之近所バンタムと申所ゟヱゲレス船三艘出船仕、壹艘者東京ゟおもむき申候由、貳艘は東寧ゟ參、夫ゟ日本之御地ゟ茂參可申之由、咬𠺕吧ニ而風聞承申候、

一今度入津仕候六艘之船共、ヱゲレス船並南蠻船海上ニ而見掛不申候、以上、

子閏六月廿四日

古カピタン
よわのす・かんぷいし
新カピタン
まるていぬす・せいざる(4)

〔註〕
（1） 印度の中部西岸で曾てポルトガル人の東方經略の根據地であった Goa.
（2） 印度の西海岸 Malabar.
（3） 錫蘭島 Ceylon.
（4） 新商館長 Martinus Caesar (13 Nov. 1672～29 Oct. 1673).

第三十一號　寛文十二子年（一六七二年）風說書　其三

従五嶋送被差越候貳拾壹人之阿蘭陀人口書

一咬𠺕吧を五月廿二日に人數六拾四人ニ而出船仕候、然る處に、先月九日の朝ゟ翌十日之朝迄大風に逢、東寧之内ケイラン(1)の近所ザンドイン(2)と申所に吹付られ申候、夜中ニ而雨風強く御座候に付、方角知不申候故、碇を入申候得共、大波ニ而、岡ゟ打揚げ、船破損仕候、同十二日迄本船に居申候得共、可仕様無御座候に付、バッテイラ(3)貳艘拵、日本ゟ參度と存候者、バッテイラに乗可申之由銘々に申聞候處に、思ひ思ひにバッテイラ貳艘に阿蘭陀人貳拾九人乗り申候、跡ゟ殘申候阿蘭陀人者日本ゟ渡海仕候儀無心元存候、其上食物茂當分給申程者有之候、眼前命を捨申候儀罷成間敷と申候而、ザンドインに相殘申候、彼所には人住申と者見ゟ不申候、尤人之往來茂無御座候、然共火之煙拾里程隔り、脇ゟ相見ゟ申候貳艘之バッテイラ乗申候者は、假令海上ニ而相果申候共不苦、何卒日本ゟ參度と奉存、十二日之晝ザンドインを致出船申候處に、同日夜に入、又雨風強く、夜之五ツ時分、阿蘭陀八人乗居申候小バッテイラ乗沈申候、右六十四人乗組、咬𠺕吧出船仕候內、壹人者海上ニ而病死仕候、三拾四人東寧ゟ殘り申候、八人小バッテイラに乗果申候、我々貳拾壹人、漸々先月廿七日暮方に、五嶋ゟ漂着仕候處に、従五嶋小船壹艘參、我々乗り申候バッテイラに寄せ申候に付、爲辭儀之に、我〻所持仕候武具不殘取出し、小船江遣可申と仕候を茂、武具者其儘被召置、人質に船頭筆者貳人陸江被召連、番衆と相見江拾人程終夜付居被申候、翌朝早〻、又バッテイラに乘移り、夫より日數七日五嶋之地江罷在、今月四日に五嶋出船、今朝未明に到着仕候、尤五嶋逗留中、當着迄五嶋ゟ御賄被下候、其外何ニ而茂、日本人と取やり不仕候、以上、

子七月五日

古カピタン
よわのす・かんぷいし
新カピタン
まるていぬす・せいざる

〔註〕
（1）「ケイラン」は基隆の古名鶏籠（ケイラン）。
（2）「ザンドイン」は基隆港内の仙洞鼻（シエストンピイ）。
（3）「バッテイラ」は端艇（ポルトガル語 bateira）.

第三十二號　延寶元丑年（一六七三年）風說書　其一

今度貳艘入津仕候阿蘭陀船に申越候口書

一ヱゲレス人と阿蘭陀人數年軍仕、餘り永之儀に御座候故、双方申談、五六年以前に軍を止め和睦仕罷在候處に、去年(1)六月時分、フランス國之船ヱゲレス國之船と申合、阿蘭陀方ゟ軍仕かけ申候得共、右之船共を即時に追散し申候、如斯之仕合に御座候故、此兩國之者と阿蘭陀人と者敵々に罷成申候、就夫、阿蘭陀船壹艘、マロハアルと申所ニ而、去年ヱゲレス人にとられ申候、又ヱゲレス船を咬𠺕吧之近所並サイロン(2)と申所兩所ニ而、阿蘭陀方ニ茂捕申候由申越候、併船數何艘捕り申候とは不申來候、今度ヱゲレス人とフランス人と一身仕、阿蘭陀方ゟ軍仕掛申候子細者、如何様之儀共不申越候、定而跡船ゟ委細可申越と奉存候、先荒増申來候通申上候、以上、

阿蘭陀カピタン

まるていぬす・せいざる

丑六月四日

〔註〕

(1) フランス國王ルイ十四世がイギリス國王チャールズ二世を籠絡してオランダを侵略しようと企て、チャールズ二世は一六七二年三月二十八日、ルイ十四世は四月六日オランダに對して宣戰した。

(2) サイロン(錫蘭)は Ceylon である。

商館長 Martinus Caesar (13 Nov. 1672~26 Oct. 1673)

長崎奉行 岡野孫九郎貞明(九月發)、牛込忠左衞門重忞(九月着)

年番通詞 本木庄太夫、名村八左衞門

入津蘭船 六艘

第三十三號　延寳元丑年（一六七三年）風説書　其二

阿蘭陀三番船シヤム出し船に申越候風説

一當年五月中旬頃、東寧(1)コクセン〔ヤ〕*方ゟシヤム國守方江申遣候者、シヤムゟ商賣船日本江遣申候事無用に可仕候、若遣候はゞ海上ニ而、見合次第に討捕可申旨、コクセンヤ方ゟ申遣候由承り及申候、如何様之子細ニ而右之段申遣候と者承知不仕候、其外別に相替儀承り不申候、以上、

*脱字を補う

丑七月五日

阿蘭陀カピタン
まるていぬす・せいざる

〔註〕

（1）　臺灣の國姓爺（鄭成功）が暹邏國王に書を贈って日暹貿易を妨げようとした。

第三十四號　延寳元丑年（一六七三年）風説書　其三

今度罷渡申候阿蘭陀新カピタン口書

一去年三月頃阿蘭陀隣國フランス國ゟ阿蘭陀國を討捕可申望を仕、フランス國之近所ヘスコツプ(1)國と申國、ヱゲレス國、此両國ゟ銀を出し加勢を賴申度由申遣候處に、兩國共に致承引申候、然る處にヱゲレス方ゟ者兵船を數艘出し、阿蘭陀國ゟ船手ゟ押寄申候處に、折節阿蘭陀國之商賣船大小四拾艘程阿蘭陀國之近所スタラトケキブル(2)と申國ゟ參、罷歸申とて、ヱゲレス國之近所之海上にて行合、右之數艘之ヱゲレス船と互に戰申候得共、阿蘭陀船之儀者商賣船にて御座候故、右四拾艘之內四五艘ヱゲレス方ゟ討捕申候、相殘船共者方〻散り〻〻に罷成申候、其刻ヱゲレス船者壹艘も阿蘭陀方に者討捕不申候、

一フランス人と右之ヘスコツプ人と申合、多勢ニ而阿蘭陀國ゟ陸ゟ押掛け申候、阿蘭陀儀者小勢ニ而、難防、阿蘭陀七ヶ國之ゲイトロラント(3)と申所、オウフルキスと申所、ウキタラキと申所、此三ヶ國討捕れ申候、相殘國ゟ茂右之多勢にて仕掛申候得共、殘四ヶ國之儀者、軍爲用心大堤を兼而拵置、ヶ樣之時節堤を切申候得者洪水出、何萬騎來候而茂水に溺申候故、此四ヶ國之儀者中〻討捕申事罷成不申候、

一去年當年咬𠺕吧之近所方〻ニ而、ヱゲレス船三艘討捕申候、內壹艘者唐船造りの船ニ而御座候、並フランス人之船を茂大小四艘合七艘阿蘭陀方に討捕申候、次阿蘭陀船壹艘マロバアルと申所之近所にてヱゲレス人に捕れ申候、

右阿蘭陀本國ニ而軍仕候儀者、私咬𠺕吧を出船仕候とて湊口迄罷出申候處に、本國ゟ阿蘭陀船三

艘咬𠺕吧ゟ着船仕候、此便に申越候、其外異國筋並南蠻人之儀に付相替沙汰承知不仕候、以上、

阿蘭陀古カピタン
まるていぬす・せいざる

丑七月七日

同　新カピタン
よわのす・かんぷいし(4)

〔註〕第三十五號參照。

（1）Bischop van Münster のことである。同僧正はイギリス國王チャールズ二世と同じくルイ十四世に買收され、Condé の率いた十二萬の佛軍が Liége を通過して Turenne, Luxemburg よりオランダの南部に侵入した時、ミュンステル僧領の軍三萬もオランダ北部に侵入した。

（2）「スタラトケキブル」は喜望峯か。印度方面より歸航の蘭船が英國附近の海上で襲われたのであろう。

（3）Gelderland, Overijssel, Utrecht がミュンステル僧正軍の手に歸した。

（4）新商館長 Johannes Camphuijs (29 Oct. 1673～19 Oct. 1674).

第三十五號　延寶元丑年（一六七三年）風說書　其四

（譯文）

一六七三年八月十八日〔延寶元年七月七日〕金曜日

朝八時頃、例の如く、許可が來て人を船に遣はした。正午、船はベエムステル號とスパンブルーク號

であつたとの報告を齎して再び歸つて來た。その船には第一船に予の後任者ヨハンネス・カンプハイス君、第二船には次席館員としてバタビヤから來任のヤコブ・ファン・デル・プランケン君が乘つてゐた。その後間もなく、船は安全に（神よ讃へられてあれ）島の前に投錨し、二時頃、右に述べた兩君が予の請によつて、予が彼等を船から連れ來ることもなく上陸した。その二艘の船で我等に六七五九六二グルデン一〇ストイフエル一一ペニングに上る貨物を齎した。神よこの高價な資本に、望む利益を與へ給へ。

カンプハイス君の上陸後間もなく、通詞等がオランダ並びに臺灣に關する風説〔nieuws〕を取りに來たから、それを彼等にありの儘に告げた。卽ち、オランダはフランス・イングランド及びムンステル(1)の僧正と交戰中であつて、イギリス人はフランス人によつて買收され、先づ我が海峽通商船團を裏切つて輕微な損害を與へ、その後フランスと聯合して、我が戰鬪艦隊を不意に襲擊したが、英佛側が數隻の艦船を沈めねばならなかつた程の打擊を與へた。

陸上に於いては、フランスは前述の裏切りによつて、我が七州中のヘルダーランド(2)、オーフエルアイゼル、ユトレヒトという最も弱き三州を併合した。然しながら、他の諸州は一層强くなつて、又必要によつては此等の諸市を水中に沒せしむることも出來る故、間もなく事態は舊に復するものと思はれる。ムンステルの僧正はフレニンヘン(3)といふ我等が都市の一を領してゐるも、彼はその地に於いて何の利益を有するか否かは知らない。臺灣に關しては、我等はバンタム附近で、臺灣から來たシナのワンカン船を捕へたところ、その船中に數人のイギリス人が居て、その中に特にサムエル・バロン(4)と云ふ者は、曾て當會社に奉職したこともあり、本國へ歸つて以來、イギリス人に雇はれてゐたが、貿易を求めるために、出來るならば商館長として日本に駐剳することを希望してゐる。同人が後に殘した文書から次のやうに了解した。國姓爺は彼の臣民が、琉球船の要請に基いて日本に於いて差押へられた多額の金のためと、並びに昨年彼の臣民が貿易に當つて、非常に惡く取扱はれたために大きな損失を被つたので、不滿の意を懷いて、使節を當地へ派遣し、その際日本人がこの事に關して彼を滿足させない場合には、日本の海に彼の戰闘船を航行させて、日本に來る和蘭船もシナ船をも妨害するであらう。當地へ航せんと欲した二隻のシナ船が、昨年國姓爺方のために拿捕せられて臺灣に繫行されたが、そのシナ船は何所から來たか、また何所で拿捕されたものか我等には不明であるが、バロンからの書信によつて、そのことは確實である。昨年サントドイネン附近に來たクイレンブルフ號は、その積荷が約十萬タイルの價値があつたが、國姓爺方によつて拿捕され、乘組員の全部三十人以上が殺害された。

この風説〔tydingen〕が如何に日本人の耳朶に響くかは、容易に推測することが出來る。

〔註〕商館長 Martinus Caesar（13 Nov. 1672～29 Oct. 1673）の日誌より採錄。第三十四號及び第三十六號の原資料であろう。

（1） Munster は Münster である。

（2） Gelderland, Overijssel, Utrecht.

（3） Groningen.

（4） Samuel Baron のことで、始めオランダ東印度會社に傭われ、後イギリス東印度會社員となって東京に駐在し、見聞に基いて綴った東京の地理・風俗などの書は一六八五年に出版された。

第三十六號　延寶元丑年（一六七三年）風說書　其五

風說書

一去年日本ニ而コクセンヤ方ゟ琉球人並唐人方ゟ右之銀子わきまへ申候、其上商賣之損失仕候に付、コクセンヤ無是非奉存候、重而日本ゟ使者を差上、御意次第に日本近くゟ兵船を差越、阿蘭陀船並唐船討捕可申旨、東寧ニ而沙汰仕候御事、

一去年東寧之内ザンドインと申所ニ而破損仕候船が、阿蘭陀三拾人餘殺し申候、其上銀高千貫目程の荷物コクセンヤ方ゟ取申候御事、

一爲商賣日本ゟ渡海の唐船貳艘、去年コクセンヤ方ゟ取申候由、東寧ニ而沙汰仕候、併何國ゟ出申候唐船とは知れ不申候御事、

右之段者バロン(1)と申阿蘭陀人エゲレス國ゟ參、エゲレス人に奉公致し罷在候、然る處にエゲレス人今度日本商賣の御訴訟申上候に付、彼者エゲレス國ゟバンタムゟ差遣申候、彼地ゟ東寧ゟ參又バンタムゟ歸申候とて、唐船造り之船にエゲレス人と乘合居申候を、阿蘭陀方ゟ討捕申候に付、此エゲレス人共咬𠺕吧ニ而唯今籠舍仕らせ召置申候、東寧逗留中に承り候由ニ而、右之バロンと申

阿蘭陀人申聞候、以上、

阿蘭陀古カピタン
まるていぬす・せいざる
丑七月七日
同　新カピタン
よわのす・かんぷいし

〔註〕第三十五號參照。
（1）Samuel Baron は寛文二、三年出島商館の adsistant であった。

第三十七號　延寶元丑年（一六七三年）風説書　其六

風説書

一去年三月頃阿蘭陀隣國フランス國ゟ阿蘭陀國を討捕可申企仕、フランス國之近所へスコップ國と申國、又ヱゲレス國此兩國ゟ銀子を出し可申候間、加勢を仕呉候様にと頼申遣候處に、兩國共に致承引申候御事、

一ヱゲレス人と阿蘭陀人と數年軍仕候處に、互に勝負無御座候に付、且者兩國之騒ぎニ茂罷成申候故、双方申談、五六年以前に和睦仕、軍を止め申候、其刻ヱゲレス人と阿蘭陀人と申定候者、此以

後ヱゲレス國阿蘭陀ゟ何れ之國ゟも軍仕掛申候共、其刻は相互に加勢仕合可申由誓詞を取替し、堅く矢留仕候處に、フランス人ゟ頼申とてヱゲレス方ゟ今度右の和睦を破り申候に付、唯今者ヱゲレス人フランス人ヘスコツプ人此三ヶ國と阿蘭陀人と者、敵〻に罷成申候御事、

一フランス國ゟ右之通に頼申候故、ヱゲレス國之船フランス國之船、兩國申合、去年三月比、兵船を數艘出し、阿蘭陀國ゟ船手ゟ押寄申候處に、折節阿蘭陀國之商賣船大小四拾艘程、阿蘭陀國之近所スタラアトゲキブルと申國ゟ遣し商賣事仕舞罷歸申候とて、右兩國之船に行合、互に相戰申候得共、阿蘭陀船者商賣船之儀に御座候故、右四拾艘之內四五艘討捕れ申候、相殘船共者方〻散〻に罷成申候、其刻ヱゲレス國の船フランス國之船壹艘も阿蘭陀方に者捕り不申候御事、

一フランス人とヘスコツプ人と兩國一身仕、大勢ニ而阿蘭陀國ゟ陸地ゟ押寄せ申候、阿蘭陀方に者、ヶ樣に陸地ゟ軍仕かけ可申段存寄不申、其上阿蘭陀方に者小勢ニ而防申儀罷成不申、オランダ七ヶ國之內ケイトロラン(1)と申所、オウフルキスと申所、ウイタラキと申所、此三ヶ國、フランス人ヘスコツプ人に討捕れ申候御事、

一阿蘭陀七ヶ國之內三ヶ國討捕れ申候、相殘四ヶ國ゟ茂フランス人ヘスコツプ人多勢ニ而仕掛申候得共、四ヶ國之儀者軍爲用心兼而大堤を拵ゟ置、ヶ樣之時節者、堤を切落し申候得者、國中洪水出、何萬騎寄せ來候而茂、悉く水に溺れ申候故、此四ヶ國之儀者、中〻討捕れ申事ニ而者無御座候御事、

一去年當年之間、ヱゲレス船三艘咬𠺕吧之近所ニ而阿蘭陀方に討捕申候、內壹艘者唐船造り之船にヱ

ゲレス人並バロンと申阿蘭陀人壹人乘り合居申候を捕へ、ヱゲレス人同前に咬𠺕吧に召置申候、此(2)バロンと申阿蘭陀人者、近年ヱゲレス人に奉公いたし罷在候、然る處にヱゲレス人今度日本商賣之御訴訟として渡海仕候に付、此バロン日本之案内存申候に付差遣爲可申、先咬𠺕吧の近所バンタムと申所ゟ差越申候、夫ゟ東寧ゟ參り、又バンタムゟ歸申候とて、右之唐船造り之船にヱゲレス人と壹所に居申候を捕へ、咬𠺕吧に召置申候御事、

一右之バロン東寧逗留中に承申候由ニ而申聞せ候者、東寧之内ザンドインと申所ニ而去年破損仕候船之阿蘭陀人三拾人餘殺申、剩銀高千貫目程右破損船之荷物コクセンヤ方に取申候、又去年日本ゟ商賣渡海の唐船貳艘コクセンヤ方ゟ取り申候由東寧ニ而承り候、併何國出し之唐船とは不存候由、右之バロン申聞せ候、此バロン所持仕候覺書ニ茂、右之段書付御座候御事、

一右三艘取り申候ヱゲレス船の內、壹艘當年商賣物を積、阿蘭陀人日本ゟ乘り參申候、但ヱゲレス人者壹人茂乘せ參り不申候御事、

一去年フランス國之船を茂大小四艘、咬𠺕吧之近所ニ而阿蘭陀方に討捕申候御事、

一去年マロバアルと申所ニ而、阿蘭陀船壹艘ヱゲレス方ゟとられ申候御事、

一今度阿蘭陀於本國に軍仕候樣子者、新カピタン咬𠺕吧を出船仕候而日本ゟ參上仕候とて湊口迄罷出居申候處に、本國ゟ阿蘭陀船三艘咬𠺕吧ゟ着船仕候、此便に申越承り申候、併フランス國ゟヘスコツプ國ヱゲレス國此兩國に銀子をいだし加勢を賴、阿蘭陀國に軍仕掛申候事、如何樣之意趣ニ而御座候共、不奉存候御事、

阿蘭陀古カピタン
　まるていぬす・せいざる
同　新カピタン
　よわのす・かんぷいし

丑八月

〔註〕第三十二號より第三十七號に至る風説書は記事が重複する。蘭船は入港毎にこのように風説書を呈出した。

（1）Gelderland, Overijssel, Utrecht.

（2）サミエル・バロン、第三十五號註（4）を參照。

第三十八號　延寶二寅年（一六七四年）風説書

當年罷渡申候阿蘭陀新カピタン口書

一去年申上候通に、ヱゲレス國フランス國ヘスコツプ國此三ヶ國申合、阿蘭陀國ゟ軍仕掛、阿蘭陀七ヶ國之內被討捕申候、此三ヶ國之內六郡程、去年四月に阿蘭陀方に取返し申候、

一去年七月頃、ヱゲレス國フランス國此兩國一身仕、兵船百艘餘ニ而阿蘭陀國ゟ船軍仕掛申候、阿蘭陀方ゟ茂兵船を七八艘程出し三度戰申候處、敵船六拾艘程兩三度に付打沈、相殘船共追散し申候、阿蘭陀船者壹艘茂損じ不申候、

一異國筋並南蠻人之儀に付、風説ニ而茂相替儀、從本國不申越候、

右之段、去年七月頃本國を出船仕候阿蘭陀船、當年四月咬𠺕吧ゟ着船仕候、此便に申越候、

一去年當所ゟ入津仕候エゲレス船、御當地出船之後、天川ゟ參、夫ゟシヤムゟ參候由、咬𠺕吧ニ而承申候、以上、

寅六月廿八日

阿蘭陀古カピタン

よわのす・かんぷいし

同　新カピタン

まるていぬす・せいざる(1)

〔註〕

（1）　新商館長 Martinus Caesar（20 Oct. 1674~7 Nov. 1675).

商館長　Johannes Camphuijs（29 Oct. 1673~19 Oct. 1674)

長崎奉行　牛込忠左衞門重忞（九月發）、岡野孫九郎貞明（九月着）

年番通詞　加福吉左衞門、中島淸左衞門

入津蘭船　六艘

第三十九號　延寶三卯年（一六七五年）風說書　其一

（譯文）

一六七五年八月二十日〔延寶三年六月三十日〕火曜日

正午近く、ワイダム號、ホイランド號、デルフスハアベン號の諸船が、合せて一〇二四七〇二グルデン一三八スタイフエルに上る價額の豐富な積荷を持つて來て、安全に投錨した。そこで予が、ヨハンネス・カンプハイス君及びヤコブ・フアン・デル・プランケン君（兩君共に健康で到着した）を船から連れて來ることの許可を奉行に求めたところ、直ちに許可されたので、予はその好意を感謝し、正午近く、ワイダム號に赴いて彼等を連れて來た。上陸後間もなく、通詞等が風說〔nouvellesen〕を取りに來たから、次の諸點から成る風說を彼等に述べた。

一、既に滿三年以前裏切者として我が領土に侵入して來たフランス人と、買收その他の手段によつて攻略された三州とは、或は武力により、或はこれ等に對する平和手段によつて取戾した。そこで我等はフランス人を我が領土から一掃して、彼等はマストリヒトと稱する唯一市を保つのみとなり、これも永く保持する見込は少い。

二、オランエ公陛下はドイツ皇帝及びイスパニヤ人の援助を得て、一年ばかり前にケルンの僧正領の五大都市を略取した。

三、公はその地から更にフランスの領土に進入し、コンデ公と激戰して、フランス軍は六千人、我が軍は二千人に上る多數の戰死者を出し、それによつて我は勝利と領土を收めた。フランスの戰死者中には多數の大貴族が算へられたので、それがためパリの全宮廷は服喪した。

四、トロンプ提督は多數の戰艦を率ゐてフランスの海岸を、そちこちと遊弋中で、何處を攻略するか殆んど察知されず、ベル・イスル島とアルメンテイルスの二地を侵して焼打した。

五、會社はコロマンデル海岸に在るサン・トメ城砦[(1)]をフランス人から奪取した。そして會社はそれを必要としないので、それをゴルコンダ國王に還附した（彼からフランス人は曾てその地を奪つたのである）。

六、フランス人は最早印度に於いて一艘の船をも持たず、彼等の持つてゐる船のうち、極めて少數がフランスに歸還し、その殘餘のものは、我等のために拿捕されるか、或は難破した。

七、イギリス人は我等のために、ニユー・ネーデルランドに在るニユー・アムステルダム[(2)]市を奪はれ、それに加ふるに和議締結の直前同地で多數の船を沈められ、その他高價なる積荷の十一艘の船を奪ひ去られた。

八、一年半許り前に、我が國はイギリスと和議を締結した。それはイギリス國王が僧侶を餘り自由にし、その言に從つたために、その市民から强制を餘儀なくされたためである。その和議締結の後、イギリスの市區〔ロンドンのこと〕は、女王に奉仕して留まつてゐる少數の者を除いて、他のすべての僧侶を國外に放逐した。噂によれば、市區は國王が女王と絶緣することを喜んだと。

九、デンマーク國(3)に關しては、三ヶ月許り前に、バンタムに(曾て會社に奉職し、當地の次席館員であつた)エレンスト・フアン・ホーヘンフック(4)の乘つた小船が來た。その船は最初、福州經由當地へ來航する積りであつたが、バンタムに於いて多額の負債を生じたために、本年は中止し、一先づトランケバールへ歸航することを勸告された。彼の態度から見れば、明年は容易に福州經由當地へ來航するであらう。

十、ポルトガル人はヨーロッパに於いては平靜にして戰爭に立入つて居らず、當印度に於いては、アラビヤ人がポルトガル艦隊を襲擊したから、その報復のため、ゴアの副王は自ら大艦隊を率ゐてゴアを出發したけれども、ウインゲラ(5)附近で暴風に遭つて歸還することを餘儀なくされた。なほ國民は困窮して居り、ゴア市內には乞食の數が兵士・市民の數よりも多い。故に印度に於けるポルトガル人の取引は多くの利益を上げて居ない。

十一、最後に、最近當地からバタビヤへ向けて出帆したジヤンク船で、二人のシナ人が來て、その言によれば、福州の副王の命令によつて、會社が同地に於いて貿易することを必要とし、同副王はこの目的のために、一艘のジヤンク船をバタビヤへ送るであらうと。然しながら、この事は同地で實現するとは思はれない。又、我等は經驗によつて、シナ人は詐欺師であることを學んだから、閣下(6)はこのやうな薄弱な根據の下に、商品を送ることを容認されなかつた。

〔註〕商館長 Martinus Caesar (20 Oct. 1674~7 Nov. 1675) の日誌から採錄。

（1）サン・トメおよびゴルコンダは San Thome および Golconda である。
（2）今日の北米合衆國 New-York 市。
（3）デンマークでもオランダの東印度會社にならって、一六一六年三月に東印度會社を設立して、その商館はしきりに東洋貿易に進出して來た。
（4）Errenst van Hogenhoeck のことは商館長 Joan Bouckejon (26 Oct. 1657~24 Oct. 1658) の日誌に見える。當時の出島商館の次席館員で、一六五八年（萬治元年）の江戸參府にも隨行。先のフランソア・カロンのフランス東印度會社に於ける例と同じように、曾て日本の商館員であった者が、退社後、オランダ以外の國に傭われて、日本貿易を企圖する手先となったことは注目に値する。
（5）インドの西海岸、ゴアの南方に位し、オランダ領東インド會社の有力な貿易根據地。
（6）當時の Gouverneur-Generael であった Joan Maetsuyker をさす。

商館長　Martinus Caesar (20 Oct. 1674~7 Nov. 1675)
長崎奉行　岡野孫九郎貞明（九月發）、牛込忠左衞門重忝（九月着）
年番通詞　富永市郎兵衞、中山作左衞門
入津蘭船　四艘

第四十號　延寶三卯年（一六七五年）風說書　其二

當年罷渡申候阿蘭陀新カピタンロ上書

*華本「に」なし
*華本「就」
**華本「其」
***華本「一」
†華本「未」
*「先年」以下二行華本により補う
*華本「人」あり
*華本「國」
*「ヘスコップ」以下華本により補う
*華本「ひ」入る
*華本「未」入る
*「フランス國」以下二行華本により補う
*華本「な」

一四年以前に*、フランス人ゟ阿蘭陀本國七ヶ國之內、三ヶ國被討捕申候處に、去年正月頃取返し申候、然*共**、三ヶ國之內、(1)マステレキと申所之***在所に者、フランス人等†持答へ居申候、是も兵粮攻に仕候間、頓而取返し可申と奉存候、

　*先年オランダ三ヶ國、フランス方に被討捕申候、其節ヱゲレス人、ヘスコップ人は、フランス人方ゐ加勢仕候、

一去年二月頃、阿蘭陀隣國ヘスコップと申所に、阿蘭陀方*ゟ大勢ニ而軍を仕掛申候處に、此ヘスコップ之內五在所、阿蘭陀方ゐ討捕申候、子細者、四年以前にフランス人と致一身、阿蘭陀方*へ軍仕掛申候に付、如此に御座候、

　*ヘスコップ宗旨、南蠻人同前ニ而御座候、併所にゟオランダ同宗も御座候、又ヘスコップ人、オランダ國に參、住居仕候ものも御座候、是はオランダ同宗にて御座候、

一其後阿蘭陀國ゝ惣大將、フランス國ゐ軍仕掛、野陣を取り居申候處に、フランス人數萬人出合戰*申候、然る處にフランス人六千人程討捕申候、此內にフランス人大將分之者數多討死仕候、阿蘭陀人茂貳千人程被討申候、相殘フランス人悉く敗軍仕候、阿蘭陀人儀者、彼所に*野陣を取居申候由申來候、

　*フランス國の宗旨、南蠻人同前ニ而御座候、併所にゟオランダ同宗も御座候、又フランス人オランダ國に參、住居仕候者も御座候、是はオランダ同宗ニ而御座候、

一阿蘭陀國ゟ兵船を出し、フランス國之船路ゟ攻掛申候而、バリイラと申島、又アルメンテイル*と申

島、此貳島を討捕申候、

一辨柄國之近所コスト・コロモンデイル之內サントメと申所にフランス人住居仕居*候を、阿蘭陀方ゟ軍仕掛、フランス人を追拂、唯今者阿蘭陀人取居申候、

一辨柄國、方〻國*〻商賣に參り申候、フランス國之船數艘方〻ニ而見合次第に阿蘭陀方に討捕申候故、殘りフランス人之船共、本國江罷歸申候、

一阿蘭陀國之內ニウエイドロランと申所、數年ヱゲレス人に被取居申候を、今度阿蘭陀方に取返し申候、

一ヱゲレス國と阿蘭陀國と和談仕候、然る處、*ヱゲレス國中に南蠻人之法を弘め申出家共數人居申候を、今度悉く追拂申候、就夫、ヱゲレス國中之者共、大將に申候者、迚*も之儀に南蠻國とヱゲレス國との緣邊茂きられ候得かしと訴訟申候由、承及申候、

*ヱゲレス人とオランダ和睦の子細は、數年合戰仕大勢討死仕候、和睦仕度由ヱゲレス軍大將ゟ、オランダ軍大將方江申候に付、オランダ國守護に申聞せ候處に、和睦の儀實正爲可承、オランダ方ゟヱゲレス國江使者指越申候へば、後相違無御座と申候に付、去年正月頃和睦仕候、ヱゲレス國に居申候南蠻出家追拂申候子細は、ヱゲレス國の守護南蠻國の守護のむこニ而御座候故、南蠻國の出家共、其後數多ヱゲレス國江參るなど、立法をひろめ可申と仕候に付、ヱゲレス國中のものども申樣に候はゞ、以後は南蠻國の手下に可成かと存、國中の者共ヱゲレス守護に申出、家共追拂申候、去〻年來朝之ヱゲレス船、本國江未歸國仕候、何方に居申候も不奉存候、

*華本「申」入る

*華本「之」

*華本「に」あり

*華本「も」なし

*「ヱゲレス人」以下七行華本により補う

一阿蘭陀隣國デイヌマルカと申國之大將ゟ、先年日本江渡海仕候オウゴノクと申阿蘭陀人を雇ひ、此者を頭分に申付、日本之商賣をのぞみ爲可申、咬𠺕吧*近所バンタムと申所迄、當四月に右之オウゴノク乘り、船壹艘ニ而參申候、夫より福州に參、彼地日本より江參へく*由、承り申候、

デ*イヌマルカ國の宗旨は、オランダ宗旨同前にて御座候、又デイヌマルカ人、阿蘭陀國江參住居仕候ものも御座候、デイヌマルカ國ゟ、先年日本江渡海仕候儀承及不申候、

オウゴノク事、デイヌマルカに雇れ申候儀、オランダ守護存知不申候、惣而オランダの町人、彼國江引越申候儀も、オランダ守護かまひ不申候、相對ニ而雇れ引越申候と奉存候、

一辨柄國之隣國アラアビと申國に、南蠻人方ゟ軍爲可仕兵船を遣し候處に、アラアビ國ゟ茂兵船を出し戰申候處に、南蠻人共大勢討殺され、相殘者被追散、ゴワ國江逃參申候、右之段ゴワに居申候南蠻人之頭承り、兵船數艘仕立、自身アラアビ國江參候とて、海上ニ而遭大風、ゴワ江罷歸申候由承及申候、

一南蠻國、阿蘭陀國唯今者矢留仕居申候、

南*蠻人とオランダ矢留仕候子細は、數年軍を仕、大勢討死仕候故、南蠻人方ゟ矢留仕くれ候樣にと理り申候に付、拾貳年以前ゟ矢留仕候、併於唯今通路不仕候、

一當春日本ゟ咬𠺕吧江參申候唐船に乘參候唐人之內貳人、咬𠺕吧ニ而ゼネラルに申候者、當年ゟ阿蘭陀心次第に、福州江阿蘭陀船を差越商賣仕替*之由申來候、就夫、福州ゟ其儀爲可申に、唐船壹艘咬𠺕吧江差越可申*由申候得共、其唐船我〻出船仕候迄者參不申候に付、無心元存、先當年者コンパニ

* 華本「咬𠺕吧」を「じやがたら」に作る以下同じ
* 華本「參へく」を「可參候」に作る
* 「デイヌマルカ」以下四行華本により補う
* 「南蠻人」以下二行華本により補う
* 華本「替」を「かへ」に作る
* 華本「候」あり

ヤゟ之商賣船者遣し不申分ニ而御座候、

右之外、異國筋南蠻人之儀に付、相替沙汰承知不仕候、以上、

卯 七月五日

阿蘭陀新カピタン
よわのす・かんぷいし
同 古カピタン
まるていぬす・せいざる

右之趣*、貳人之カピタン申聞せ候通、和解指上げ申候、以上、

阿蘭陀通詞 中山 作左衛門
同 中嶋 清左衛門
同 名村 八左衛門
同 楢林 新右衛門
同 横山與三右衛門
同 富永 市郎兵衛
同 本木 庄太夫
同 加福 吉左衛門

*「右之趣」以下華本により補う

〔註〕この風説書は全く第三十九號に據って作成したもの。そして本號は「通航一覧」巻二百四十六および「華夷變態」に收録されている和蘭風説書の最初のものである。

（1） Maestricht で Brabant のこと。

（2） 第三十九號註(3)參照。

第四十一號　延寶四辰年（一六七六年）風說書

當年罷渡申候新カピタン口上書

一マステレキ(1)と申所阿蘭陀國之内ニ而御座候を、數年フランス人に被取、彼地江フランス人住宅仕罷在申候得共、年〻フランス人もへり申候に付、以後者阿蘭陀國江取返し可申由、本國ゟ申來候、

一阿蘭陀方ゟフランス國江軍を仕掛、節〻戰申候處に、度〻にオランダ方ゟフランス人三萬人程討捕、フランス國之内フジアバント(2)と申所に、今に陣を取罷在申候、

一阿蘭陀人とフランス人と今度軍仕候事、ドイチランド(3)と申國之守護承、阿蘭陀方江加勢を遣し申候處に、加勢之者共、阿蘭陀陣所江加り、阿蘭陀人と一身仕、フランス人と軍可仕と存候得共、中に*フランス人陣取罷在候故、加勢之ドイチランド之勢通り申事不罷成候故、ドイチランドの加勢之者、阿蘭陀人と分り候而*、フランス人と軍仕候處に、フランス人之大將分之者大勢、並雜兵三萬人程、ドイチランド江討捕、フランス人を追拂申候、フランス人とドイチランド人と軍仕候子細者、去〻年フランス國ゟ阿蘭陀國江軍仕掛申候刻、フランス人彼ドイチランド之國內を通り、阿蘭陀國江參

*華本「中に」を「中〻」に作る

*通本「れ」

候、其刻フランス人ドイチランド之國ニ而亂妨仕、剰ドイチランド之國所〻に火をかけ、如此〔亂〕*妨を仕候に付、其段ドイチランド之守護承居、兼而意趣を含罷在候故、今度阿蘭陀方江加勢を遣し、フランス人と軍を仕申候段、本國ゟ咬𠺕吧江申越候、

一(4)ヱゲレス國と阿蘭陀國と唯今者*和睦仕申候、其子細者、去〻年ヱゲレス人と阿蘭陀と船軍仕候處、**阿蘭陀方江ヱゲレス兵船數艘雜兵大勢討捕申候故、自らヱゲレス方ゟ軍を止め申候、

一東寧に居申候錦舍(5)手下之唐人、シャム江參、シャムに住宅仕候阿蘭陀*共を、妨可申企仕候由、シャム之地之者*阿蘭陀方江密通を致し候故、阿蘭陀方ニ茂覺悟仕居申候、然る處、**シャム之地之者共、唐人方を押留申候故、阿蘭陀方江妨をなし不申候、此段去年霜月頃、シャムゟ咬𠺕吧江申越候、

一右之錦舍軍爲可仕、雜兵數人召連、廣東ゟ參申候由、咬𠺕吧ニ而風聞仕候、

一ヱゲレス人船壹艘、爲商賣去年東寧江參り候處に、商賣事不仕合ニ而損仕罷歸申候由、咬𠺕吧ニ而風聞仕候、

一去年申上候デイヌマルカ(6)と申國ゟ仕出し之商賣船、日本江參上可仕之風聞承申候、然る處に、彼船之頭、先年日本江參申候オウゴノクと申阿蘭陀人咬𠺕吧之近所バンタムと申所ニ而當年相果申候、此船其以後福州江參申候由、咬𠺕吧ニ而風聞仕候、日本江渡海仕候段者不定に奉存候、

一ヱゲレス人之船貳艘、當四月中旬咬𠺕吧之近所バンタムと申所に參申候、貳艘之内壹艘、早速辨柄國之近所コスト(7)と申國江參申候、今壹艘茂跡ゟ彼コスト江參可申之由、咬𠺕吧ニ而風聞仕候、

一(8)ヨウダと申國ゟ出*申候人、ポルトガルと申南蠻國に年〻參、數人住宅仕候而、南蠻人之手下に罷成

* 通本により「亂」補う
* 華本「者」なし
** 華本「に」あり
* 華本「人」あり
* 華本「之」なし
** 華本「に」あり
* 華本「遣」

居申候、然る處に、ポルトガル國漸〻に困窮仕候に付、右之ヨウダ國之者共、ポルトガル國之守護に斷*候而、商賣船を大小拾艘程拵、辨柄國、(9)ハルシヤ國、(10)サラタ國、(11)呂宋、其外方〻𛀁参申候由、咬𠺕吧ニ而風聞仕候、

一(12)マサンヒイキと申所に、南蠻人住宅仕罷在申候、然る處に、此所近くに銀山を見出*申候、此銀山を彫せ爲可申、南蠻人住國*之ゴワと申國ゟ彼銀山之所𛀁船三艘に**數人乘せ遣し、銀山を取立申用意仕候由、咬𠺕吧ニ而風聞仕候、以上、

辰六月十二日

古カピタン
よわのす・かんぷいし
新カピタン
(13)でれき・で・はあす

右之趣*、貳人之カピタン立合申聞候通、和解指上申候、以上、

オランダ通詞　中嶋　清左衛門
名村　八左衛門
楢林　新右衛門
本木　庄太夫
加福　吉左衛門

〔註〕本年の風說書については「華夷變態」卷四および「通航一覽」卷二百四十六參照。

* 華本「改」
* 華本「し」あり
* 華本「宅」
** 華本「に」なし
* 「右之趣」以下華本により補う

（1）Maastricht は和蘭の南東部 Limburg に接する Lège 僧正領に在る城砦。
（2）Brabant.
（3）一六七四年 Austria, Spain, Brandenburg, Denemark が和蘭を援け、フランスに對抗するに至った。ドイチランドは Austria を指す。
（4）一六七四年二月十九日の Westminster の和議。
（5）「錦舍」は鄭成功の長子鄭經のこと。成功は我が寛文二年（一六六二）五月八日歿し、同月十四日鄭經は厦門で嗣立した。寛文四年臺灣に移り、ついで八月東都を改めて東寧と稱す。天和元年（一六八一）正月二十八日鄭經歿す。
（6）Denemark.
（7）Cust Chromandel の略稱。
（8）ユダヤ人 Joden.
（9）Persia.
（10）Souratte.
（11）呂宋 Luzon.
（12）「マサンヒイキ」はアフリカのモザンビイク Mossambique か。
（13）新商館長 Dircq de Haas (27 Oct. 1676~16 Oct. 1677).

商館長　Johannes Camphuijs (7 Nov. 1675~27 Oct. 1676)
長崎奉行　牛込忠左衞門重忝（九月發）、岡野孫九郎貞明（九月着）
年番通詞　本木庄太夫、楢林新右衞門
入津蘭船　四艘

第四十二號　延寶四辰年（一六七六年）貿易取引についての歎願書

阿蘭陀文字ニ而カピタン御訴訟申上ル和解

一子之年ゟ五年以來、コンパニヤ商賣事五ヶ所之商人頭共目論みを以貨物直段被仰付、町年寄衆ゟ被仰渡奉畏賣拂代金請取申候、然る處に年〻ケ様に御座候而者コンパニヤ茂困窮仕候、異國方〻ニ而茂貨物下直に相調申儀難成御座候、下直に調可申と仕候に付萬貨物等段〻惡鋪罷成申候、諸職人も、下直に賣申候而者渡世難淺御座候に付、辨柄、サラタ、コスト、ハルシヤ此所〻之諸職人所作を止め申候者數多御座候、

一方〻國〻前を以入銀仕諸貨物誂置申、段〻に請取日本ね持來仕候儀に御座候、貨物等千端之入銀仕召置候得共、漸七八百端茂此方に者相渡し、所作を加ね散り〻に罷成入銀等も損失仕候、殊に貨物茂惡敷罷成申候、右之様子に御座候に付貨物茂年〻少く罷成、船數茂へり可申候、然者其節者如何様之儀ニ而ケ様に罷成候哉と、御尋茂可被爲成御座候と奉存上、前以申上置候、

一コンパニヤ儀數年奉蒙御蔭商賣事仕、代金等少しも相違無御座様に被爲仰付、偏難有奉存上候、然者近年者唐異國共物每高直に罷成、其上コンパニヤ儀遠國ゟ大船ニ而渡海仕候儀に御座候得者、方〻ニ而大分之雜用入目御座候に付、恐多申上事に奉存候得共被爲聞、右分御慈悲之程從御上可然様

に商賣事被爲仰付被爲下候者、彌難有可奉存上候、以上、

辰十一月廿一日　　阿蘭陀カピタン

でれき・で・はあす

〔註〕本文は風說書ではないけれども、貿易取引についての歎願書で、學習院大學圖書館本「荷蘭上告文」に風說書と共に収められている。

第四十三號　延寶五巳年（一六七七年）風說書　其一

當年罷渡申候新カピタン口上書

一ドイチランドと申國と阿蘭陀國と申合、フランス國と軍仕候、然る*處に、フランス方ゟ此兩國ゐ和睦可仕由申候得共、ドイチランドと阿蘭陀兩*國共に合點不仕、今に軍仕候、

一(1)辨柄國に*阿蘭陀人數年住宅仕商賣仕來り申候、就夫、商賣物例年ゟ下直に買可申手立仕候得者**、辨柄國之者共腹立仕、出入に罷成申候故、サラタ國と申所に辨柄國之守護居申候に付、サラタニ茂阿蘭陀人住宅仕居申*候而**、此儀を承り付、守護に其斷***申候得者、守護ゟ辨柄國之頭分之者に右之段阿蘭陀申分け*聞へ申候間、所之者に申付候樣にと申渡候得者、其通申付候處に辨柄人共申候者、阿蘭陀人申分計を聞届、我々申儀僞り*と被存候事聞へ不申候と申、彌腹立仕、出入に罷成、阿蘭陀人

* 華本「る」なし
* 華本「兩」なし
* 華本「ゐ」
** 華本「共」
* 華本「所」
** 華本「而」なし
*** 華本「斷」を「理り」に作る
* 華本「け」なし
* 華本「り」なし

を辨柄國を追出し可申と申候由に御座候、
一カアフト國之近所にテモウル(2)と申嶋御座候、此所に人多御座候、南蠻人も住所仕居申候、然る處に、嶋人と南蠻人と軍仕候由承及申候、
一廣東ゟ去年霜月頃、咬𠺕吧*ゟ爲商賣、阿蘭陀船貳艘遣し申候得共、軍最中ニ而商賣不仕罷歸申候、内壹艘者福州ゟ參申候、
一去年十月頃(3)、咬𠺕吧ゟ爲商賣阿蘭陀船三艘福州ゟ遣し申候、賣物之分夫々に直段仕、福州之守護に賣渡し申候、然共、其後軍最中故歟代銀相濟不申候に付、其様子爲可申遣、三艘之内壹艘者咬𠺕吧ゟ十一月頃罷歸申候、其以後年明候而、代物之代とて銀子少、並銅鐵ニ而少々相渡申候に付、當二月頃咬𠺕吧ゟ又壹艘罷歸り申候、然共大分銀子殘御座候に付、今壹艘福州に殘*居申候處**、福州之守護靖南王申候者、軍茂治り申候は*ゞ望之儘に商賣爲仕可申候、錦舍方ゟ福州之川口に軍船大分仕掛居候間、咬𠺕吧ゟ船を遣し、阿蘭陀軍船拾艘程、加勢致呉候様にと、靖南王方ゟ*阿蘭陀に申候に付、頭分之阿蘭陀人*福州に殘置**、船者咬𠺕吧ゟ當四月初頃歸り申候、尤靖南王ゟ茂咬𠺕吧ゼネラル方ゟ、其通書狀遣申候、廣東ゟ貳艘參申候船之內、壹艘當三月頃福州ゟ參申候、此船者今に福州に居申候、咬𠺕吧遣申候返事無之候間*、此壹艘之船者戻し申間鋪由申候、咬𠺕吧ゟ福州加勢船之儀者、如何樣とも不申來候、
一デイヌマルカ(4)國之船茂壹艘、爲商賣福州ゟ*參居申候處に、今に留置返し不申候、
一東京(5)國にフランス人之伴天連、南蠻人之伴天連罷居申候而、國中之者を進め、キリシタン宗旨に仕

* 華本「咬𠺕吧」を「じやがたら」に作る以下同じ
* 華本「り」あり
** 華本「に」あり
* 華本「申」なし
* 華本「ゟ」なし
* 華本「は」あり
** 華本「し」あり
* 華本「は」あり
* 華本「に」

候由、東京之守護承付、キリシタン宗旨に成申候者共、二三人捕へ穿鑿仕候得者、我とキリシタンに罷成申候由申候に付、其者共曲事に申付、其跡段々穿鑿仕候由、東京に居申候阿蘭陀人方ゟ咬𠺕吧ゟ申越候、伴天連者*如何躰に仕候共不申來候、以上、

古カピタン
でれき・で・はあす*

巳七月六日

新カピタン(6)
あるふ*ると・ふ**れいひん***

右*の趣、貳人之カピタン立合申聞せ候通、和解指上げ申候、以上、

オランダ通詞　中山　作左衛門判
同　中嶋　清左衛門判
同　名村　八左衛門判
同　楢林　新右衛門判
同　横山與三右衛門判
同　富永　市郎兵衛判
同　本木　庄　太　夫判
同　加福　吉左衛門判

右一通、七月廿三日自美濃守來、

*華本「儀」あり
*華本「花押」
** 華本「ぶ」
*** 華本「花押」あり
*「右の趣」以下華本により補う

〔註〕本年の風說書については「華夷變態」巻五および「通航一覽」巻二百四十六參照。

（1）辨柄國は Bengal, サラタ國は Souratte で、スラタ國の「守護に其斷申候得者」とあるオランダ人は Willem Volger, スラッタ守護は Sybrant Abbama と見える。

（2）テモウル島は爪哇島の東方 Timor 島である。島人とポルトガル人が衝突した。その原因を蘭文には島人がポルトガル人によって殺害せられたためとある。

（3）「福州之守護靖南王」は Viceroy Isinglamen に、「錦舍方」は Coxinder とあるに當る。「通航一覽」巻二百十四所收「延寶二甲寅年五月福州出し船之唐人共申口」によれば、雲南貴州南省の守護平西王（吳三桂）・廣東の守護平南王・福建の守護靖南王等の明朝の遺臣が鄭成功の子鄭經と通謀して清軍に抗したことが見える。靖南王方より「阿蘭陀軍船拾艘程加勢致吳候樣」との申込みがあったところ、蘭文には十艘または十二艘とある。

「當四月初頃」バタビヤに歸った蘭船は fluytje Marcken とあり。ゼネラルは Joan Maetsuyker である。

（4）デイヌマルカ國之船一艘 een Deens schip が福州に來ることは、下巻掲載該當蘭文第四項の末尾に附記されている。

（5）東京 Tonequin にてポルトガル人とフランス人宣教師を捕えたことは、下巻掲載該當蘭文第六項に見える。

（6）新商館長 Albert Brevincq (16 Oct. 1677~4 Nov. 1678).

商　館　長　Dircq de Haas (27. Oct. 1676~16. Oct. 1677)
長崎奉行　岡野孫九郎貞明（九月發）、牛込忠左衞門重忝（九月着）
年番通詞　本木庄太夫、名村八左衞門
入津蘭船　三艘

第四十四號　延寶五巳年（一六七七年）風説書　其二

口上書

一當[1]六月九日に阿蘭陀船三艘福州ゟ遣し申筈に御座候、其子細者福州に今壹艘殘置申候船人爲迎に遣申由、今度貳番船ゟ申越候、

一延寶[2]三卯之年、東京出し之一陣船と東寧出し之錦舍方之船頭と、當所ニ而申合、東京爲商賣參申候處、貳艘共東京之商賣仕舞、去年六月東京を類船ニ而出船仕、天川前迄貳艘つれニ而參申候處、東寧船者先ゟ乘ぬけ天川口ニ而待居申候而、一陣船跡ゟ參申候を見掛、兵船之合印を立申候得者、東寧之兵船數艘出し一陣船を取廻し、石火矢を打掛、帆柱抔いたまかし、人をも壹人打殺し申候由に御座候、然共、北風に罷成申候故、幸ひと存、東京ゟ逃げのがれ參申候、此段東京守護ゟ一陣方ゟ訴へ申候由、去年十月比東京ニ而今度之新カピタン承申候に付、申上候、以上、

巳七月七日

古カピタン
でれき・で・はあす

新カピタン
あるぶると・ふれいひん

〔註〕本年の風說書については「通航一覽」卷二百四十六參照。
（1）下卷揭載該當蘭文第八項參照。
「當六月九日云々」は、蘭文に Schielant 出發後、八日を經て福州に向ったと見える。
（2）下卷揭載該當蘭文第七項參照。
延寶三卯年は二年前とあり、一陣船は Itsins joncq とあり、錦舍方は een Coxinse とあり、天川前は voor de Maccause eylanden とある。

第四十五號　延寶六午年（一六七八年）風說書　其一

（譯文）

一六七八年八月八日〔延寶六年六月二十三日〕月曜日

本夕通詞に積荷目錄と風說書〔nieuws〕とを書面を以て提出した。

一、總督ヨアン・マーツアイケル閣下本年一月四日死去され、その後任には事務總長ライクロ・フアン・フウンス閣下が印度總督に任ぜられた。(1)

二、到着した情報によれば國王オランエ公はイギリス國王の弟ヨーク公の女と結婚し、この公妃は我等の宗教を信奉せられる。(2)

三、ヨーロツパに於けるオランダ、フランス及びスウェーデン間の戰爭は、なほ激しく繼續せられ、フランスは多數の國民を、スウェーデンは多くの土地を失つたが、講和に到達し得るか否かを試みるため會同に到るものと思はれる。

四、フランスは一艦隊を印度へ派遣せんとの意圖により、二三の航行を計畫したが、我等の妨害と、惡天候とのために、その港に歸航することを餘儀なくせられた。而して既に再び新に準備をなしつゝある。

五、ポルトガルに於いては、大艦隊の建造に多忙であるが、如何なる目的で、又如何なる方面へ派遣されるのかは未だ聞知するに至らない。

六、ジヤバに於いてオランダ人のマタラムの部隊に對する戰爭は、未だ成功せず、繼續中である。

七、我等はバンタム人と良く理解し居らず、彼等を多く信用してゐない。この國民もまた武器を用意してゐる。如何なる目的で、又何人に向けられるかは、時が後に示すであらう。

八、ベンガルに於いて我等の商賣に關する事情は、昨年長崎奉行にも報告したるが如くにして、以前よりも大いに惡化し、その地にて入手する貨物少く、その地の商人の今日なほ受け居る連續的課税のために、耐へ得られぬ程高價である。

九、コロマンデルでも、スラツタでも、曾て商人に畏敬せられた海賊スワシアは再びその勢力を增大し、それがため我等はコロマンデルに於いて僅少な商品しか望まざるを得ない。

十、福州に於いては、我等は昨年自由にして良好なる取引をなし、我がバタビヤ政廳から、この自由な貿易を再び同地に於いて行ふために、本年もその方面へ三艘の船と一艘のフツケル船とを、マルチヌス・セサール指揮の下に派遣するように命ぜられた。韃靼人〔清軍〕とシナ人〔明の遺臣〕との戰爭は、なほ同地に於いて繼續せられてゐる。

十一、數人のオランダ人と黑人とを乘せて、マラッカから來た一艘の船が、マカヲ附近で暴風のため、島嶼の一つに難破したが、その積荷の大部分は、乘組人によつて島上に運搬せられ、一方船長と航海長とは、少數の者を伴つて、乘組員と貨物を乘せるための大船を購入すべく、小舟で漕いで行つたが、彼が再び島に歸つて來た時、オランダ人は樹木に縛られて慘殺され、黑人傭人と我が貨物とは、國姓爺によつて奪はれたといふことである。

我ゝがこれを述べた理由は、常に國姓爺軍のシナ人が、我等に加へた殘虐な暴擧と、又貨物の掠奪を告げ、何時かは當地の政府に、このやうな仇敵の盜賊が來たならば、我等がシナ人の虚僞の中立てによつて、決して僅少とは思はれない貨物の價額を強いられたことよりも二倍も多く支拂はせられることを希望するからである。

〔註〕商館長 Albert Brevincq の日誌より採錄。
　第四十六號と對照。

（1） Joan Maetsuyker は一六七八年一月四日死去、Rycklof van Goens は同日後任總督となる。

（2） オレンジ公ウィルレム三世が、イギリス國王の弟ヨーク公の女メアリと結婚したことを指す。

第四十六號　延寶六午年（一六七八年）風説書　其二

當年罷渡申候新カピタンロ上書

一（1）佛蘭西國阿蘭陀國于今軍*寂中仕候、阿蘭陀方ゟ佛蘭西人を大勢討捕申候、其以後茂軍仕候由、本國ゟ申越候、

*華本「今に」

一デイヌマルカ國と阿蘭陀國は一身ニ而御座候、（2）スヲイデ國と佛蘭西國は一身*ニ而御座候、然る處に、軍仕、デイヌマルカ討勝、スヲイデ國を半分程討捕、デイヌマルカ之手下に仕候由、本國ゟ申越候、

*華本「味」

一フランス國ゟ阿蘭陀國江和睦可仕由、使者を立申候得共、承引可*仕候處に、スヲイデ國、エゲレス國、デイヌマルカ國、イスパンヤ國、此四ヶ國の大將共、阿蘭陀國に〔和睦〕*可仕由、あつかひ**申候得共、唯今迄者承引不仕候由、本國ゟ申越候、

*華本「不」
*華本により補う
**華本「あつかひ」を「噂」に作る

一（3）波爾杜加兒國に大船數艘拵申候由、及承*申候、此儀は、商賣船ニ而御座候哉、兵船ニ而御座候哉、其子細如何樣共承り不申候由、本國ゟ申越候、

*華本「承及」に作る

一（4）辨柄國阿蘭陀商賣の出入、去年申上*候ごとく**、于今埒明不申候、

*華本「如」あり
**華本「ごとく」なし

一サラタ、コスト・コロマンデイヌ*此兩國江ズワアゼと申國之海賊人共、軍を仕掛申候、就夫、右之

*華本「コロマンデイヌ」を「ころもんでいる」に作る

兩國*亂國故、阿蘭陀人彼地にて商賣不自由に罷成申候、

(5)一去年福州江商賣之儀申遣候處に、福州頭分之方ゟ、阿蘭陀人心次第に商賣可仕由*之書狀を咬𠺕吧江差越申候、就夫、前には*日本江參り申候セイザルと申カピタンに申付、阿蘭陀船四艘爲商賣福州江遣し申筈に御座候、

(6)一マタラン國の守護相果申候、此子供貳人並弟一人御座候、右三人之もの共、跡をあらそひ、軍仕候、此惣領阿蘭陀を賴申候に付、加勢仕候、

(7)一バンタムと申所と阿蘭陀と數年商賣仕候得共、只今者中惡敷罷成申候、

(8)一マロカと申所ゟ阿蘭陀人船を仕立、唐江商賣に參り候とて、天川近所之島ニ而破損仕候、其荷物を島に揚置、右之阿蘭陀*之內七人はし船に乘**、船を買に陸江參***、小船を調へ†、其島に歸†*見†**候得者、錦舍方之唐人共、阿蘭陀人を不殘打殺*、荷物皆〻取申候、七人之阿蘭陀人共**、此小船ゟ逃マロカ江歸*申候、

(9)一去年十月阿蘭陀國の大將エゲレス國*大將の姪聟に罷成申候由申越候、

(10)一咬𠺕吧*ゼネラル去十二月に病死仕候、則其跡目をレキロウ・ハン・クウンス**と申者ゼネラル役に罷成申候、*

古カピタン
あるぶる*・ぶれいひん**
新カピタン

* 華本「所」
* 華本「由」なし
* 華本「には」を「廉」に作る
* 華本「人」あり
・* 華本「り」あり
† 華本「へ」なし
†* 華本「り」あり
†** 華本「申」あり
* 華本「し」あり
** 華本「は」あり
* 華本「り」あり
* 華本「之」あり
* 華本「咬𠺕吧」を「じやがたら」に作る
** 華本「グ」
* 華本「以上」あり
* 華本「あるぶる・ぶれいひん」を「あるぶるぶれいびん」に作る
** 華本「花押」あり

＊華本により「午」を補う
＊＊華本「通詞」なし
＊華本により「阿蘭陀通詞」以下を補う
＊華本「花押」あり

でれき・で・はあす(11)＊

右之趣貳人之カピタン立合申聞候通、和解差上申候、以上、

〔午〕＊六月廿二日

通　詞＊＊

阿＊蘭陀通詞　中山　六左衛門
同　中嶋　安左衛門
同　名村　八左衛門
同　楢林　新右衛門
同　横山與三右衛門
同　富永　市郎兵衛
同　本木　庄　太　夫
同　加福　吉左衛門

右十番(12)ゟ以下六通、七月十三日土屋但馬守ゟ來る、

〔註〕　本年の風説書については「華夷變態」巻五および「通航一覧」巻二百四十六參照。

（1）　下巻掲載該當蘭文第三項參照。

（2）　「スヲイデ國」はスウェーデン國。

（3）　下巻掲載該當蘭文第五項參照。

（4）　下巻掲載該當蘭文第九項參照。

（5）　下巻掲載該當蘭文第十項參照。

（6）下卷掲載該當蘭文第六項參照。
Mataram は爪哇の中央南部である。
（7）下卷掲載該當蘭文第七項參照。
（8）下卷掲載該當蘭文第十一項參照。
（9）下卷掲載該當蘭文第二項參照。
（10）下卷掲載該當蘭文第一項參照。
第四十五號の註（1）參照。
（11）新商館長 Dircq de Haas (4 Nov. 1678～24 Oct. 1679).
（12）右十番ゟ以下六通とは「華夷變態」卷五掲載の「拾番思明州船之唐人共申口」以下の六通の文書を指す。

第四十七號　延寶七未年（一六七九年）風說書

商館長　Albert Brevincq (16 Oct. 1677～4 Nov. 1678)
長崎奉行　牛込忠左衛門重忞（九月發）、岡野孫九郎貞明（九月着）
年番通詞　加福吉左衛門、中山六左衛門
入津蘭船　三艘

當年罷渡申候新カピタンロ上書

一佛蘭西人と阿蘭陀人と近年軍仕候處に、去年十二月に和睦仕候、就夫、先年フランス方ゟとられ申

候マステレキと申所、佛蘭西方ゟ差返*申候、

一(2)去年マルバアルと申國ゟ南蠻人方ゟ兵船を遣し軍仕候得共、互に勝負無御座、唯今者和睦仕、則マルバ*アル國に居所を拵、南蠻人罷在申候由、當春承り申候、

一(3)スワアゼと申國之者、ゴワ國を取可申と企、六七萬人催し*、ゴワ國ゟ取掛申候處に、ゴワ國之者堅く用心仕罷在候に付、右スワアゼ國の者、國中に入申事不罷成候、就夫、スワアゼ國の者共申候は、我〻キリシタン宗旨に罷成可申候間、國中に入れ申候*様にと謀**申候處に、ゴワ國のもの申候は***、拾人貳拾人の事に候はゞ、國中に入れ*キリシタン宗門になし可申候得共大勢の事に候間、國に入れ**申儀不罷成候と申候由、當春風聞御座候、其後者軍仕候哉、又は國に罷歸*候哉、何之沙汰も承不申候、

一(4)ジヤワ國之大將相果申候、其子供*三人御座候、跡式之儀惣領に申付候處**、其二人の弟共國を爭***ひ、近年軍仕、兄討負申候處に、今度阿蘭陀人兄方ゟ加勢仕、右*弟共居申候カデルと申所を追拂申候、併軍者于今止不申候、

一(5)咬𠺕吧*ゟ阿蘭陀人用所に付、近所ゟ小船並獵船など遣**申候得者、バンタム之者共罷出、小船共を取始*申候、此意趣者ジヤワ國の大將之弟兩人方ゟ申付致させ申候、

一(6)當二月に辨柄國の近所コスト・コロモンデイルと申國之者共、反軍仕候様子は、如何之儀共不奉存候、

一(7)東京エゲレス人居所を拵申度旨*訴訟申候處に、東京屋形ゟ勝手次第に拵可申由免**申候得共、其後如何様に拵候哉、居所拵申事無用之由申渡し、拵させ不申候、

* 華本「し」あり
* 華本「は」
* 華本「し」なし
* 華本「候」なし
** 華本「り」あり
*** 華本「は」なし
*・** 華本「れ」なし
* 華本「り」あり
** 華本「共」
** 華本「に」あり
*** 華本「諍」
* 華本「右」なし
* 華本「咬𠺕吧」を「じやがたら」に作る　以下同じ
** 華本「し」あり
* 華本「妨」
* 華本「由」
** 華本「じ」あり

古*カピタン
でれき・で・はあす
新カピタン
(8)あるぶる・ぶれいひん*

通　詞*

阿*蘭陀通詞　石橋　庄九郎
同　中山　六左衛門
同　楢林　新右衛門
同　名村　八左衛門
同　横山與三右衛門
同　本木　庄太夫
同　加福　吉左衛門

右之趣、貳人之カピタン立合申聞候通、和解差上申*候、以上、

未七月十一日

*華本「右」
*華本「び」
*華本「げ」あり
*華本「通詞」なし
*華本により「阿蘭陀通詞」以下を補う

〔註〕本年の風説書については「華夷變態」巻七および「通航一覽」巻二百四十六參照。

（1）下巻掲載該當蘭文第二項參照。
「去年十二月に和睦仕候」は、蘭文に「一六七八年八月十日極めて有利な條件で和睦した」と見える。
マステレキは Mastricht.

（2）下巻掲載該當蘭文第三項参照。
「去年」は蘭文には「此年の始めに」とある。マルバアルは Mallabaarse Custe とあり、和解の方に記してないが、その Bassaloor において戰った事が蘭文に見える。

「マルバアル國に居所を拵、南蠻人罷在申候由」は蘭文にはポルトガル人が Mangaloor に商館を設け、同地の Canara 海岸に沿って貿易するようにしたと見える。

（3）下巻掲載該當蘭文第四項参照。
「スワアゼと申國之者」は蘭文に d'Rover Suwadsi とあり、海賊の名。
「ゴワ國」は Goa.
「六七萬人催し」云々は、蘭文に七八萬人の武装した人々とあり、やゝ相違する。

（4）下巻掲載該當蘭文第六項参照。
「ジヤワ國」は蘭文には爪哇の東海岸とある。「近年軍仕」は蘭文に昨年十一月とある。蘭文に「兄」は Sousonhonam「弟」は Troena Dsiaja とその名が見える。

「カデルと申所」は蘭文に Cadiri という非常に大なる市と見える。

この條は爪哇島中の大土侯國 Mataram の內亂を記している。

（5）下巻掲載該當蘭文第五項参照。
バンタム人が蘭船を妨害した「此意趣者ジヤワ國の大將之弟兩人方ゟ申付致させ申候」とあるが、蘭文には、door inductie en met adsistentie der Engelsen とあって、イギリス人の誘導援助によると見える。

（6）下巻掲載該當蘭文第七項参照。
Cust Coromandel 地方の擾亂で、都は Golconda にありと見える。

（7）下巻掲載該當蘭文第八項参照。
イギリス人が Toncquyn に商館を設けようとする計畫。

（8） 新商館長 Albert Brevincq (24 Oct. 1679～11 Nov. 1680).

商館長 Dircq de Haas (4 Nov. 1678～24 Oct. 1679)
長崎奉行 岡野孫九郎貞明（九月發）、牛込忠左衞門重忞（九月着）
年番通詞 名村八左衞門、中山六左衞門
入津蘭船 四艘

第四十八號 延寶八申年（一六八〇年）風說書 其一

當年罷渡申候新カピタン口上書

一(1)近年佛蘭西國と阿蘭陀國軍仕候處、和睦仕候由、去年八月頃に本國ゟ申越候、

一(2)伊斯波尼亞國と獨逸國と不和に御座候に付、折〻及軍申候由、本國ゟ申越候、

一(3)サラタ國辨柄國此兩國の大將名をモゴルと申候、此者方ゟ使者を以コスト國の大將コロコンタと申者ゟ申遣候者、其方娘此方のよめに取可申候間、銀子四萬貫餘、其上に宜寶物共取揃可遣由申掛候、

一(4)コスト之大將コロコンタと申候者、是は存寄なき使に候、娘之儀者不及申、何にても遣し申事不罷成候と返事致候、然者、其後モゴル方ゟ申候者、左候はゞ軍を仕掛、娘も國も寶も押掛取可申由申

候、就夫、當三月頃、双方人數も揃、軍之用意仕罷在候、其後は如何様とも承り不申候、

一(5)去年申上候ジャワ國之大將相果申候、子供跡目諍ひ、是を追拂弟跡を繼罷在候、然る處に、阿蘭陀ゟ加勢仕、國を取返し、兄方へ遣し申候、弟共者落失申候、其後弟共軍仕掛申候に付、兄方ゟ阿蘭陀方ゑ加勢を頼申候故、去年九月、亦ゝ加勢遣し軍仕、弟家老生捕、兄方へ渡申候、彼者とも兄方ニ而殺しジャワ國治り申候、尤阿蘭陀方にも大勢うたれ申候、

一(6)去年十一月、北京の大將ゟ咬𠺕吧ゑ使者兩人遣申越候者、海邊の國ゝゑ錦舍方ゟ軍を仕掛申候間、阿蘭陀船を遣し加勢申候様にと申越候得共、ゼネラル兎角の返事不仕候故、使者于今咬𠺕吧に逗留仕居候、

一(7)爲商賣阿蘭陀船三艘、福州ゑ如毎年遣し申候筈に御座候、併日本ゑ之船出船仕候迄は、福州ゑ之船者出不申候、

一(8)バンタムゟ當四月頃、咬𠺕吧ゑ使者を以而申越候者、此間者互に色ゝ出入ニ而、中悪敷候得共、此間の野心を御捨、向後は諸事申合候様に頼存候と申越候、其後阿蘭陀方ゟも使者をバンタムゑ遣し申候者、此間色ゝ阿蘭陀方ゑあだをなし候謂れ、一ゝ不屆に候子細申越候得と申遣候、此使者我ゝ出船仕候迄者歸不申候、

古カピタン
あるぶる・ぶれいひん
新カピタン

いさゝき・はん・すけいる(9)

右之趣、貳人之カピタン立合申聞候通、和解差上申候、以上、

七月十五日　　通詞

〔註〕本號の風説書については「華夷變態」、「通航一覽」に收錄されていない。

（1）下卷揭載該當蘭文第一項參照。
蘭文には一六七九年八月十日オランダとフランス國王との間に講和條約が締結され、十月五日に署名されたと記されている。

（2）下卷揭載該當蘭文第一項の後半參照。

（3）下卷揭載該當蘭文第二項參照。
モゴール王がゴルコンダ Golconda 王に王女と寶物とを求めたことを記す。

「サラタ國」は Zouratte「辨柄國」は Bengala「大將名をモゴルと申候」は grooten Mogol である。「コスト國」は Cust Chiomandel. 次に「大將コロコンタと申者ゟ」とあるが、Golconda は王室所在の都市の名にして王の名ではない。

「銀子四萬貫」は蘭文に 4200 tuizend Tail とある。

（4）下卷揭載該當蘭文第二項參照。
ゴルコンダ國王、モゴール王の申出を拒絶して兩者不和となる。

（5）下卷揭載該當蘭文第三項參照。
爪哇の內亂鎭定す。「ジヤワ國」は蘭文には爪哇の東海岸とある。

（6）下卷揭載該當蘭文第四項參照。
淸廷使節二名をバタビヤへ遣わす。「錦舍」は蘭文には臺灣の支那人 Tayouanse Chineesen とある。

ゼネラルは Gouverneur-Generael の Rycklof van Goens を指す。
（7）下卷掲載該當蘭文に見えず。
（8）下卷掲載該當蘭文第五項參照。
　バンタム國オランダ人との和睦を希望する。
（9）新商館長 Isaacq van Schinne (11 Nov. 1680～31 Oct. 1681).

商館長　Albert Brevincq (24 Oct. 1679～11 Nov. 1680)
長崎奉行　牛込忠右衛門重忎（九月發）、川口源右衛門宗恒（八月着）
年番通詞　楢林新右衛門、横山與三左衛門
入津蘭船　四艘

第四十九號　延寶八申年（一六八〇年）風説書　其二

この號、松平家本華夷變態により補う

阿蘭陀人風説

一咬〔嚠〕*吧國之南方バタラムと申國之守護、去ゝ年相果候、男子二人御座候處、兄弟國を論申候、相果申候守護之家老、弟に一身仕、兄と數度軍仕、兄討負申候、然所に兄方ゟ阿蘭陀方へ加勢仕くれ候樣にと賴申候付、加勢を遣し軍仕、阿蘭陀人も大勢討死仕候、弟家老共に生捕候而、兄方に相渡申候へば手討に仕、其以後國も治り申候、

*松・華本においては既に脱落を補ってある

一北京守護方ゟジヤガタラゼネラル方へ、去年十月に使者貳人指越、唐浦〻に錦舍方ゟ兵船を出し、節〻妨仕候間、錦舍を追拂くれ候樣にと申越候へ共、爾今いか樣共返事不仕候付、使者ジヤガタラに逗留仕居申候、

右之通、新カピタン申上候、以上、

申七月廿日　　オランダ通事　楢林新右衛門

第五十號　天和元酉年（一六八一年）風説書

当年罷渡申候新カピタン口上書

一(1)阿蘭陀本國と佛郞西國、暎咭唎國、デイヌマルカ國、獨逸國、波爾杜加兒國、伊斯波尼亞、*ホウル**國、此國〻と年〻軍仕候得共、唯今者何れの國とも矢留仕候御事、

一(2)辨柄國、サラタ國、コスト・コロモンデイル國、此三ヶ國を取居申候守護、世悴に國を讓り候事及延引*候故、世悴方ゟ親を殺し國を取申候手立ニ而、親子**軍最中***仕申候御†事、

一(3)咬𠺕吧近所バンタムと申所の守護と、阿蘭陀人と數年中惡敷御座候而、折〻軍仕候得共、唯今者和睦仕候御*事、

一(4)咬𠺕吧近所に、ハルムバンと申所之守護と、ヤンペと申所之守護と、互に國を奪、去十月時分ゟ軍

* 華本「國」あり
** 華本「カ」

* 華本「に」あり
** 華本「軍」なし
*** 華本「軍」あり
† 華本「御」なし
* 華本「御」なし

仕候處に、ヤンベ之守護軍に討勝申候、此兩國*ゟこせう〔胡椒〕出申候、右之こせう和**蘭陀方に數年買來申候に付、双方爲和睦之、阿蘭陀方ゟ使者を遣し扱申候御事*、

一(5)去秋ハタン人六人被*爲成御言傳候、無事に咬𠺕吧江連越申候處に、右之内二人咬𠺕吧ニ而疱瘡仕相果申候、殘り四人者堅固に居申候、唐人船に言傳遣し申候而者、船中之儀*無心元御座候間**、阿蘭陀方ゟ小船ニ而送り遣し申筈に御座候、〔此*者共、彌呂宋の近所ハタンと申嶋之者ニ而御座候〕に相究申**候御事、

一(6)於咬𠺕吧、阿蘭陀人之惣領ゼネラル役仕候レキロウ・ハン・グウンスと申者、歳*寄申候に付て**、コルネレス・ホ*ウルマンと申者に、ゼネラル役を代り申候、右之レキロウ・ハン・グウンスは本國に罷歸候*筈に御座候御事、

古カピタン
いゝさき・はん・すけいな*
新カピタン
(7)へんでれき・かんせす

右之條々、咬𠺕吧ゟ申越候由に付*、貳人のカピタン申聞候通**、***和解差上申候、以上、

〔酉*〕六月廿三日

通詞** 本木太郎右衞門***
石橋　庄九郎
中山　六左衞門

* 華本「上」
** 華本「阿」
* 華本「御」なし
* 華本「に」
* 華本「も」あり
** 華本「而」
* 華本により「此者共…御座候」を補う
** 華本「り」あり
* 華本「罷」あり
** 華本「に」なし
* 華本「ス」あり
* 華本「申」
* 華本「いゝさき・はん・すけいな」を「いさゝき・はん・すけいる」に作る
** 華本「て」
*** 華本「せ」あり
* 華本「通」なし
* 華本により「酉」を補う
** 華本「阿蘭陀通詞」に作る
*** 華本により通詞名を補う

檜林　新右衛門
名村　八右衛門
横山與三右衛門
本木　庄　太　夫
加福　吉左衛門

〔註〕　本年の風説書については「華夷變態」巻七および「通航一覽」巻二百四十六参照。
（1）　下巻掲載該當蘭文第一項參照。
列記されたヨーロッパの國々の間に一般的講和が締結された。
（2）　下巻掲載該當蘭文第三項參照。
「Mogol 大王とその第三王子との間に激しい戰爭が勃發し、そのため Suratta, Coromandel, Bengal 地方に於て、會社の貿易は相當妨害され、このやうな理由で、本年當地に持渡ったベンガラ生絲は一時非常な高價にて買入れなければならなくなった」とある。
（3）　下巻掲載該當蘭文第二項參照。
「會社と Bantam 國との間に起った悶着は、我が使節を昨年その方面へ派遣したことによって、落着し、再び平穏となった」と見える。
（4）　下巻掲載該當蘭文第四項參照。
「Palimbangh 人と Jamby 人との間に反目戰爭をした。（兩者共に會社の友邦であるが）後者は不利となった。總督閣下は、出來得るならば兩國王を再び和睦させやうと、その方面へ士官の François Tacq なるものを使節として派遣した。その結果は明年聞かれるであらう。」
（5）　下巻掲載該當蘭文第六項參照。

「昨年當地より Cortgeene 號にてバタビヤへ送還した六人の Batan 人の內、二人は疱瘡にて死亡し、他の四人はなほ生存して居る。最も早い機會に、その目的を以て用意された總督の至急便船にて、マニラ諸島の東北側にある彼等の土地へ更に送還されるであらう。」

（6）下卷掲載該當蘭文第五項參照。

「總督 Ryckloff van Goens 閣下は、かねての熱望により本國重役（十七人理事會）により名譽ある重職を解かれ同時に Cornelis Speelman 閣下が再び總督に任命された。」右の更迭は一六八〇年十月二十九日のこと。

（7）新商館長 Hendrick Cansius (31 Oct. 1681~20 Oct. 1682).

商館長　Isaacq van Schinne(11 Nov. 1680~31 Oct. 1681)
長崎奉行　川口源左衞門宗恒（九月發）、宮城監物和充（九月着）
年番通詞　本木庄太夫、石橋庄九郎
入津蘭船　四艘

第五十一號　天和二戌年（一六八二年）風說書

當年罷渡申候新カピタン口上書

一去年申上候通阿蘭陀本國何國共彌矢留仕、唯今者靜謐に御座候由、咬𠺕吧ゟ申越候御事、

一天川住宅之南蠻人共、近年不仕合ニ而商賣仕手立も不罷成、困窮仕罷在候由、及承申候御事、

一咬𠺕吧之近所バンタムと申所の守護、惣領に國を讓り申候を取返*、其弟に取らせ可申由申候に付、惣領承引不仕、互に軍に罷成、惣領方ゟ阿蘭陀江*加勢を頼申候故、阿蘭陀人加勢仕、軍に討勝、右之惣領バンタムの守護罷成*居申候御事、

一去ゝ年、咬𠺕吧江被爲成御言傳〔候*〕ハタン人六人之内、去年貳人疱瘡仕相果申候、又當年一人病死仕、殘三人居申候、然る處*、ハタン詞能存候者他所ゟ參、右之者に相尋させ申候得者、呂宋の近所ラダロン(1)と申嶋の者に相極り申候に付、送り遣申*候**筈に御座候御事、

一ジヤワ人去ゝ年ゟ同士軍仕候得共、唯今者和睦仕候御事、

一咬𠺕吧(2)近所にハルムバンと申所之守護と、ヤンベと申所守護と軍仕候得共、今程者和睦仕候御事、

一去年霜月頃、咬𠺕吧ゟ阿蘭陀船貳艘、爲商賣福州江差遣申*候處に、內壹艘福州江着仕候、今壹艘は大風*逢**、霜月時分廣東江參り少商賣仕、當春貳艘共に咬𠺕吧江歸帆仕候御事、

古カピタン

へんでれき・かんせす*

新カピタン

あんでれいす(3)・けれいる*

通　詞*

右之趣、貳人之カピタン立合申聞候*通、和解差上申候、以上、

戌七月八日

*華本「し」あり
*華本「に」
*華本「に」あり
*華本により補う
*華本「る」なし
*華本「し」あり　**華本「候」なし
*華本「し」あり
*華本「に」あり　**華本「ひ」あり
*華本「花押」あり
*華本「花押」あり
*華本「せ」あり
*華本「通詞」なし

阿蘭陀通詞*　本木太郎右衛門
石橋　助左衛門
中山　六左衛門
楢林　新右衛門
名村　八右衛門
横山與三右衛門
本木　庄太夫
加福　吉左衛門

＊「阿蘭陀通詞」以下華本により補う

〔註〕本年の風說書については「華夷變態」巻八および「通航一覽」巻二百四十六參照。

（1）第五十號の註（5）Batan 人の條參照。
「ラダロン」は呂宋の東方マリアナ諸島中の Ladronen か。

（2）第五十號の註（4）Palimbangh 人と Jamby の爭いの條參照。

（3）新商館長 Andries Cleijer (20 Oct. 1682～8 Nov. 1683).

商館長　Hendrick Cansius (31 Oct. 1681～20 Oct. 1682)
長崎奉行　宮城監物和充（九月發）、川口源左衛門宗恒（九月着）
年番通詞　加福吉左衛門、石橋助左衛門
入津蘭船　四艘

第五十二號　天和三亥年（一六八三年）風說書

當年罷渡申候新カピタン口上書

一咬𠺕吧近所にハルムバンと申所又ヤンベと申所に當三月頃軍仕候、雙方ゟ阿蘭陀方ぇ加勢を賴申候故、船三艘遣し見せ申候得者、ヤンベゟ兵船數艘ハルムバンぇ軍仕掛申候故、阿蘭陀とも*ハルムバン方を*討のけ**、和談仕らせ申候、此兩所者、阿蘭陀商賣仕所ニ而御座候故、右之通***仕候、

一南蠻國の內ポルトガルと申所におゐて、浦〻所〻ニ而船數艘造申候由承り*申候、如何樣之儀にて造申候哉、子細者不奉存候、

一去年申上候通、咬𠺕吧近所バンタムと申處之守護、惣領に國を讓り申候、然る處*に、親心をかへ、次男に國*取らせ可申と仕候故、惣領手前ゟ阿蘭陀ぇ**加勢を賴申候に付、咬𠺕吧ゟ兵船數艘段〻差越、軍を仕掛親之方を責落し、惣領に遣し置*申候、然る**處に、又候***哉親方ゟ軍を†起し申候に付、惣領方ゟ又〻阿蘭陀方ぇ*加勢を賴申候故、去年**十一月頃阿蘭陀方ゟ兵船を遣し、親方を責落し***、惣領方ぇ國を不殘渡し*申候、親降參申候故、右之親を惣領城中に圍み召置、唯今はバンタム靜り申候、

一當五月爲商賣、阿蘭陀船三艘福州廣東ぇ心掛遣申候、

一阿蘭陀本國相替儀無御座候、唯今は近國軍不仕、靜り申候、

* 華本「ど」
* 華本「方」なし
** 華本「のけ」を「退」に作る
*** 華本「に」あり
* 華本「り」なし

* 華本「る」なし
* 華本「を」あり
** 華本「に」
* 華本「召」あり
** 華本「る」なし
*** 華本「候」なし
† 華本「を」なし
* 華本「に」
** 華本「年」なし
*** 華本「し」なし
* 華本「し」なし

古カピタン
　あんでれいす・けれいる
新カピタン[(1)]
　こんすたんてん・らんす
　　通　詞[**]

右之趣[*]、貮人のカピタン立合申聞候通、和解差上申候、以上、
　（亥）[*]六月廿二日

右三通[(2)*]、七月九日、大加賀守より來る、

〔註〕本年の風説書については「華夷變態」巻八および「通航一覧」巻二百四十六參照。
（1）新商館長 Constantin Ranst de Jonge (8 Nov. 1683~28 Oct. 1684).
（2）三通は九番と拾番東寧船の唐人共申口二通と本文である。

* 華本「通」
* 華本により補う
** 華本「通詞」を「阿蘭陀通詞」に作る
* 華本により「右三通」以下を補う

第五十三號　貞享元子年（一六八四年）風説書

商館長　Andries Cleijer (20 Oct. 1682~8 Nov. 1683)
長崎奉行　川口源左衛門宗恒（十月發）、宮城監物和充（九月着）
年番通詞　横山與三右衛門、本木太郎左衛門
入津蘭船　三艘

風説書*

(1)一去年申上候通、バンタムの守護父子軍仕候に付、惣領方ゟ阿蘭陀方江加勢を頼申候故、阿蘭陀方兵*船差*遣し、軍を治め、惣領方利運に仕候處、**其後親方ゟ暎咭唎國江加勢を頼遣し申候に付、當年エゲレス方ゟ兵船貳拾艘餘差越申候故、又阿蘭陀方ゟ大船拾四五艘バンタム江遣し警固仕候、就夫、此エゲレス軍不仕候はゞ、*何國ニ而も阿蘭陀江あだをなし可申と奉存候故、阿蘭陀方ゟ諸國江遣し申候商賣船にも無心元奉存、用心之ため船壹貳艘宛よけい遣*申候、

(2)一廣東口江商賣に參り*申候唐人、咬𠺕吧江參り候而咄し**申候は、高砂近所ヒヤウと申所江ダッタン方ゟ兵船を遣し、高砂を責申候處に、高砂之大將城を明渡、***カボウヂヤの方へ落行申候由、右之唐人咬𠺕吧にて咄し*申候、

(3)一フランス人之醫者、數年シヤム江參り候*處に、シヤム屋形ゟシヤムの內ハンカアリと申所、カチヤンと申所、サアランと申所、此三ヶ所右之醫者江遣し、頭分に成、*諸國ゟ之商賣支配仕候、但フランス人之宗旨は、南蠻人宗旨と同前に*御座候、

(4)一東京國ニ而逆心を起し、數萬人手に付、國王を打捕、我と*王に可罷成と手立を仕候處、**國王ゟ聞付、勢を出、*去年七月逆心之大將**を生捕、死罪に行ひ申候、其外大勢打捕申候由、承り***申候、

(5)一天川に居申候南蠻人方ゟ、バテレン兩人シヤム並に河內、東京、右三ヶ所に使者を以而*進物を遣ひ、商賣之願仕*候、**去年五月阿蘭陀船三艘、廣東江遣し申候處、***右之阿蘭陀人承り†參り†*申候、

(6)一去年シヤム屋形方ゟ北京之大將方江使者を遣し申候、如何樣の儀共、子細者相知れ*不申候、

* 華本に「壹番船阿蘭陀人風説書」とあり
* 華本「ゟ」あり
* 華本「差」なし
** 華本「に」あり
* 華本「はゞ」を「に付」に作る
* 華本「し」あり
* 華本「り」なし
** 華本「し」なし
* 華本「け」あり
** 華本「し」あり
* 華本「し」なし
* 華本「參り候」を「參申候」に作る
* 華本「し」あり
* 華本「と」なし
* 華本「を」
** 華本「に」あり
* 華本「し」あり
** 華本「に」あり
*** 華本「り」なし
* 華本「而」なし
* 華本「ひ」あり
** 華本「由」あり
*** 華本「に」あり
† 華本「り」なし
†* 華本「り」なし
* 華本「れ」なし

一デ(7)ヌマロカ*と申所の國主**の子を、エゲレス國主***の姪聟に仕候、

一咬(8)𠺕吧ゼネラル、コルネレス・スホウルマン去年霜月病歿*仕候に付、ヨワノス・カンプイシと申者、右之代ゼネラルに罷成申候、

古カピタン
こんすたんてん・らんす

今度*、ジヤガタラゟ參申候新カピタン、ヤン・ベッスルマン、船中ニ而病死仕候に付、古例之通、ヘトル役之者、カピタン相勤候、

新カピタン
へ(9)んでれき・はん・ぶいとのむ

右之趣、貳人之カピタン立合申聞候*通、和解差上申候、以上、

〔子〕*七月十四日　　　　通　詞**

右*一通、甲子八月二日、大久保加賀守より來る、

* 華本「デヌマロカ」を「デイヌマルカ」に作る
** 華本「守」
*** 華本「守」
* 華本「死」
* 華本により「今度」以下二行を補う
* 華本「せ」あり
* 華本により「子」を補う
** 華本「通詞」を「阿蘭陀通詞共」に作る
* 華本により「右一通」以下を補う

〔註〕本年の風説書については「華夷變態」卷九參照。

（1）下卷掲載該當蘭文第一項及び第九項參照。

「Palimbangh と爪哇間の確執は司令官 Willem Hartsinck 麾下の四隻の戰艦の派遣により平穩化し滿足させられた。」（第一項）

「日本で昨年取引の時の商館長であった Andries Cleijer 君は、彼のバタビヤ歸着と共に、總督閣下及び印度參事會員へ次のやうに報告した。即ち全通詞並に乙名は奉行川口源左衛門様と宮城監物様の名によ

つて、彼の出發に當り次のやうに語つた（日本の流儀であるが）。それは今年は船の隻數を減少してはならず、寧ろ更に多數を當方に送ることを懇望し、並に上記の奉行は出來る限り援助することを約束した。そこで、總督閣下は、奉行の言葉を信用し、全面的信頼を與へ、今年は五隻の船を、以前の數年よりも遙かに多額の資本を積んで、當方へ送るのが適當であると考へてこのやうにした。又彼の懇望にもとづいて多量の胡椒を送つた。」（第九項）

本年蘭船の數の多い理由は蘭文と邦文との間に大きな相違がある。これは恐らく蘭文のまゝ和譯しては奉行はじめ役人の責任を問はれることを恐れたからである。

（2）下卷掲載該當蘭文第三項參照。

「澎湖島は韃靼人（淸人）によつて征服され、（彼等は）勢に乘じて臺灣全島の主となつた」とあり、天和三年七月二十七日鄭克塽が歸降し、淸朝が臺灣を平定したことをいう。カボウヂャ即ち Cambodja へ落ちて行ったとの風聞は事實ではない。

（3）下卷掲載該當蘭文第五項參照。

「シャム國は、その醫師の一人であるフランス人 Kadiangh Saly を Bengary の長官に任命し、外國商人は好むまゝに取引することを許した。」

（4）下卷掲載該當蘭文第六項參照。

「東京では、僞皇帝の擁立により大紛亂が起り、僞皇帝は約三四千名を味方に引入れ、その爲に、國都の治安のため守備してゐた國王の代官の兵によつて、この僞皇帝及び一味の叛徒を捕へ、全滅させて放逐した。」

（5）下卷掲載該當蘭文第七項參照。

「マカオ居住のポルトガル人は、二人の宣教師を使節として、一名は暹邏へ、他の一名は東京と廣南へ派遣した。その目的は、これ等諸國と舊交を復し、貿易を再開しやうとするためである。」

（6）下卷掲載該當蘭文第四項參照。

「暹羅國は使節を北京宮廷に派遣したが、その理由を聞いてゐない。」

（7）下卷掲載該當蘭文第八項參照。

「デンマルク皇太子はヨルク公の末女と結婚し、イギリスの地に居住した。」

（8）下卷掲載該當蘭文第二項參照。

「總督 Cornelis Speelman 閣下が死去し、同地位には Johannes Camphuijs 君が選任された。」

カムプハイスは一六三四年七月十八日ハーレムに生れ、一六七一年、一六七三年、一六七五年の三度出島の商館長として日本に來朝した。一六八四年一月十一日總督に選任された。

（9）新商館長 Hendrick van Buijtenhem (28 Oct. 1684～18 Oct. 1685).

商館長　Constantin Ranst de Jonge (8 Nov. 1683～28 Oct. 1684)
長崎奉行　宮城監物和充（九月發）、川口源左衞門宗恒（九月着）
年番通詞　加福吉左衞門、楢林新右衞門
入津蘭船　五艘

〔參考史料　其一〕　貞享元子年（一六八四年）

華夷變態卷九より採錄

拾三番咬𠺕吧船之唐人共申口

一咬𠺕吧之儀、別に相替儀無御座候、惣而阿蘭陀人儀、諸事之様子、他國之者不申聞風俗ニ而御座候

に付、何事も唐人共存不申候、

一咬𠺕吧之城代之阿蘭陀三人御座候、大王二王三王と申候、大王儀を、ゼネラアルと申由に御座候、然處にゼネラアル事、去年十一月九日に、病死被仕候、同日二王も病死ニ而御座候に付、右之三王は、則當年二王に成被申候、又大王跡は、右三人之頭之次、ビッチヤラアと申、國家之評定にも加り申者、五六人御座候、此內一人別而德有之者ニ而、其身之行跡も、能御座候に付、ゼネラアル本國江之遺言にも、此者城代に被仰付、御尤之由申置候、其上阿蘭陀之諸役人も、此者、城代可然段、本國へ申遣候由ニ而御座〔候〕*間、定而無別條、右之ビッチヤラカ(ア)、則ゼネラアルに成可被申と諸人申候、ビッチヤラアを、ヘスッと被申之由に御座候、ケ樣之儀共は承申候、阿蘭陀人も、今程はジヤワ國之內、大形取敷、手に入申候にゟ、威勢もつよく御座候、

一當三月末に、エゲレス船二艘、ジヤガタラへ參申候、乍去阿蘭陀人、いか樣に存申候か、二艘共に商賣ゆるし不申候、挨拶は例年之通に相見へ申候、商賣仕不申候事之子細は、唐人方に少被存不申候、其外は相替儀も無御座候、今度ジヤガタラ出し唐船は、三艘ニ而御座候、內一艘は、私共船ゟ先、四月十二日に出し申候、是は廣東江寄せ申候而、御當地江參筈御座候間、廣東出しと可申上候、今壹艘は、私出船之跡に、彼地を出し申筈に御座候、定而間もなく、入津仕可申候、尤於洋中に、何船にも逢不申候、咬𠺕吧ゟ直に御當地へ入津仕候、此外には申上儀無御座候、

子七月十九日　　唐通事

＊華本において脱落を補う

〔参考史料　其二〕　貞享元子年（一六八四年）

華夷變態巻九より採録

貳拾壹番咬𠺕吧船之唐人共申口

一私共船之儀、咬𠺕吧出し船ニ而、何國ゟも船寄せ不申、直に日本ゟ趣申に付、大清幷に東寧、廣東之様子、於咬𠺕吧に少風聞承申候迄ニ而、委細之儀は、存不申候、先船に段〻入津仕申候厦門船、廣東船共、様子可申上候、

一咬𠺕吧之様子は、別に相替儀も無御座候、先達入津仕申候拾三番、拾六番咬𠺕吧出し船ゟ申上候段、相違無御座候、乍去私共船、彼地出船前に、ヱゲレス船貳艘、入津仕申候、商賣物も積罷在候、然共オランダ人方ゟ商賣ゆるし不申、ヱゲレス人斗陸ゟ上げ置申候、此段は先船に可申上與奉存候、右商賣ゆるし不申候意趣は、咬𠺕吧之内萬丹と申所、元はヱゲレス人致在居、支配仕申候所ニ而御座候を、オランダ人方ゟ打取、ヱゲレス人追拂申候、此段も去〻年ゟ之儀ニ而、去年も咬𠺕吧出し船ゟ申上候通に御座候、此意趣に付、今度も商船と名付、先案内見之ため、右之貳艘指越申候と、脇説に承申候、本國ゟ今明年之内に、船三拾艘ほど差越、ジヤガタラを攻申筈之説も御座候、此段もオランダ人も沙汰仕不申、尤ヱゲレス人も不申候得共、唐人之内に少〻左様之様子共、存者御座候而、唐人ゟ之隱密咄に仕申候、依夫オランダ人も油斷仕不申、右之通、先貳艘之船商賣はゆるし

不申候得共、手廣く人共は陸ゟ上げ申候、如何樣內證は存申たるニ而可有御座候、右貳艘之船にも、オランダ人方ゟ、稠敷番船數附け置申候、追付追返し申筈とも申候、右ヱゲレス人意趣をふくみ、咬𠺕吧攻可申との儀は、先船には不存儀も可有御座候、私共はヱゲレスよりの唐人に好み之者も有之に付、略內證承申候、

一今度、御當地ゟ罷渡り申候とて、五月六日に咬𠺕吧出船仕申候處に、海上順風無之、洋中に流浪仕罷在候得者、不慮に六月廿九日に、東北之大風に逢、梶を波に被折、帆柱を切り捨、いかりを梶之代に仕、梶所ゟさげ、漸木綿帆をかけ、十死一生之躰ニ而、風にまかせ無十方罷在候處に、仕合能薩摩ゟ致漂着、一船之露命助り申候、右之仕合に付、船之艫も少ひらき、船底より水も大分入申候、尤於洋中に砂糖大分に捨、其上船底ゟ水入申により、船底之砂糖流れすたりも大分ニ而御座候、當年之渡海之難、委細者不得申上候、於洋中何船にも逢不申候、右之外別に相替申儀は無御座候、

右之通、唐人共申に付、書付差上げ申候、以上、

子八月十六日　　唐通事共

〔參考史料　其三〕　貞享元子年（一六八四年）

口上

一當年、阿蘭陀先船貳艘連ニ而、ジヤガタラ、五月廿三日に出船仕、五十一日振り、七月十四日に長崎ゟ入津仕候、海上順風無御座候故、例年ゟ洋中十四五日程、日數多く掛り、今年者、着船少延引仕候、跡船者海上之儀に候得ば、おくれ、一日には入津難成、追〻着津仕候、近年は大形五月下旬、ジヤガタラ出船仕候、併諸方ゟ荷物ジヤガタラへ遲く參申候得ば、六月に掛け出船仕儀も御座候、右之通、カピタン申上候間、和解差上げ申候、以上、

子八月十六日　阿蘭陀通詞共

右三通(1)、九月七日、於殿中戸田山城守相渡さる、

〔註〕

（1）1貳拾壹番咬𠺕吧船之唐人共申口
2在津之唐船貳拾壹艘船頭共ゟ累年ゟ遲く入津仕候樣子承候口上之覺
3口上

第五十四號　貞享二丑年（一六八五年）風説書

風説書

一去年(1)ゟトロコ之國とドイチ國と軍仕候處に、トロコ之國之內方〻ドイチ人方ゟ打取申候、至唯今迄軍寂中仕候由、阿蘭陀本國〔ゟ〕*咬𠺕吧ゟ申來候、

＊華本により補う

一(2)佛朗西國之頭ゟ阿蘭陀國之頭江申越候者、此以後貳拾年之間、軍之矢留可仕候、縱貳拾年之内別國と軍仕候共、互に申合助勢可仕旨申定候由、阿蘭陀本國ゟ咬𠺕吧江申來候、

一(3)去年フランス國之頭ゟイスパンヤ國の頭方江申遣し候者、互に軍可仕由爲案内之使者を遣し申候、如何樣之起ニ而御座候哉、其後承り*および不申候由、阿蘭陀本國ゟ咬𠺕吧江申來候、

一(4)去年十一月頃、爲商賣阿蘭陀船咬𠺕吧ゟ廣東江遣し申候處に、唐人バ*ハン船に逢、數艘ニ而取掛申候*に付、打靜可申と奉存候得共、後日**唐人日本江參上、却而如何樣可申上哉と存候故、手向ひ不仕打過申候。

一(5)天川に居申候南蠻人江、本國ポルトガルの守護ゟ申付候迚、天川ニ而去年使者を拵、本國頭ゟ之書狀並進物を相添、シヤム屋形江遣、使者申候者、日本ニ而之商賣事*之才覺を賴申度ため差越申候間、何卒罷成候樣にと達而申候得共、シヤム之頭承引不仕候由、承り及申候、

一(6)先年コクセンヤと阿蘭陀人と軍仕候時分、阿蘭陀人拾壹人生捕、東寧に數年召置申候處に、唯今者東寧ダツ人の手に入候に付、右之阿蘭陀拾壹人ダツ方ゟシヤム迄送屆申候、則シヤムゟ咬𠺕吧江差越申候、

一(7)去年阿蘭陀船大明之内アイムイと申所江商賣に差遣し申候處、南蠻人彼地江罷在、さゝわり申候に付、商賣事罷成不申候、

古*カピタン

一(8)去年ダツ之頭、人數七萬人程召連、爲見分南京江罷越候由承申候、其後何たる沙汰承り不申候、

*華本「其段」に作る
*華本「之」あり
*華本「候」なし
** 華本「に」あり
*華本「事」なし
*華本「オランダ」あり

へんでれき・はん・ふ*いとのむ
新*カピタン
(9)あんでれ〔い*〕す・けれいる
通詞

右之趣、貮人之カピタン申聞〔せ**〕候通、和解差上申候、以上、
〔丑*〕七月廿七日

右十通(10)*、八月十四日、阿部豊後守ゟ來る、

* 華本「ぶ」
* 華本「同」あり
* 華本により「い」を補う
* 華本「立合」あり
** 華本により補う
* 華本により補う
* 華本により「右十通」以下を補う

〔註〕本年の風説書については「華夷變態」巻十參照。

(1) 下巻掲載該當蘭文第五項參照。
「ドイツ皇帝はポーランド國の援助を得てトルコを攻撃し、モスコウ人〔露國〕もまた同國に對し宣戰した。」

(2) 下巻掲載該當蘭文第四項參照。
「我が國はフランス國と二十年間休戰條約を結んだ。」

(3) 下巻掲載該當蘭文第六項參照。
「フランス國はイスパニヤに對し宣戰した。」

(4) 下巻掲載該當蘭文第一項參照。
「支那海賊（Chineese rovers 卽ちバハン）は Leeuwenson 君麾下の我が艦隊に、昨年 Averelles 岬附近にて敵對行爲を敢て示した。」

(5) 下巻掲載該當蘭文第二項參照。
「昨年マカヲよりシヤムに遣はされたポルトガル使節は、同國に書翰並に贈物を呈し、彼等が日本へ再び渡航出來るやうに要請したが、同國は拒絶した。よつて何等得るところなくマカヲに歸還するのを見た。」

（6）下卷掲載該當蘭文第八項參照。

「臺灣の韃靼提督は、シャム經由バタビヤへ、我が十一人の捕虜を送り、外に臺灣の平定を傳へた書翰を總督へ贈つた。」

（7）下卷掲載該當蘭文第七項參照。

「韃靼人は昨年厦門に於て、我が艦隊の一隻を拿捕し、ポルトガル人は、同地に於ける我が貿易を妨げるため、大きな支障を與へた。」

（8）下卷掲載該當蘭文第三項參照。

「韃靼皇帝は昨年七萬の兵を率ゐて南京に入つた。」

（9）新商館長　Andries Cleijer (17 Oct. 1685~5 Nov. 1686).

（10）「右十通」は「華夷變態」卷十所載の「四拾番寧波船之唐人共申口」から「風説書」までを指す。

第五十五號　貞享三寅年（一六八六年）風說書　其一

商館長　Hendrick van Buijtenhem (28 Oct. 1684~18 Oct. 1685)

長崎奉行　川口源左衞門宗恒（十月發）、宮城監物和充（九月着）

年番通詞　本木庄太夫、石橋庄九郎

入津蘭船　四艘

風說書

(1)
一當三月頃、天川地之唐人共、咬𠺕吧ゟ爲商賣小船壹艘仕立參り*、少〻商賣仕、彼地致出帆**候處***、バンタム前之嶋ニ而破損仕候、其乗組申候天川人四拾九人、咬𠺕吧ゟ小船ニ而天川ゑ送遣申候、

(2)
一フランス國の民阿蘭陀同宗之者數萬御座候處に、バテレン宗に*可罷成候、於無左者**、家財を取上***、曲*事に可申付旨**、制札を立申候に付、此段承、缺落仕候處に、其者共をとらへ、拷問又は死罪に行ひ申候に付、大勢之者共、阿蘭陀國又は他國*様〻**に缺落仕候、年寄又は***行歩不叶者、又者幼少之者共殘居*申候を取らへ、籠舍申付糺明仕候由、本國ゟ申來候、

(3)
一ヱゲレス國の守護相果申候處に、其弟ヱゲレス之守護に罷成申候、然る*處に、先守護之下腹の子御座候、ヱゲレス國の内スコツトと申所ゟ手つかい仕、加勢を催し、伯父と軍仕候得共、不勢故討負殺*申候、

(4)
一ヱゲレス人者、惣而阿蘭陀同宗ニ而御座候處*、今度守護に立申候弟の妻は、イスパンヤ國の守護之娘ニ而、數年嫁仕罷在候故、女房之進めニ而、バテレン宗旨*に罷成申候に付、所之者共**も同宗門に可仕と申候得共、國中承*引不仕候由、本國ゟ申來候、

(5)
一當三月頃、フランス國ゟシヤムゑ使者船貳艘差越申候子細者、フランス人先年ゟシヤムゑ*罷在候處に、シヤム屋形ゟ大役を申付、懇に仕候に付、今度使者に大分之進物を爲持送*申候、其船にバテレン五六人乗せ、*シヤムゑ召置**、使者は罷歸***申候、以後は宗旨廣め爲申候†様に及承申候、

(6)
一四月初頃、マカサルゟ咬𠺕吧ゑ申來候者、ロソンに數年住宅之イスパン〔ヤ〕*人共ロソン之地之者共をキリシタン宗門に進め申候、キリシタンに成申候者共も御座候、キリシタンに成不申者共大勢、

＊華本「り」なし
＊＊華本「歸」
＊＊＊華本「に」あり
＊華本「旨」あり
＊＊華本「に」あり
＊＊＊華本「げ」あり
＊華本「其上」あり
＊＊華本「之」あり
＊華本「之」あり
＊＊華本「ゝ」なし
＊＊＊華本「又は」なし
＊華本「り」あり
＊＊華本「る」なし
＊華本「され」あり
＊華本「に」あり
＊＊華本「門」
＊＊華本「跡」
＊華本「之者」あり
＊華本「に」
＊＊華本「り」あり
＊＊＊華本「シヤムゑ指遣し、其バテレンは」あり
＊＊華本「に」
＊＊＊華本「り」あり
†華本「之」
＊華本により「ヤ」を補う

* 華本「之」あり
* 華本「に」あり
** 華本「に」
* 華本「る」なし
** 華本「地」に作る
* 華本「方」なし
** 華本「め」あり
* 華本「以上」あり
* 華本「阿蘭陀古カピタン」とあり
* 華本「同新カピタン」とあり
* 華本「立合」あり
** 華本「せ」あり
*** 華本「げ」あり
* 華本「寅七月十二日」と新カピタンの上段にあり
** 華本「阿蘭陀通詞共」とあり
* 華本により「右二通」以下を補う

他國*江立のき申候由申來候、

一當(7)二月シャム*屋形ゟ咬𠺕吧ゼネラル江**使者を差越申候、其子細者、ヤンベと申所とハルムハンと申所と近年軍仕候、然る*處に、ハルムハンゟシャム江加勢を頼申候、此兩所之儀者、**咬𠺕吧近所の儀に候得者、様子承度由ニ而、使者を差越申候、ゼネラル方*ゟ申候者双方軍扱靜**申候と返事仕候に付、委細承届、使者シャム江罷歸申候、*

古カピタン*
あんでれいす・けれいる
新カピタン*
(8)こんすたんてん・らんす

右之趣、貳人之カピタン*申聞**候通、和解差上***申候、以上、

七月十二日* 通　詞**

右*二通、寅七月廿七日、阿部豊後守ゟ來る、

〔註〕本年の風説書については「華夷變態」巻十一および「通航一覧」巻之二百四十七參照。

（1）下巻掲載該當蘭文第一項參照。
「天川地之唐人共」は Maccauw の Portugesen とある。通詞の聽き誤りか、それともわざとポルトガル人とあるのを唐人と改めたか。「バンタム前之嶋」は蘭文にはこの場所は明示されていない。Bantam 附近の島か。「天川人四十九人」とあるのは蘭文の方にはポルトガル人五十人とある。

（2）下巻掲載該當蘭文第二項參照。フランスの新教徒迫害の記事だが、蘭文は簡單である。

（3）下卷掲載該當蘭文第三項參照。王弟は Jacob（ヨーク公）、先王の庶子は Duc de Maumoet（モンマス公）とある。チャールズ二世の在世中から王位繼承に關して、舊教信者である王弟ヨーク公の相續權を否認し王の庶子モンマス公を擁立しようとするホイッグ黨と、王の意志を尊重して王弟の相續權を認めようとするトーリー黨と對立したが、王の歿後（一六八五年）トーリー黨が多數を制し、王弟が迎立せられてジェームズ二世 James II と稱した。スコットは Scotland であろうが蘭文にこのことは見えない。

（4）蘭文には見當らない。「通航一覽」卷之二百四十七所收の貞享三年の風說書では、この一項のみがある。

（5）下卷掲載該當蘭文第四項によれば、「バテレン五六人」中にはイエズス會宣教師 Guy de Tachard(1651. 4. 27～1712. 10. 21）がいた。かれは佛帝ルイ十四世が一六八五年シャムに派遣した使節 De Chaumont に從って同國に入り、布教のかたわら王室と接近して歐洲學術の紹介に努め、一旦歸國して一六八七―八年にわたり再度入國し旅行記とシャムの政治、社會、風俗、動植物などについて詳細に記した書物を著わした。

（6）下卷掲載該當蘭文第六項參照。マカサルは Maccasaren ロソンは呂宋にて Menilhes と見える。

（7）下卷掲載該當蘭文第五項參照。シャム屋形は Coninck van Siam 咬𠺕吧ゼネラルは、Gouverneur-Generael Joannes Camphuys である。ヤンベは Coninck van Jambi ハルムハンは Coninck van Palimbang と蘭文に見える。

（8）新商館長 Constantin Ranst de Jonge (5 Nov. 1686～25 Oct. 1687).

商館長　Andries Cleijer (17 Oct. 1685～5 Nov. 1686)
長崎奉行　宮城監物和充（九月發）、川口源左衞門宗恒（九月着）
年番通詞　楢林新右衞門、中山六左衞門
入津蘭船　四艘

第五十六號　貞享三寅年（一六八六年）風説書　其二

この號、華夷變態巻十一より補う

謹而御訴訟

一御代〻阿蘭陀儀者、日本商賣被爲成御赦免、難有奉存候、數拾年日本を奉頼、遠國ゟ爲商賣大船ニ而渡海仕候、然處に去年ゟ、惣賣高金五萬兩分被仰付、奉相守候、就夫船中幷當御地在留中、諸事雑用銀、凡千五百貫目程之儀に御座候に付、右之賣高金ニ而は、何共こんぱにや相續難仕御座候、其上去秋歸帆之阿蘭陀船壹艘、大分之荷物を積、破損仕候に付、彌こんぱにや困窮仕候御事、

一賣殘り代物、積戻申候様にと被仰出奉畏候、併先年ゟ阿蘭陀儀は、日本之御影を以、異國諸方に大船を差遣し、代物を買調積渡り、又日本ニ而諸色買物仕、其餘慶を以、こんぱにや大勢之人數を育申候に付、累年不相替、荷物積來申候處に、去年ゟ賣高金五萬兩に被仰付、彌以こんぱにや續兼、迷惑に奉存候御事、

一乍恐奉願候は、右積戻り申荷物之儀、御憐愍之御加被遊、日本諸色と代物替に被爲仰付被下候はゞ、難有可奉存候、左様無御座候得者、こんぱにや差當り難儀仕候に付、不顧恐御訴訟申上候、哀從御慈悲之御上、被爲聞召分、可然様に被仰付被下候ば、偏難有辱可奉存候、以上、

古カピタン　あんでれいす・けれいる
新カピタン　こんすたんてん・らんす

寅七月廿九日

進上
御奉行所様

右之趣、貳人之カピタン御訴訟申上候通、和解差上申候、以上、

通詞　加福　吉左衛門
同　本木　庄太夫
同　横山與三右衛門
同　楢林　新右衛門
同　中山　六左衛門
同　石橋　助左衛門
同　本木太郎右衛門
同　横山　又右衛門

第五十七號　貞享四卯年（一六八七年）風説書　其一

風説書*

一去年(1)モウル國の將軍ゟコストの國江大軍を遣し、城を取まき申候處*、コストの守護ゟ、モウル國の守護江金銀を出し致降參候に付、和睦仕候、

一當年(2)咬𠺕吧*之近所アラカンと申所の守護不行儀**御座候に付、家老共相談の上を以殺***其弟拾四歳に罷成候を*取立申候、

一去年(3)十二月頃ヱゲレス人共、ワスコスと申國の守護に參り*候而申候者、近所の國々ゟ、此國を奪取可申手立仕候由及承申候、又阿蘭陀方ゟも心懸申候様に承および候と談奏申、ヱゲレス一手ニ而、ワスコスと商賣可手立仕候由、咬𠺕吧江申來候、

一當年(4)正月頃ゟ、コストの國大ひでりニ而、青草もはへ不申、數萬人飢死仕候由、咬𠺕吧江申來候、

一去年(5)南蠻人船に、シャム屋形ゟ使者を三人乘せ、壹人はフランス國*、壹人はヱゲレス國江、壹人は波爾杜加兒國江遣し申候由*ニ而、ゴワ國江寄せ、夫ゟ出船仕カアプと申近所、アンガウラ**と申所にて破損仕候、人*は大方たすかり申候故**、カアプゟ咬𠺕吧江申越候、

一去年(6)十一月頃、ハルムハンと申所の守護、兵船百艘程造り、武道具を用意仕、近國ヤンベと申所江

* 華本「カピタン風説書」に作る
* 華本「に」あり
* 華本「シャム」
** 華本「に」あり
*** 華本「し」あり
* 華本「守護に」あり
* 華本「り」なし
* 華本「江」あり
* 華本「候」なし
** 華本「コ」
* 華本「へ」
** 華本「由」

軍に参る覺悟仕候由、咬𠺕吧江申來候、取掛*申候**儀者未知れ不申候、此ハルムハンにも阿蘭陀人爲商賣居所御座候、

一(7)去年ゟモウル國の掛*の川筋の浦ミ江、エゲレス船乗入、浦ミに居申**商賣船を數艘取申候由、辨柄國ゟ咬𠺕吧江申來り*候子細、**辨柄國幷近所之國江、商賣の訴訟仕候得共、免し不申候故、右之通***仕候由申來候、

一(8)當二月に*咬𠺕吧近所の在ミ江、山賊共數度おしかけ、百姓共を大勢打殺、**財寶を取申候に付、阿蘭〔陀〕*人方ゟ多勢を出し、山狩を仕、盗人共貳百人餘打殺**申候、殘り者***方ミ江迯申候、

一(9)去年北京の帝王江、咬𠺕吧阿蘭陀人ゟ爲商賣使者を遣し、北京に少ミ阿蘭陀人召置申候所を望申候得共、居所之儀者免し不申、使者に馳走仕、其上商賣致させ歸し申候、以上、*

古カピタン*
こんすたんてん・らんす
新カピタン*
(10)へんでれき・はん・ふいとのむ
通詞〔共〕**

右之趣貳人のカピタン申聞候通、和解差上申候、以上、*
〔卯〕*七月廿日

右壹通、*八月五日、大加賀守ゟ來る、

〔註〕本年の風説書については「華夷變態」巻十三および「通航一覧」巻二百四十七参照。

*華本「け」あり
**華本「候」なし
*華本「り」あり
**華本「候」あり
*華本「り」なし
**華本「は」あり
***華本「に」あり
*華本「に」なし
**華本「し」あり
*華本により「陀」を補う
**華本「し」あり
***華本「の」あり
*華本により「以上」を補う
*華本「阿蘭陀古カピタン」とあり
*華本「同新カピタン」とあり
*華本に「右之趣……以上」なし
*華本により補う
**華本により補う
*華本により「右壹通」以下補う

（1）下卷掲載該當蘭文第一項參照。
印度のモウル國 Groot Mogol とコスト國 Golkenda との戰爭。
（2）下卷掲載該當蘭文第二項參照。
シャムの北西に當る Aracan の事情。
（3）下卷掲載該當蘭文第三項參照。
スマトラの西海岸ワスコス Westcust van Sumatra とイギリスとの關係。
「近所の國〻」とあるは蘭文によれば Indrapoera の王。
（4）下卷掲載該當蘭文第四項參照。
コスト卽ち印度の東海岸地方 Cust Cormandel の飢饉。
（5）下卷掲載該當蘭文第五項參照。
Siam 國使節ポルトガル船に乘り、フランス國 Vranckryck エゲレス國 Engeland 及びポルトガル國 Portugaal へ遣わされた。但し蘭文には Goa を經由してカアプ Caap 喜望峯の附近アンガウラ（Algoa 灣か）にて遭難したことは見えない。
（6）下卷掲載該當蘭文第六項參照。
ハルムハン Palimbanger とヤムベ Jamby との紛爭、兩地共にスマトラにある。
（7）下卷掲載該當蘭文第七項參照。
Bengal に於てイギリス船がモール船を拿捕す。
（8）下卷掲載該當蘭文第八項參照。バタビヤ附近の山賊 Schelmen 討伐。
（9）下卷掲載該當蘭文第九項參照。
東インド總督 Johannes Camphuys が一六八六年に淸朝に派遣した特使 Vicent Paets 等は福州から陸路により北京に入り、七月に康熙帝に謁し、總督の書簡と贈物を捧呈し、帝の返書を得て、今後福州において五年に一回貿易することを認められ翌一六八七年三月バタビヤに歸着した。

（10）　新商館長 Hendrick van Buijtenhem (25 Oct. 1687～13 Oct. 1688).

商館長　Constantin Ranst de Jonge (5 Nov. 1686～25 Oct. 1687)

長崎奉行　川口源左衞門宗恒（十二月發）、大澤左兵衞基哲（正月着、五月死去）、山岡十兵衞景助（七月着）、宮城主殿和澄（十二月着）

年番通詞　横山與三右衞門、本木太郎左衞門

入津蘭船　三艘

第五十八號　貞享四卯年（一六八七年）風說書　其二

この號、華夷變態卷十三より補う

風　說

一去年五月比ジヤガタラ𛁈北京ゟ使者を遣し願申候は、阿蘭陀人彼地にて年〻商事仕度存候、尤北京之内に住所をも望申候處、居宅之儀者不相叶へ、商事は免じ申候而、使者を致馳走、ジヤガタラへ差戻し申候、

一北京ゟ差遣候使者に、小頭役之オランダ人相添申候、此小頭壹人幷同下人十二人は使者北京〔𛁈〕*罷歸候刻、彼地ゟ殘し置申候、然處南蠻國𛁈北京へ罷在申バテレン共に遣申候書狀、其紙面に其方共事、北京之首尾次第に日本ゟ可參候、勿論衣類躰も唐人之下人之形にまなび可罷渡る候、日本之

*華本において脱落を補う

樣子潛に見計、委曲可申越候、依其返事、南蠻國ゟ日本へ船を可差越候、且又此南蠻書狀は右北京ゐ殘し置候オランダ小頭、才覺を以紙面を書寫し、右之使者北京を罷立候、跡ゟ追掛差遣候由にて、使者ジヤガタラへ持參、ゼネラルへ見せ申候、右バテレンども若日本ゐ渡り居申儀も可有御座哉と、早〻申上候樣にと、ゼネラル申付候御事、

一右のバテレン共、第一天文學幷諸國之口、又日本言葉も能存知候由、北京ゟ申來候御事、

右之通、實不實之儀は不奉存候へども、早〻可申上之旨、ゼネラル申付候之故、書付指上げ申候、以上、

卯七月廿二日

古カピタン　こんすたんてん・らんすと

新カピタン　へんでれき・はん・ぶいとのむ

右之趣、貳人之カピタン密に申上候に付、我〻和解差上げ申候、

本木　庄太夫

横山與三右衞門

加福　吉左衞門

右三通、八月十五日、大久保加賀守ゟ來、(1)

〔註〕

(1) 右三通とは、「華夷變態」卷十三に掲載の「百六番福州船之唐人共申口」「百七番暹羅船之唐人共申口」「風說」を指す。

*華本「さらだ國」
**華本「り」あり
*華本「り」なし
*華本「咬𠺕吧」を「じやがたら」に作る以下同じ
**華本「る」なし
***華本「賊」
*華本「り」なし
*華本「候」なし
*華本「を」あり
**華本「へ」あり

第五十九號　元祿元辰年（一六八八年）風説書　其一

風説書

一（1）ヱゲレス國ゟ、兵船を四拾艘程、武具幷石火矢數多用意仕、且多國*幷辨柄國江差遣し申候、軍初**申儀者、未承り*不申候、

一（2）咬𠺕吧*近所タルナアタと申所江、阿蘭陀船爲商賣罷越居申候、然る處**にヱゲレス國の海戰***船壹艘に百人程乘組、同所江參り*、右之阿蘭陀船を海賊共取可申と仕候得共、阿蘭陀人强く手向ひ仕、海賊共を追出申候、

一（3）ヱゲレス國の海賊船、廣東の近所江船をかけ置、唐船を待請、唐船の荷物を奪取、船人者差免し申候*由に御座候、

一（4）ヱゲレス國幷フランス國にも兵船*數艘用意仕申候由、阿蘭陀國江相聞**申候に付、若右兩國ゟ阿蘭陀江軍を仕掛申儀も可有御座かと存、阿蘭陀國にて兵船數艘用意仕置申候、右之通阿蘭陀本國ゟ咬𠺕吧江申來候、

一（5）辨柄國コストコロモンデイルと申所の者共友軍仕候、國中兵亂故、耕作等も不罷成、大方及飢死申躰に御座候、

一(6)シヤム國の近所に、ヱゲレス國の海賊共、唐船を相待、荷物を奪取申候上、唐人船頭を捕へ、銀子可有之候間、出し可申*由申掛、打擲いたし、銀子無之由申候所に船頭を殺し申候、乗合之唐人共不殘陸江揚、唐船者燒*わり申候由に御座候、

一(7)マロカと申所ゟ、唐船シヤム江參り*申候處**、ヱゲレス人、海上ニ而奪ひ取申候***由に御座候、

一(8)咬𠺕吧隣國ハンタムと申所之國主、去冬相果申候、本腹之子下腹之子、國を諍ひ申候、然る處*に、國中之者共下腹之方江、相續可仕と致候故、本腹方ゟ阿蘭陀人を頼申候に付、阿蘭陀人中に立、扱を以本腹方江相續仕候、

一(9)咬𠺕吧近所ヤンベと申所江、同近所マネカアブと申所ゟ軍を仕掛申候、然る*處に阿蘭陀方江ヤンベゟ加勢を乞申候に付、阿蘭陀人一身仕、マネカアブ之者共追拂、ヤンベ國の利運に罷成候*、

一(10)當年阿蘭陀船咬𠺕吧ゟ貳艘、シヤムゟ壹艘以上三艘參り*申筈之內、咬𠺕吧出しは**、貳艘共に入津仕候、シヤム出し壹艘者、風不順故おくれ申候、〔以上、〕*

古カピタン*
へんでれき・はん・ふいとのむ
新カピタン*
(11)こるねれす・はん・おうとほうるん

右之趣、貳人之カピタン申聞候通、和解差上申候、以上、

〔辰〕*七月廿五日　　通　詞**

*華本「之」あり
*華本「則」あり
*華本「り」なし
**華本「に」あり
***華本「候」なし
*華本「る」なし
*華本「る」なし
*華本「申」あり
*華本「り」なし
**華本「之」
*華本により「以上」を補う
*華本「阿蘭陀古カピタン」とあり
*華本に「同新カピタン」とあり
*華本により補う
**華本「阿蘭陀通詞共」に作る

＊華本により「右三通」以下補う

右三通[12]＊辰八月九日、於營中、阿豐後守渡之、

〔註〕本年の風説書については「華夷變態」巻十五および「通航一覽」巻二百四十七參照。

（1）下巻掲載該當蘭文第一項參照。
イギリス人が且多 Zouratte 辨柄 Bengalen 攻擊を準備した。蘭文にイギリスの兵船のうちには大砲六十門以上を備えたものがあると見える。

（2）下巻掲載該當蘭文第二項參照。
イギリス海賊船（砲四十門乘組員百人とある）が Ternate 附近を荒掠した。「阿蘭陀人強く手向ひ仕、海賊共を追出申候」は蘭文には見えない。蓋し商館長が通詞に説明する場合、覺書にないことでも自國に有利なことは誇張的に附加することがある。

（3）下巻掲載該當蘭文第三項參照。
イギリスの海賊が廣東のシナ船を掠奪した。

（4）下巻掲載該當蘭文第八項參照。
イギリス、フランス兩國が兵船を用意したことに關し邦文に「兵船數艘」とあるが、蘭文には八十艘とある。そしてその目的は聞知しないとある。

（5）下巻掲載該當蘭文第七項參照。
Cust Chormandel 地方兵亂のため餓死するものが多い。

（6）下巻掲載該當蘭文第三項參照。
「シャム國の近所」とは、蘭文によればプロ・カンドール（ポルトガル語 Candoor).

（7）下巻掲載該當蘭文第四項參照。
イギリス船「マロカ」Mallacca にてシナ船を拿捕す。

（8）下巻掲載該當蘭文第五項參照。
Bantam 國の內亂。これについて蘭文には、バンタムの王が死に、その長男が再び王位に選立せられた

とのみ見える。

（9）下巻掲載該當蘭文第六項參照。

Jamby と Manicabars の確執。

（10）蘭文に記載なし。

（11）新商館長 Cornelis van Outhoorn (13 Oct. 1688～1 Nov. 1689).

（12）右三通とは「華夷變態」巻十五に掲載の「百六拾七番沙埕船之唐人共申口」「百六拾八番沙埕船之唐人共申口」「風說書」を指す。

商館長　Hendrick van Buijtenhem (25 Oct. 1687～13 Oct. 1688)

長崎奉行　山岡十兵衞景助（十二月發）、宮城主殿和澄（在勤）、川口源左衞門宗恒（十一月着）

年番通詞　加福吉左衞門、橫山又次右衞門

入津蘭船　三艘

第六十號　元祿元辰年（一六八八年）風說書　其二

この號、華夷變態巻十五より補う

風說書

一ヱゲレス國之頭役之者共方ゟ、シャムの守護ゐ使者を以申遣候は、數年シャム國とヱゲレス國と互に商賣仕候處に、下〻共、於其地、無作法成儀仕出し、今更行當り申候、今度稠敷申渡、以後諸事無禮不仕、堅相守候樣にと申付候間、向後如前〻之商賣を仕候樣にと申、大分之進物を差遣し申候、且又此書狀壹通、其許ゟ日本之上樣ゟ被差上被下候樣にと、右之者相持參仕候由、書面之儀、如何樣共及承不申候、尤エゲレス文字か、又は唐文字ニ而相認申候哉、此段も相知れ不申候、當三月比、ジヤガタラにて風聞承申候由、ジヤガタラゟ申來候、已上、

辰八月二日

阿蘭陀古カピタン　へんでれき・はん・ぶいとのむ

同　新カピタン　こるねれす・はん・おうとほうるん

右之趣、貳人之カピタン申聞せ候通、和解差上げ申候、已上、

通事共

右貳通(1)、辰九月七日、於營中、老中渡之、

〔註〕

（1）右貳通とは「華夷變態」卷十五に掲載の「安南國王ゟ御江戸ゟ參申候書簡之和ケ」「風説書」を指す。

第六十一號　元祿二巳年（一六八九年）風説書

風説書

一去年(1)エゲレス國幷フランス國に、兵船大分造申候、何之用共不存候得共、若兩國ゟ阿蘭陀方ゟ茂取

*華本「先」 **華本「置申」あり
*華本「に」あり
*華本「共」あり **華本「候」
*華本「契」 **華本「幷」あり
*華本「子」
*華本「の」あり
*華本により補う
*華本「め」あり **華本「に」あり
*華本「の」あり
*華本「國」あり

掛可申哉と、兵*船五拾四艘用意仕候、**

一(2)阿蘭陀國ゟ商賣船大小三百艘程、フランス國ぇ參り居申候處に船留仕、阿蘭陀國ぇ返不申候、

一(3)ヱゲレス國の守護、ポルトガル國の聟ニ而御座候、然る處、*三ヶ年以前守護相果申候、其節弟守護に罷成候刻、國中之者申*候は、バテレン宗旨に成候はゞ相續難成の**由申候處に、其時弟申候は、守護を持候而も、バテレン宗に罷成間敷候、殊に家老共も右之者先規之仕置之樣に可致と、國中之者共誓*約仕守護に罷成候、其後其身もバテレン宗に罷成、バテレン共を家老に取立、古來の家老**役人共を追下げ申候、就夫、國中の者共、バテレン宗に罷成申候樣にと申付候得共、承引不仕、段々他國ぇ落行申候、然る處に、殘る國中の者共ゟ、阿蘭陀國ぇ申越候者、惣國中バテレン宗に不罷成候はゞ、悉く打殺し可申と申候間、阿蘭陀國ゟ加勢被成、此儀靜め被下樣にと申來候、巨*細者阿蘭陀ヱゲレスは同宗ニ而、古來ゟ互に和順、何國ゟ軍仕掛候共、加勢可仕と約*束仕、其上阿蘭陀人と〔*南蠻人と〕數年軍仕候折節、ヱゲレス國の大將之婦者、元ゟ阿蘭陀國聟舅之好身を以、阿蘭陀方ぇ加勢仕候、右之入魂之筋目に付而、今度ヱゲレス國の騷動を靜申*ため、**去年十月時分、阿蘭陀國*大將フランス、兵船六百艘餘、軍勢三萬人程、騎馬五千騎餘ニ而、ヱゲレス國ぇ自身打向ひ候處、ヱゲレス國の大名共拾七人、早速阿蘭陀大將之手に付、屋形を責申に付、屋形手向に不及、奥の國ぇ引籠申候、阿蘭陀國ゟ參り候船共、ヱゲレス國の浦々ぇ兵船掛置候故、フランス國ゟヱゲレス國ぇ加勢に參り候儀も不罷成候由、阿蘭陀*ゟ咬𠺕吧ぇ申來候、

一(4)阿蘭陀の大將、ヱゲレス國ぇ罷越候に付、隣國ゟ妨申儀も可有御座哉と、爲用心兵船を浦々の沖に

懸置申候、

一（5）阿蘭陀國ゟ咬𠺕吧江、商賣船貳艘差越申候〔を〕*、フランス國の前にて、〔二艘ともに〕**フランス人共取申候、人之儀は手かせ足沓を入召置申候、右之仕合故、フランス人の船見合次第に、阿蘭陀人方江奪取可申、*尤船中之者糺明可仕候、依之此**阿蘭陀船大風に逢、萬一日本之御地江も漂着可仕儀も可有御座歟*奉存候、乍憚前を以申上置候、

*・** 華本により補う
* 華本「候」あり
** 華本「因玆」に作る
* 華本「かと」

一（6）ドイチ國とトロコ之國と軍仕、トロコ之國之内を、ドイチ國の守護方江數ヶ所取申候得共、トロコ之方*ゟ降參仕、唯今矢留仕候、然る處、此ドイチ國の勢とも、只今はフランス國と軍仕候由申來候、勝負は未相知れ不申候、

* 華本「之」なし

一（7）フランス國ゟ大勢を催し、阿蘭陀國の近所にコウブレスと申所、又コヲロと申所者、ドイチ國の内ニ而御座候を、フランス國之物領軍仕掛申候、就夫、阿蘭陀國ゟドイチ國の加勢に大將を申付候處に、フランス國の物領此由を承り付、本國江勢を引取申候、

一（8）ヒニチヤン國ゟ兵船數艘出し、トロコ國江仕掛軍仕候由、本國ゟ申來候、此ヒ*ニチヤン國の者共、バテレン宗旨ニ而御座候、

* 華本「び」

一（9）モゴル國の大將ゟ、隣國コロコンダ之國江軍仕掛、コロコンダ之大將を當年生捕申候、

一（10）ビヂヤフウル國江も、モゴルゟ軍を仕掛、是も大將をモゴル方へ*生捕に**仕候、子細は數年御調物を納來り*候處、**近年中絶仕候故軍仕候、此兩國近年耕作***諸商賣†不罷成、餓死仕候者多御座候、

* 華本「ゐ」
** 華本「に」なし
* 華本「り」なし
** 華本「に」あり
*** 華本「軍故」あり
† 華本「賣」なし

一（11）エゲレス人とモウル人と又コスト人と、*去年ゟ只今迄**軍仕候、

* 華本「と」なし
** 華本「船」あり

一ヱゲレス人、諸國浦〻ゟ海賊船を出置申候由申來候、

一去年[12]申上候通、フランス國の近所ゲレイ國と申國之もの、名者ハルコムと申候、此者シヤム國ゟ參、數年住宅仕、方便を以屋形の氣に入、段〻立身仕家老迄へあがり候處*、フランスの守護と內通仕、シヤム國を奪取申謀相顯、右之ハルコム死罪に行ひ申候、然る處、殘るフランス人共、バンコと申所の小城に取籠居申候を、シヤム屋形ゟ、彼フランス人幷ヱゲレス人も、不殘國中追拂申候、其外兼而フランス國ゟ參り居申候*バテレン共を捕へ、只今に至**籠舍申付召置候由、シヤムゟ申來候、

一南蠻人共、近年者徘徊不仕、勿論新敷國を手に入申沙汰も無御座候由、本國ゟ咬𠺕吧ゟ申來候、

〔以上*〕、

古カピタン* こるねれす・はん・おうとはうるん

新カピタン* ばる[13]たあさる・すへいるす

右之趣、貳人のカピタン申聞候*通、和解差上申候、〔以上**〕

〔巳*〕七月廿六日　　通　詞**

右二通[14]*、巳八月十二日、戸田山城守來、

〔註〕本年の風説書については「華夷變態」巻十六および「通航一覽」巻二百四十七參照。

* 華本「のぼり」に作る

* 華本「候」なし　** 華本「至」なし

* 華本により補う

* 華本「阿蘭陀古カピタン」とあり

* 華本「同新カピタン」とあり

* 華本「之」　** 華本により補う

* 華本により補う　** 華本「阿蘭陀通詞共」に作る

* 華本により「右二通」以下補う

（1）下卷掲載該當蘭文第一項參照。
オランダでもイギリス、フランスの戰備に刺戟されて兵船を建造した。「五拾四艘」は蘭文に五十艘とある。

（2）下卷掲載該當蘭文第五項參照。
フランスが同國に碇泊中の蘭船を抑留する。

（3）下卷掲載該當蘭文第二・第三・第四項參照。
イギリス國王が新教徒を迫害し、そのためにオランダとも交戰するに至った。

「阿蘭陀國大將フランス、兵船六百艘餘云〻」とあるフランスは蘭文にはプリンス・ファン・オランヂ（Syn Hoogheyt den heere Prince van Orangie）とある。フランスは蓋しプリンスの訛音であろう。兵船六百艘も蘭文には六十艘とある。

（4）蘭文に比定さるべき條項が見當らない。

（5）下卷掲載該當蘭文第五項參照。
フランス人がバタビヤへ（蘭文には印度へとある）向ったオランダ船二艘を拿捕した。

（6）下卷掲載該當蘭文第六項參照。
ドイツ國（Duytsland）トルコ國（grooten Turk）と戰って優勢。

（7）下卷掲載該當蘭文第七項參照。
フランス軍はドイツに攻め入ったが、オランダがドイツに味方するとの報に接して退却。コウブレスはCoblenz コヲロはCeulen であろう。

（8）下卷掲載該當蘭文第六項參照。
ベネチア國（Venetianen）トルコ國と戰う。

（9）下卷掲載該當蘭文第八項參照。
モゴール國 Mogol 王がゴルコンダ國王（conink van Golkonda）を捕虜とす。

（10）下巻掲載該當蘭文第八項參照。
モゴール國王 Visiapour を捕虜とす。

（11）下巻掲載該當蘭文第九項參照。
蘭文には、イギリス人がベンガル及びスラットにおいてモゴール人と尚戰いつゝあり、とある。

（12）下巻掲載該當蘭文第十・第十一・第十二・第十三項參照。
「ゲレイ國と中國之もの名者ハルコムと申候」は、希臘人 Phaulkon である。彼は一六五〇年頃 Cephallonia の希臘の屬島に生れ、イギリスの Captain White に從ってシャムに來り、遂に成功してシャム國王 Phaera-Narai の下で宰相となり、フランスの宣教師を優遇した。一六八八年三月王が危篤になった時、王位繼承について紛争があり、一六八八年六月五日 Phaulkon は死罪に處せられ、同年七月十一日 Narai 王が死去し、P'ran Pétraja が王位に卽いた。バンコは Bangkok である。

（13）新商館長 Balthasar Sweers (1 Nov. 1689~21 Oct. 1690).

（14）右二通とは「華夷變態」巻十六に掲載の「六拾五番沙埕船唐人共申口」、「風說書」を指す。

商　館　長　Cornelis van Outhoorn (13 Oct. 1688~1 Nov. 1689)
長崎奉行　宮城主殿和澄（十一月發）、川口源左衞門宗恒（在勤）、山岡十兵衞景助（十月着）
年番通詞　本木庄太夫、石橋助左衞門
入津蘭船　四艘

第六十二號　元祿三午年（一六九〇年）風說書　其一

風說書

一(1)去年阿蘭陀國の守護フレンスと申者、ヱゲレス國江兵船七百艘餘、並雜兵共に四萬人餘ニ而罷越申候、

一(2)惣而阿蘭陀宗旨と、ヱゲレス人者同宗ニ而御座候、ヱゲレス國の守護、先祖代々阿蘭陀宗旨ニ而、南蠻人と敵に*て御座候、ヱゲレス國中兼而申定候は、阿蘭陀同宗を替、他宗に罷成候守護之儀者、相續仕*せ間敷と堅**申定候、然る處に、此守護バテレンを連々國中に入込せ、阿蘭陀宗旨を替、伴天*宗旨を勸申候に付、先規ゟ國中の申定を破、國之仕置等も我儘に申掛候に付、ヱゲレス國三國之者共も、亂國の躰に罷成、剩ヱゲレス國の學者共を籠*仕らせ、**其外之者共も糺明申付候、此旨者、右之者共南蠻宗旨に罷成候得と申候得共、承引不仕候故如斯*御座候、此段ヱゲレス國の大名共方ゟ、阿蘭陀フレンス方江、ヱゲレス亂國を靜給*候樣にと申越候に付、右之人數にて阿蘭陀國ゟ、ヱゲレス國江罷越候、就夫、右籠舍之者共、ヱゲレス國の守護差免*申候、然る處、ヱゲレス國の内拾五部*之者共申合、阿蘭陀國江一身仕候故、ヱゲレス國の守護不及一戰、本城許**ロンドと申所ゟ、サアリスと申所江妻子共落行、夫ゟフランス國を賴罷越候、早速フランス國守護ゟ船人加勢を請、

* 華本「ゝ」あり
* 華本「ら」あり
** 華本「く」あり
* 華本「連」あり
* 華本「舍」あり
** 華本「候」あり
* 華本「に」あり
* 華本「謐」に作る
* 華本「じ」あり
* 華本「郡」
** 華本「元」

ヱゲレス國*のイヽル**國と申所江參候、此イヽル國元來領分、右彼所ニ而人數を催し、阿蘭陀***と軍可仕覺悟ニ而御座候、然共未だ軍は不仕候、

一(3)ヱゲレス國の大名共申合、阿蘭陀國の守護をヱゲレス國の將軍に仕候、此儀隣國江相知れ爲祝儀國〻ゟ使者差越申候、

一(4)フランス國に、先年ゟ阿蘭陀宗旨の者數萬住宅仕申候を、國中追拂申候、其上此度ヱゲレス國缺落の守護江加勢を仕、阿蘭陀守護と軍を可仕と工仕候故、阿蘭陀國ヱゲレス國の勢都合八萬ニ而、フランス國江取掛申用意仕候、

一(5)イタリヤ國之內ロウマと申所に、伴天連之惣頭パウス相果申候に付、フランス國にも其弟子御座候を、フランス國の守護此弟子を其跡次に仕度由ニ而、ロウマ江差越申候、子細者阿蘭陀宗旨のもの方〻に罷在候故、此パウス下知ニ而妨を仕らせ申方便ニ而御座候、

一(6)去年五月に咬𠺕吧江阿蘭陀船六艘、本國江遣し候處*、カアフと申國の近所ニ而、大風雷電仕、大將船之水主拾三人、自*國共不知成行申候、其後天氣も晴、右之六艘ともに阿蘭陀國江着船仕候、

一(7)當二月頃、フランス人之船貳艘、カアフと申國の近所ニ而、阿蘭陀方江取申候、船人者阿蘭陀國江つれ參り申候、フランス人は籠舍申付候、

一(8)咬𠺕吧*にて、去年十月頃アンボン人ヨンゴルと申者、廿年餘コンパニヤ扶持ニ而御座候處、此者企にて、マカサル人、アンボン人、唐人、又者ハアリ人、マライ人申合、咬𠺕吧阿蘭陀の城を取申工仕候處*、其人數之內ゟ兩人訴人仕候に付、卽刻數百人差遣し、賊徒數人討捕、其外者**追拂申候、

* 華本「三」あり
** 華本「內」あり
*** 華本「人」あり

* 華本「に」あり

* 華本「何」

* 華本「咬𠺕吧」を「じゃがたら」に作る以下同じ
* 華本「に」あり
** 華本「者」なし

右企仕候ヨンゴルも討捕申候、就夫、七ヶ年以前ダツ手下の唐人、段〻に咬𠺕吧ゟ参り住宅仕候唐人共追拂申候、先年ゟ住宅仕候唐人者、此人數に加り不申候に付、召置申候、

一(9)當年アンボンと申所に、高潮にて家人多流申候、

一(10)去年十月頃、咬𠺕吧ゟ辰巳に當り、申*刻**尾長き星相見申候***、

一(11)去年同頃、ワスコスと申國にも、弓なりの星相見ゑ申候、

一(12)去年九十月に掛り、東京に弓なり之星相見ゑ申候、

一當年長崎ゑ渡海の阿蘭陀船數、此咬𠺕吧出し壹艘幷シヤム出し壹艘、以上今年迄に御座候、シヤム出し近日入津可仕と奉存候、*

古カピタン*

ばるたあさる・すくいるす*

新カピタン*

(13)やんでれき・はん・ふいといむ*

右之趣貳人之カピタン申聞候通*、和解差上申候、以上、

午七月二*日

通　詞**

七*月十九日、於營中、戸田山城守渡之、

〔註〕本年の風説書については「通航一覧」巻二百四十七、「華夷變態」巻十七參照。

（1）下巻掲載該當蘭文第一項參照。

*華本「之上」あり

**華本「に」あり

***華本「ゟ」あり

*華本「以上」あり

*華本に「おらんだ古かぴたん」とあり

*華本に「すくいるす」を「すへいるす」とあり

*華本「同新かぴたん」とあり

*華本「やんでれき・はん・ふいといむ」を「へんでれき・はん・ぶいとのむ」に作る

*華本「通」なし

**華本「朔」

**華本「共」あり

*華本により「七月」以下を補う

オランダのプリンス・ファン・オランエがイギリスに攻め入る。蘭文に兵船七百艘は見えるが、雑兵共に四萬人とは見えず、ただ大軍を以てとある。

（2）下巻掲載該當蘭文第一項、第二項參照。
前半のオランダのイギリスに攻入った理由を述べた部分は第一項の後半にある。後半は第二項にある「エゲレス國の内拾五部」とあるのは十五州（15 Provinties）。

「ロンドと申所ゟサアリスと申所ゟ妻子共落行」とあるが蘭文に地名が見えない。「ロンド」は London サアリスは Sheerness であり、一六八八年十一月十四日 James II が妃及び幼い王子をフランスに逃れさせ、自分は夜に乗じて、テームズ河口 Sheerness まで逃れたことをいう。「イ、ル國」はアイルランド。

ジェームズ二世がフランス國王ルイ十四世の援助を得てアイルランドに上陸し王位の恢復を企圖したことをいう。

（3）下巻掲載該當蘭文第三項參照。
一六六八年十二月オランエ公ウィルレムは王妃メリーと共に迎えられてイギリスの王位に即いた。いわゆる英國の名譽革命である。邦文に「エゲレス國の將軍」となるとあるが、蘭文にはイギリス王（Coningh van Engeland）とある。

（4）下巻掲載該當蘭文第四項參照。
「阿蘭陀國エゲレス國の勢都合八萬ニ而」フランス國を攻める用意をしたとあるが、蘭文にはただ大軍（een menighte soldaten）を以てとある。

（5）下巻掲載該當蘭文第五項參照。
ロウマ法王（de Paus te Romen）Innocent XI の死後その後董についての策動。

（6）蘭文に記載なし。カアフは喜望峯、Caap と綴る。

（7）下巻掲載該當蘭文第六項參照。

（8）下卷掲載該當蘭文第七項參照。
アンボン人ヨンゴル、土人を糾合して謀叛を企てたが討伐され、これに加擔した唐人も放逐された。蘭文に eenen Capitain Joncker とあり、アンボンとは明記していない。コンパニヤは卽ち東印度會社。マカサル人（Macassaren）アンボン人（Anbomnesen）ハアリ人（Balinesen）マライ人（Maleiner）唐人等と蘭文には一々の種族名を掲げずに、各種族（allerhande soort van menschen）と記す。
下卷掲載該當蘭文第八項によれば、ヨンゴルの捕えられた所は Japara.
「先年ゟ住宅仕候唐人者、此人數に加り不申」とある蘭文を求めると de rest die vergunt syn te blyven sullen met langh hair als de Chinesen van ouds ongeschoren moeten gaan とあり、明代よりの華僑である。

（9）下卷掲載該當蘭文第九項參照。
アンボンは Ambon 島。

（10）下卷掲載該當蘭文第十項參照。

（11）下卷掲載該當蘭文に記載なし。
ワスコスは West-Cust（西海岸）か。

（12）下卷掲載該當蘭文第十項參照。
東京に二つの彗星（2 Cometen）出現。「九十月に掛り」は、蘭文には先ず十ヶ月以前に、それより二ヶ月して又見えたとある。

（13）新商館長 Hendrick van Buijtenhem (21 Oct. 1690～9 Nov. 1691).

商館長　Balthasar Sweers (1 Nov. 1689～21 Oct. 1690)
長崎奉行　川口源左衞門宗恒（十月發）、山岡十兵衞景助（在勤）、宮城主殿和澄（十月着）
年番通詞　石橋助左衞門、加福善兵衞
入津蘭船　二艘（「長崎雜記」「長崎入船便覽」では各ゝ一艘、四艘）

この號、華夷變態卷十七・通航一覽卷二百四十七により補う

第六十三號　元祿三午年（一六九〇年）風說書　其二

阿蘭陀貳番船シヤム出風說

一去ゝ年フランス國ゟ、船大將船大小拾壹艘ニ而、シヤムゐ參候而、夫ゟコスト・コルモンデイルへ參、此所ゟ又シヤム之內ウ、イムサアランと申所へ、去年八月比罷越、其所之領分之者に申入候は、去ゝ年シヤムゟ立退申時分、召取參申候右之シヤム人を今夜連參申候間、指返し可申候、其元に居申候フランス人共、此方へ御返し給候得と申懸候、此上ウ、イムサアランゐ致住所商賣仕度旨願申候に付、ウ、イムサアラン之頭分ゟシヤム屋形ゐ申遣候處に、シヤム屋形申候は、か樣成儀取次仕候段不屆之由ニ而、ウ、イムサアランの頭分を役義取揚、新役人を指遣候に付、屋形ゟ右之新役人に申添候は、此方之人數とフランス人と指替申度由、左候はゞ、フランス國へ捕へ召置候シヤム人共、幷去ゝ年立退申時分乘取參候船貳艘共に、急度差返し可申候、然上は此方へ捕へ置候フランス人共も其方へ相渡し可申候、勿論此方之者共へ少ニ而も惡敷あたり候はゞ、此方に捕へ置候フランス人共にも糺明可仕と申渡候樣にと、ウ、イムサアランの頭分に申付候、其上フランス人共浦ゝゐ揚り申候はゞ、見合次第に捕へ殺し可申由申付候、然處に右之フランス人共申候は、阿蘭陀國とフランス國との兵亂之由承候間、罷歸候と申捨、早速彼地致出船候、

一此船六月七日にシャム出船仕候處に、琉球とめしまの間ニ而、三拾日以前に兩度大風に逢、帆を吹とられ、其上船道具等悉く損じ、漸今日長崎に着船仕候、已上、

午八月廿二日　古カピタン　ばるたあざる・すへいるす
新カピタン　へんでれき・はん・ぶいとのむ

右之趣、貳人之カピタン讀聞せ申候通、和解差上申候、以上、

通　詞

右壹通、九月十二日、土相模守於殿中渡之、

第六十四號　元祿四未年（一六九一年）風説書　其一

風　説　書

一咬𠺕吧(1)*近所バンタムと申所之守護、去十一月頃相果申候に付其弟を守護に定置申候、

一去七月頃、ベンガラの近所コストと申所ゟ阿蘭陀商賣船貳艘差遣申候處に、佛蘭西國の船六艘彼地ゟ參り候而、右貳艘之阿蘭陀船をフランス人方ゟ奪取申候、其後阿蘭陀船七艘又コストゟ商賣に參り申候、右之阿蘭陀船貳艘取れ申候意趣にて、右六艘之フランス船と七艘の阿蘭陀船と軍*仕候處、**フランス人之船六艘共に阿蘭陀人追散申候、

* 華本「咬𠺕吧」を「じやがたら」に作る以下この註について略す
* 華本「舟」あり
** 華本「に」あり

＊華本「候」なし

＊華本「之」あり
＊＊華本「江」

一(3)去年ヱゲレス國阿蘭陀と軍仕候處、阿蘭陀人得勝利申候に付、阿蘭陀人守護フレンスと申者則ヱゲレス之本國之城江住居仕候、ヱゲレス之守護は同國之內、イ、ランドと申所江落行、其後此所に新敷城郭を搆、數萬人籠城仕候*由、阿蘭陀守護及承、大勢ニ而彼地江押懸、又〻軍仕候、阿蘭陀討勝ヱゲレス之守護フランス國江落行申候由、當四月頃ヱゲレス國ゟ咬𠺕吧江申來候、

一(4)イ、ランドゟフランス國江落行申候ヱゲレス國の守護、陸之軍に討負申候故、フランス國ゟ兵船百艘餘加勢を請、阿蘭陀人と船軍可仕*由及承候に付、阿蘭陀方ニ茂**先兵船六拾艘用意仕、外にも段〻兵船を拵申候所、ヱゲレス之守護百艘餘ニ而阿蘭陀方江取掛申候に付、互に船軍仕候處、勝負無之、然れ共、阿蘭陀方之船大將討死仕候、フランス國の船大將共茂大勢討死仕候、互に勝負不決、右百艘餘之船、フランス國江引取申候、

一(5)阿蘭陀國之近所スハンスネトロランドと申所江、フランス國ゟ數萬人ニ而軍仕掛申候に付、阿蘭陀近所ニ而御座候故、若阿蘭陀方江茂寄來り可申かと數勢を用意仕申候得共、互に和談ニ而軍相引仕候、

＊華本「地」

一(6)去年正月頃フランス國ゟ船拾艘に數百人乘組、カアフと申國に參り候、阿蘭陀商賣船彼江居*申候を押懸け、フランス人奪取可申と仕候得共、阿蘭陀人覺悟能く仕候故、取られ不申候、右拾艘の船、其後シヤム國江參り申之由、此拾艘之大將バテレン之よし及承申候、

一(7)コストコロモンテイルと申所の者、友軍仕候に付、國中の民共困窮仕候由、及承申候、

一異國筋此外相替儀承不申候、

＊華本により「未七月十八日」を補う

未*七月十八日

阿蘭陀古カピタン
　へんでれき・はん・ふいとのむ*
阿蘭陀新カピタン
　(8)こるねれす・はん・おうとほうるん*
　　　　阿蘭陀通事共

右*之通、貳人之カピタン申聞せ候通和解指上申候、以上、

*華本「判」あり
*華本「判」あり
*華本により「右之通」以下を補う

〔註〕本年の風説書については、「華夷變態」巻十八参照。

（1）下巻掲載該當蘭文第二項参照。
バンタム國王 de Coninck van Bantam が死亡、其弟が卽位した。去十一月は蘭文には十二月とある。

（2）下巻掲載該當蘭文第三項参照。
オランダ船がフランス船とコロマンデルで戦った。
コストは de Cust Chormandel であって、蘭文によれば、その交戦地は Madras Patnam 沖である。

（3）下巻掲載該當蘭文第四項参照。
阿蘭陀人守護フレンスは de Coninck van Engeland William Prince van Orangie であり、ヱゲレスの守護は James II (Jacobus) である。一六八八年十二月二十三日ジェームズ二世はフランスに逃亡してルイ十四世に頼り、オレンヂ公ウィルレムは翌一六八九年二月十三日イギリスの王位に卽き、ウイリアム三世 William III (1688~1702) と稱した。イ、ランドはアイルランド Irland である。一六九〇年七月十二日ウイリアム三世はアイルランドの Boyne にジェームズ二世を破り、ジェームズ二世はフランスに遁れた。

（4）下巻掲載該當蘭文第四項参照。

一六九〇年七月十日の Beachy Head 沖の海戰を傳えたもののようである。フランス方兵船百艘餘は蘭文には百二十艘とあり、オランダ方兵船六十餘艘とあるのは蘭文に五六十艘とある。海戰の結果について、勝敗が決しなかったとあるが、ビーチ・ヘッド沖の海戰はフランス方の勝利に終った。

（5）スハンスネトロランドは蘭文に見えないが、Spanische Nederland 即ち今のベルギー地方のことであろう。

（6）下巻掲載該當蘭文第五項參照。
「去年正月頃」は、蘭文に一六九〇年二月とある。次の「船拾艘」は兵船六艘・豫備船四艘とある。「カアフ」は蘭文に見えない。喜望峰 Kaap-Kolonie のことであろうか。「此拾艘之大將バテレン之よし」とあるのは、蘭文によれば耶蘇會のタシャール師 Le P. Guy Tachard である。

（7）下巻掲載該當蘭文第七項參照。
de Cust Chromandel 地方戰亂のため住民が困窮した。

（8）新商館長 Cornelis van Outhoorn (9 Nov. 1691～29 Oct. 1692).

商館長　Hendrick van Buijtenhem (21 Oct. 1690～9 Nov. 1691)
長崎奉行　山岡對馬守景助（十月發）、宮城越前守和澄（在勤）、川口攝津守宗恒（十月着）
年番通詞　本木庄太夫、中山六左衞門
入津蘭船　三艘

第六十五號　元祿四未年（一六九一年）風說書　其二

阿蘭陀貳番船シヤム出風說書

一シヤム住宅之南蠻人連々困窮仕、今程及難儀申體に相見へ*申之**由申越候、

一シヤム*故屋形召仕候家老分のもの、**父屋形相果候後、當屋形(1)を背き***、下知を承り不申、シヤムの近所バタアニ(2)と申所に引籠居申候を、當屋形ゟ打つぶし*申ため、大勢彼地ゟ差遣申の由承**候と、シヤムに居申候阿蘭陀カピタン方ゟ申越候、

*七月廿一日

阿蘭陀古カピタン　へんでれき・はん・ふいとのむ

同　新カピタン　こるねれす・はん・おうとほうるん

右*之通、貳人之カピタン、申聞せ候通、和解指上申候、以上、

通事共

*華本「ゟ」
**華本「候」
*華本「之」あり
**華本「親」
***華本「き」なし
*華本「禿（殺）」
**華本「候」
*華本により「七月廿一日」を補う
*華本により「右之通」以下を補う

〔註〕本年の風說書については「通航一覽」卷二百四十七參照。

（1）シャム當屋形は P'ra Petratja である。ケンペルの日本誌の一六九〇年（元祿三年）シャム訪問の記事中に「現在の王はペトラチアと云ふ。前王 Pro Narees Naraye Pintsjan の病み崩ずる際に、前王の近親

を殺して自から位に即きたるなり」（呉秀三博士譯『ケンプェル江戸参府紀行』二〇頁）。

（2） バタアニは Patani であろう。

第六十六號　元祿四未年（一六九一年）長崎出船期日繰上げの歎願書

カピタン謹而口上

一フランス人と阿蘭陀人と唯今敵〻に罷成申候に付、海上ニ而互に船を見遭申候得者、双方討取申筈に御座候、然る處阿蘭陀人日本商賣仕舞毎年九月廿日出帆仕段、フランス人兼而存知申候故、長崎出船の時分を考、フランス人の兵船數艘方〻ゟ差出、阿蘭陀船を待居可申と存候、於然には阿蘭陀船漸貳三艘の儀に御座候得者、フランスに奪取れ可申儀必定に御座候間、日本商賣事御訴訟申上、早〻仕舞當年之儀者、例ゟ早出船御赦免被下候様に、御奉行様ゟ御斷可申上旨、ゼネラル方ゟ申越候に付、御斷申上候、被爲聞召上被下候はゞ、難有可奉存上候、以上、

阿蘭陀古カピタン
へんでれき・はん・ふいとのむ
同　新カピタン
こるねれす・はん・おうとほうるん

〔註〕本文は風說書ではないけれども、蘭・佛の對抗に關連して、蘭船の長崎出港期日の繰上げの歎願書であるから、參考のため收めた。學習院大學圖書館本「荷蘭上告文」に風說書と共に收められている。

第六十七號　元祿五申年（一六九二年）風說書　其一

風說書[*]

一(1)惠外連須國、近[*]年迄者少も[**]國人歸腹[***]不仕候處、今程は一統に阿蘭陀國守護フレンスをヱゲレス國の守護に仕申候て、惠外連須國を保申候、

一(2)ヱゲレス國の本守護フランス國を賴罷越候而、ヱゲレス國を取返可申と、フランス之大將と申合候に付、オランダ國の守護フレンス、ヱゲレス國江軍を被仕掛候而者、[*]先を取られ、此方支度も相整[*]不[**]仕候間、ヱゲレス國人と申合、此方ゟフランス國江軍を仕掛可申と相談を極、去夏の頃、海陸ゟも大勢ニ而、フランス國江向ひ申候處、フランス人陸船手共に、曾而出合不申、軍茂不仕候由、去八月比、本國ゟ咬𠺕吧[*]江申來り候、

一(3)ホーゴドイチの內オンガレインと申國を、トロケイと申北韃に奪れ申候所を、今度ホウゴ〔ドイチ[*]方江本のごとく取返し、北韃之數萬の勢を追散し、今程は〕オンガレインと申國靜謐に罷成申候由、本國ゟ咬𠺕吧江申來り候、

* 華本「新かびたん風說書」に作る
* 華本「去」
** 華本「ゝ」
*** 華本「服」
* 華本「結句」あり
* 華本「違」
** 華本「不」なし
* 華本「咬𠺕吧」を「じやがたら」に作る以下同じ
* 鍋本、華本により「ドイチ方…今程は」を補う

一南蠻國と阿蘭陀于今矢留仕居申候、南蠻國ゟ新敷手に入申候國も無御座候由、本國ゟ咬𠺕吧ゟ申來候、(4)

一フランス國とイスパンヤ國と寂中軍仕候由、本國ゟ咬𠺕吧ゟ申來候、(5)

一咬𠺕吧ゼネラル・ヨワノス・カンプイシ儀、年〻本國ゟ役儀の訴訟申遣候處に、去年八月頃本國ゟ心儘に隱居仕候樣にと申來、咬𠺕吧の內ウイタムと申嶋に住宅仕候、(6)

一ウイロム・ハン・オウトホウルンと申者、咬𠺕吧ゼネラル役、本國ゟの下知ニ而、唯今ゼネラル役相勤申候、(7)

阿蘭陀古カピタン

こるねれす・はん・おうとほうるん

同　新カピタン

へんでれき・はん・ぶいとのむ(8)

通詞共

申七月朔日*

右之趣、貳人之カピタン申聞せ候通、和解差上申候、以上、*

* 華本により「申七月朔日」を補う

* 華本により「右之趣」以下を補う

〔註〕本年の風說書については「通航一覽」卷二百四十七參照。

（1）下卷揭載該當蘭文第二項參照。

「恵外連須國」は Engeland である。ウイリアム三世の下にイングランド、スコットランド、アイルランドが平定されたのをいう。

（2）下卷揭載該當蘭文第三項參照。
「去夏の頃」は蘭文に去年九月とある。

（3）下卷揭載該當蘭文第四項參照。
ホーゴドイチは Hoog Duitsch, オンガレインはハンガリー Ongarien, トロケイはトルコ Groot Turck である。

（4）（5）蘭文に見えない。

（6）下卷揭載該當蘭文第一項參照。
Gouverneur Generaal Joannes Camphuis 一六九一年九月二十四日總督解任。

（7）Willem van Outhoorn 一六九一年九月二十四日總督就任（24 Sep. 1691～15 Aug. 1704）.

（8）新商館長 Hendrik van Buijtenhem (29 Oct. 1692～19 Oct. 1693).

商館長　Cornelis van Outhoorn (9 Nov. 1691～29 Oct. 1692)
長崎奉行　宮城越前守和澄（十一月發）、川口攝津守宗恒（在勤）、山岡對馬守景助（十月着）
年番通詞　楢林新右衞門、加福善兵衞
入津蘭船　四艘

第六十八號　元祿五申年（一六九二年）風說書　其二

阿蘭陀三番船シヤム出風說書

一シヤム近所バタアニ*と申所の守護、シヤム屋形の下知相背申候に付、數百人差遣し候處に、バタアニ人少〻軍を仕、横矢*ニ而跡を取切、**兵粮詰に仕候、***シヤム軍大將其外大勢、バタアニ方江討取られ申候、其後又〻シヤムゟ大勢彼地江差遣し申候由、申來候、

一去〻年申上候通フランスを*シヤムの屋形方江召捕置申候得共、今程者差免申候、併自由に徘徊者不爲仕候由申來候、

申*七月七日

阿蘭陀古カピタン
こるねれす・はん・おうとほうるん
同　新カピタン
へんでれき・はん・ぶいとのむ

通詞共

右之通*、シヤムに罷在候カピタン方ゟ申越候由、貳人之カピタン申聞せ候通、和解差上申候、且亦當年シヤムゟ御當地江貳艘入津仕筈ニ而、五月廿七日に一度にシヤム出船仕候處に壹艘は六月二日風雨强く御座候而見失ひ、今日迄見掛不申候、併追付入津可仕と奉存候旨、三番船之阿蘭陀人共申候、以上、

〔註〕本年の風說書については「華夷變態」卷十九參照。第六十五號參照。

* 華本「國」
* 華本「損失」
** 華本「り」あり
*** 華本「故」あり
* 華本「人」

* 華本により「申七月七日」を補う

* 華本により「右之通」以下補う

第六十九號　元禄六酉年（一六九三年）風說書　其一

風　說　書

一(1)當年來朝之阿蘭陀船、シヤムゟ貳艘、咬𠺕吧*ゟ三艘、都合五艘ニ而御座候、咬𠺕吧船三艘之内貳艘は、今日御當地ゐ着岸仕候、此三番船ゟ新カピタン渡海仕候、今壹艘は辨柄ゟの荷物遲く、此貳艘船咬𠺕吧出船*刻漸く待請申候、今壹艘に積み申候而咬𠺕吧六月十一日に出船爲仕可申由、新カピタン承申候、跡順風能御座候哉、臺灣之所にて十日以前見懸申候間四五日中に當御地*着岸可仕と、新カピタン申候、

一(2)去年六月頃、フランス國ゟ兵船七拾艘餘にて阿蘭陀國ゐ軍仕掛申之*由承候に付、阿蘭陀國よりも兵船九拾艘餘差出、互に船軍仕候處、阿蘭陀討勝申候、フランス兵船大船貳拾艘餘燒討仕候、フランス國の軍大將乘候船幷數艘、フランス國の湊口迄追討仕候*、阿蘭陀人兵船本國ゐ引取申候、

一(3)去年六月頃、オランダ方ゟ數千人陸地軍としてフランス國ゐ參り、備へを立、フランス國のマコネと申所迄參り申候處に、彼地に大川御座候、尤フランス人も出合不申候に付、阿蘭陀數勢も引取申候、

一(4)去年十一月頃、阿蘭陀國ゟ申來候はフランス人白焔焇買申ため*、數艘咬𠺕吧表ゐ**(ママ)に出し申候に付、

* 華本「咬𠺕吧」を「じやがたら」に作る　以下同じ
* 華本「之」あり
* 華本「御當地」
* 華本「候」
* 華本「候」なし
* 華本「に」あり
** 華本「ゐ」なし

*華本「追々」あり

*華本によりこの條補う

*華本「に」あり

**華本「ゟ」

*華本「へば」あり

*華本「阿蘭陀カピタン」とあり

*華本「花押」あり

*華本「同新カピタン」

*華本「花押」あり

*華本により「右之趣」以下を補う

咬𠺕吧にもオランダ大船先拾艘支度仕候はゞ、跡*ゟ右之船見合次第に捕申候様にと申付、則軍大將スイモン・ハン・デン・ハルコと申者に申付、方々相尋申候、

一去年(5)六月頃、阿蘭陀船二艘大分荷物積阿蘭陀國ゟ遣し申候處、*カアフと申處の湊に**掛り居申候處、大風ニ而貳艘共に湊ニ而吹沈申候、*大形岡ゟ揚り申候、

一(6)ハルシヤ國去年中疫病ニ而大分人病死仕候處、今程は治り申候、

一*去年霜月比、東京に居申候阿蘭陀カピタンゟ、ジヤガタラゼネラルへ申越候は、北京に住宅仕候バテレン共方ゟ、東京に居申候バテレンに申越候は、唯今唐之帝王を切支丹宗門に勸入候に付、唐國之内何方ニ而も切支丹寺を取立申儀、何時にても罷成之由申遣之旨、東京におゐて沙汰仕候、尤實不實之儀は不奉存候得共、東京ニ而風聞承候段、ジヤガタラゼネラル方へ申越候由、新カピタン古カピタン申聞せ候、

唐通事共

古カピタン*

へんでれき・はん・ぶいとのむ*

新カピタン*

(7)が る と・へ い る*

酉八月十日

右*之趣、貳人之カピタン申聞せ候通、和解差上申候、以上、

〔註〕本風說書については「華夷變態」卷二十參照。

（1）蘭文に見えない。長崎入津の蘭船のことは毎度説明を要する事項であるから、蘭文覺書に省いたのであろう。

（2）下巻掲載該當蘭文第一項參照。
「去年六月頃」とある海戰の日は蘭文によれば五月二十九日である。即ち La Hogue 沖の海戰を指す。

「フランス兵船大船貳拾艘餘燒討仕候」とあるのは、蘭文では二十艘乃至二十三艘とある。

（3）蘭文に見えない。「マコネ」も不明であるが、Namur 地方の戰爭を云ったものであろう。「大川」とあるのは R. Meuse であろう。

（4）蘭文に見えない。

（5）下巻掲載該當蘭文第二項參照。
「カアフは」Cabo de Bona Esperance とあり、喜望峯のこと。

（6）下巻掲載該當蘭文第三項參照。
「ハルシヤ國」は蘭文に in Persia tot Badach とあり、疫病は de pestelentiale sickte とあり、黑死病である。

（7）新商館長 Gerrit de Heere（19 Oct. 1693～7 Nov. 1694).

商館長　Hendrick van Buijtenhem（29 Oct. 1692～19 Oct. 1693）
長崎奉行　川口攝津守宗恒（十月發）、山岡對馬守景助（在勤）、宮城越前守和澄（十月着）
年番通詞　横山又次右衞門、名村權八
入津蘭船　五艘

この號、華夷變態巻二十により補う

第七十號　元祿六酉年（一六九三年）風說書　其二

覺

一當年シヤムゟ日本江罷渡候阿蘭陀船貳艘にて、五月廿七日一度出船仕候處、壹艘は海上ニ而おくれ見失申候、今日此船計入津仕候、今壹艘も定追付着船可仕と奉存候、

一當年ジヤガタラゟ日本江渡海仕候阿蘭陀船に、新カピタン乘渡申筈御座候、船數之儀は何艘共シヤムにては不承候、追付新カピタン入津仕候節、咬𠺕吧之船數相知可申候、

古カピタン　へんでれき・はん・ぶいとのむ

右の趣、古カピタン、シヤム船に乘り、船頭幷一船之者共承申候通、和解差上申候、以上、

酉七月十日　　通詞共

この號、華夷變態巻二十により補う

第七十一號　元祿六酉年（一六九三年）風說書　其三

覺

一當年シヤムゟ日本江罷渡候阿蘭陀船二艘ニ而、五月廿七日一度出船仕候處、此船海上ニ而おくれ、今日入津仕候、
一當年ジヤガタラゟ日本江渡海仕候阿蘭陀船に新カピタン乘渡申筈に御座候、船數之儀は何艘共、シヤムニ而は不承候、追付新カピタン入津仕候節、今年之惣船數相知可申候、

古カピタン　へんでれき・はん・ぶいとのむ

右之趣、古カピタン、シヤム船に乘り、船頭幷一船之者共に承申候通、和解差上申候、以上、

酉七月十六日　通　詞

第七十二號　元祿七戌年（一六九四年）風說書　其一

風說書

一當年來朝之阿蘭陀船、咬𠺕吧*ゟ三艘、シヤムゟ壹艘、都合四艘ニ而御座候、咬𠺕吧船三艘の內貳艘は、今日御當地着岸*仕候、此壹番船ゟカピタン渡海仕候、
一去年申上候通阿蘭陀人とフランス人と于今軍仕候處*、未だ勝負相知不申候、
一去年六月頃、フランス人軍勢八萬人程、阿蘭陀人方にも六萬人程相催し、數度相戰ひ申候所に一圓勝負不相極、先相引仕候、フランス人貳萬人程討死仕候、オランダ人方にも壹萬五六千人程討死仕

*華本「咬𠺕吧」を「じやがたら」に作る　以下同じ
**華本「江」あり
**華本「に」あり

候、其上阿蘭陀人方之大将フレンスと申者鐵炮疵を負申候得共、療治仕快氣を得申候、其後互に軍勢を増、五萬七萬或は二萬三萬宛双方備へを立、所〻ニ而軍仕候、其内にも阿蘭陀人方に勝利を得申候由、本國ゟ申來候、

一(4)今程、フランス人儀、阿蘭陀人に恐れ申候哉、海面ぇ船を出し不申候、

一(5)辨柄國の近所コスト・コルモンデイルと申國之內、フウデセリと申所に、フランス人の城郭御座候を、去年七月比、阿蘭陀人方ぇ乗取申候、フランス人領地、咬𠺕吧近國には、此城計にて御座候處、唯今者一ヶ所も城地無御座候、

一(6)去年七月、*辨柄國に、フランス人船貳艘、爲商賣參候而出船仕候處に、川口ニ而阿蘭陀船を見掛け、又元之湊ぇ乗入申候、

一(7)去年東京ぇ、咬𠺕吧ゟ阿蘭陀船壹艘遣し申候處に、于今何たる便りも無御座候、就夫、東京表之儀如何様共承り不申候故、無心許存、當閏五月上旬之頃、阿蘭陀船壹艘咬𠺕吧ゟ東京に差遣申候、

一(8)南蠻國之儀、如何様共風聞承り不申候、以上、

戌六月十九日

古カピタン
がると・へいる
新カピタン
(9)へんでれき・でいきまん

右之趣*、二人之カピタン申聞せ候通、和解差上申候、以上、

*華本「比」あり

*華本により「右之趣」以下を補う

通　詞　共*

〔註〕　本年の風説書については「華夷變態」巻二十一および「通航一覧」巻二百四十七參照。

（1）蘭文に見えない。

（2）下巻掲載該當蘭文第一項參照。

（3）下巻掲載該當蘭文第二項參照。

「阿蘭陀人方之大將フレンス」は William III, Prince van Orangie である。「去年六月頃」とあるのは一六九三年七月二十九日、Neerwinden の戰を指すのであろう。

（4）下巻掲載該當蘭文第三項參照。

（5）下巻掲載該當蘭文第四項參照。

「コスト・コルモンデイルと申國之内、フウデセリ」とあるのは、Cust Chormandel の Poedeeheri 城砦である。この城砦をオランダ人が占領した「去年七月比」とあるのは、蘭文によれば去年十一月（太陽曆）頃である。

（6）下巻掲載該當蘭文第五項參照。

「フランス人船貳艘」は蘭文によれば Bengala より Europa へ向おうとした二艘のフランス兵船である。

（7）下巻掲載該當蘭文第六項參照。

蘭文によれば、咬𠺕吧より東京へ向ったオランダ船に前商館長 Sibens が便乗したことがわかる。

（8）下巻掲載該當蘭文第七項參照。

南蠻國はポルトガルとイスパニヤである。蘭文に Portugesen off Castiliaanse とある。

（9）新商館長 Hendrik Dijckman (7 Nov. 1694～27 Oct. 1695).

＊華本「共」なし

商館長　Gerrit de Heere (19 Oct. 1693~7 Nov. 1694)
長崎奉行　山岡對馬守景助（十月發）、宮城越前守和澄（在勤）、近藤備中守用高（十月着）
年番通詞　馬田九郎左衞門、本木太郎右衞門
入津蘭船　四艘

第七十三號　元祿七戌年（一六九四年）風說書　其二

シヤム風說書

一(1)カウチとカボウチヤと近年不和に罷成候、此子細者、カウチ之民共年〻數人カボウチヤ國ゟ落行申候に付、カウチ之守護ゟカボウチヤ國ゟ申遣し候者、其地ゟ落行申候此方之民共差返候樣にと申遣候處、*カボウチヤ國守護返答仕候者、彼者共儀、此方ゟ呼寄申たるもの共ニ而は無之候、此方を賴參爲申もの共之儀に候得ば、差返申儀は不罷成候由返事仕候、如此年〻カウチ之者共カボウチヤ國ゟ參り申儀者彼地ニ而民共困窮仕候に付、右之通御座候而阿蘭陀人共推量仕候、然る處に、當春カボウチヤ國ゟシヤム屋形方ゟ使者を以申遣し候は、カウチと軍仕候間加勢をいたし吳候樣にと申遣候處に、シヤム屋形ゟ返事仕候は、カウチも兼而シヤムと心安いたし入魂之儀に有之候間、兎角双方和睦仕候樣取扱可申由返事仕候旨、シヤムに居申候カピタン方ゟ申來候、

一(2)當年皮之類シヤム表拂底に御座候に付、少〻持渡申候、以上、

＊華本「に」あり

*華本により「戌六月廿四日」を補う

〔戌*六月廿四日〕

古カピタン
がると・へいる
新カピタン
へんでれき・でいきまん

*華本により「右之趣」以下を補う

右*之趣、貳人之カピタン申聞せ候通、和解差上申候、以上、

通詞共

〔註〕本風說書については「華夷變態」巻二十一參照。
（1）下卷掲載該當蘭文第二項參照。
「カウチ」は Coutchin-China.「カボウチヤ」は Cambodia. カウチの民がカボウチヤへ落行くことは、蘭文によれば五十年來のことである。
（2）蘭文に見えない。

第七十四號　元祿八亥年（一六九五年）風說書　其一

*華本に「風說書阿蘭陀かぴたん申口之書付」とあり

*華本「咬𠺕吧」を「じやがたら」に作る　以下同じ

*華本「壹」

風說書*

一當[(1)]年來朝之阿蘭陀船、咬𠺕吧*ゟ貳艘、暹邏ゟ貳艘、都合四艘入津仕候筈に御座候、咬𠺕吧船貳艘者、今日御當地江着岸仕候、此三*番船ゟカピタン渡海仕候、

一(2)北京に居申候唐國之惣守護、常〻奥南蠻人ケレヨウマルテと申出家バテレンを愛し申候、右之出家を守護申付、ロウマと申所に、*イスパン〔ヤ〕國、又フランス國、又南蠻ポルトガル國、此所ゑ遣し、兵船兵具抔*才覺仕由承および申候、何用之儀ニ而兵船を望申候哉、其子細者知れ不申候、又ロウマゟも、南蠻人イスヒヤノウザと申武士を北京に差遣し申とて、ゴワと申所迄着仕候、此地ニ而病死仕候、其故彼死人之家來トンインマアノエルタツソと申者、ゴワゟ北京ゑ可參候哉、又本國ロウマゑ歸り可申哉と、ロウマに伺に遣し候由、承および申候、

*華本「幷」あり
*華本「の」あり

一(3)廣東ゟコンフレツホフレスコと申南蠻人、才覺を以宗旨を弘め申ため、*日本ゑ渡海仕候由承および申候、

*華本「に」あり

一(4)咬𠺕吧ゑ爲商賣唐人共參り候處、銕はがねを頻りに望申候に付、何用ニ而調申候哉と尋申候處、*今程唐國に別而入用に有之候、外之*買物望不申候故、咬𠺕吧頭分之者承之、定而武具用ニ而可有之と法度仕、銕之類を賣せ不申候、

*華本「に」あり
*華本「に」

一(5)去年三月比、フランス國之內、ハアフレヘカラスと申所、エイバと申所、右兩所をエゲレス國の兵船阿蘭陀國之兵船と申合、火矢*石火矢にて燒拂申候、

*華本「火矢」なし

一(6)去年三月比、フランス國の內、ホイと申國、又テキスムイテンと申國、此兩所に城を構へ、フランス國の守護方ゟ人數を差置候處、*エゲレス國ゟ數萬之軍勢を差遣し、右兩所共に討捕申候由、本國ゟ申來候、

*華本「に」あり

一(7)イスパンヤの內、ハソンニヤと申所に、先年フランス國ゟ兵船差遣し軍仕候而討勝、フランス人方

ゟ其所之仕置等仕居申候處に、去年四月比、阿蘭陀人ヱゲレス人*申合、兵船差遣し軍仕、フランス人ども追拂*、唯今はオランダ人手下に仕候、

一去年(8)八月比、フランス國の守護方ゟ、オランダ國ゟ使者を以、互に軍和睦仕度由、度々申越候得共、阿蘭陀人承引不仕候由、本國ゟ申來候、

古カピタン
　へんでれき・でいきまん

新カピタン
　こるねれす(9)・〔はん*〕・おうとほうるん

亥六月晦日

右*之趣、貳人之カピタン申聞せ候通、和解差上申候、以上、

通詞共

*華本「と」あり
*華本「散し」
*華本により「はん」を補う
*華本により「右之趣」以下を補う

〔註〕本年の風説書については「華夷變態」巻二十一および「通航一覧」巻二百四十七參照。

（1）（2）蘭文に見えない。

音の類似より推して、ケレヨウマルテは Phillippus Maria Grimaldi. イスヒヤノウザは Jacques de l'Espinasm のように考えられるが、或いはケレヨウマルテは Martin Martini, トンインマアノエルタツソは Prospero Intorcetta かとも思われる。

（3）蘭文に見えないが、François Quesnay のことか。

（4）蘭文に見えない。

（5）蘭文に見えない。
（6）下巻掲載該當蘭文第一項參照。
「フランス國の内、ホイと申國」はフランスの Huy, テキスムイテンは Dixmuyden 市であることは蘭文に見える。
（7）下巻掲載該當蘭文第三項參照。
ハソンニヤは Barcelona である。卽ちバルセロナ沖にあったフランス兵船を Toulon 内に追込んだことが蘭文に見える。なお「去年四月比、阿蘭陀人ヱゲレス人申合」とあるが、蘭文によればこの二國の外にイスパニヤの兵船も參加した。
（8）下巻掲載該當蘭文第四項參照。
（9）新商館長 Cornelis van Outhoorn (27 Oct. 1695～15 Oct. 1696).

商館長　Hendrik Dijckman (7 Nov. 1694～27 Oct. 1695)
長崎奉行　宮城越前守和澄（十一月發）、近藤備中守用高（在勤）、丹羽遠江守長守（十月着）
年番通詞　本木庄太夫、楢林新五兵衞、中山六左衞門
入津蘭船　五艘

第七十五號　元祿八亥年（一六九五年）風説書　其二

阿蘭陀三番船シヤム出風説書

一(1)シヤムゟ日本渡海之オランダ船、當五月廿八日貳艘連ニ而、彼地出船仕候處、今壹艘之類船、去る六月二日に見失ひ申候、

一(2)當年シヤム近國之商賣船貳拾艘程、シヤム江參り商賣仕候、

一(3)當年シヤム屋形商賣船、日本江渡海不仕候由、其子細者、日本ニ而荷物賣殘其上利潤無御座候由、*併暹邏地之商人船は貳艘、日本江渡海仕候*筈之由承之申候、

一(4)奥南蠻之手下、ノウヘ・イスパンヤと申所ゟ、大船壹艘に白銀壹萬貳千貫*程積之、呂宋と申所江貨物買に渡海仕候迚破船仕候、就夫、呂宋に兼々住宅仕候奥南蠻人共、諸貨物右之銀に當て買置申候處、船破損に付行當迷惑仕候由、シヤムにて承申*候、

一(5)東埔寨國、占城國、廣南國、此三ヶ國互に軍仕候由、天川と申所ゟシヤム江申來候由承之申候、

一(6)天川江住宅之南蠻人、東京江住居仕度望ニ而、頭バテレン四人彼地江差越候處、東京人、右之バテレン四人共に捕江籠舍申付、下々は東京ゟ追出申候處、廣南之近所ニ而破船仕、不殘相果申候由、シヤムニ而承之申候、

*華本「申候」あり
*華本「候」なし
*華本「目」あり
*華本「之」あり

一⑺柬埔寨國之川口に、海賊共數百人罷在、往來之船をなやまし、諸貨物等奪取申之由、シヤムにて承之申候、

＊華本「候」

亥七月三日

古カピタン
へんでれき・でいきまん
新カピタン
こるねれす・はん・おうとほうるん

右之趣、二人之カピタン申聞せ候通、和解差上申候、以上、

通詞共

＊華本により「右之趣」以下を補う

〔註〕本年の風說書については「華夷變態」巻二十二および「通航一覽」巻二百四十七參照。一六九五年八月十二日の下巻掲載該當蘭文と對照。

（1）（2）蘭文に見えない。

（3）下巻掲載該當蘭文第一項參照。
シャム國王が商船を日本へ渡海させない理由として、蘭文には、正確な支拂のために利潤を思わしくあげられないこと、殘りの貨物を Limpro Lamoa および其の他の地にて交易せざるべからざることをあげ、そのために一年乃至それ以上大なる損害を蒙るべきことを記している。

（4）「奥南蠻之手下、ノウヘ・イスパンヤ」はイスパニヤの植民地 Nova Hispangie 卽ちメキシコのことである。呂宋は Manilha である。「白銀壹萬貳千貫程積之」はイスパニヤ銀貨 900,00 T である。

（5）蘭文に見えない。
柬埔寨は Cambodia, 占城は Champra, 廣南は Quinam.

（6）下卷掲載該當蘭文第三項參照。
天川は Maccauw, 東京は Tonquin.
「東京ゟ住居仕度望ニ而、頭バテレン四人彼地ゟ差越候」とあるのは、蘭文によれば、其の地に一の教會を有する住居を建てる許可を得るために、四人の耶蘇會士が遣わされた。
（7）下卷掲載該當蘭文第四項參照。
「柬埔寨國之川口」は in de Cambodise revier とあり、「海賊共」は中國人の海賊である。

第七十六號　元祿八亥年（一六九五年）風説書　其三

華夷變態卷二十二より採錄

ジヤガタラゟ日本カピタンに飛船遣し候に參候船頭口上書

一今度ジヤガタラゼネラル方ゟ日本カピタンゟ遣し候飛船之船頭に私共差越申候趣は、フランス國兵船用意仕、マロカと申所ゟ差遣し、彼地を討捕、幷近方海賊（カイゾク）いたし、且亦日本ゟ歸帆之阿蘭陀船奪（ウバイ）取申筈之由、本國ゟ申來候付、例年之乘筋歸帆仕而は無心元存候、此心得仕、乘筋を替候樣にと申越候飛船ニ而御座候、其外別條無御座候、委細者、カピタン方ゟゼネラルゟ之紙面御座候、
一ジヤガタラ筋相替儀無御座候、以上、

飛船之船頭　ゑきほると・かるふ
へんでれき・たありよす・て・よんご

右之趣、飛船之船頭、幷船役之人申聞せ候通、和解差上申候、以上、

亥八月九日　　　　通詞共

華夷變態卷二十二より採錄

第七十七號　元祿八亥年（一六九五年）風說書　其四

ジヤガタラゟカピタン方江飛船之口上書

一此阿蘭陀飛船に人數三拾六人、內阿蘭陀人三拾四人、黑ぼう貳人乘組、ジヤガタラを當六月十日に出船仕八月九日迄、日數五拾九日振に來朝仕候、

一今度ジヤガタラゼネラル方ゟ、爰元カピタン方江飛船差越申候、其子細は去年霜月比、態〳〵阿蘭陀本國ゟ差越候船壹艘、當五月廿四日にジヤガタラ江着船仕候、此船に申來候者、フランス國ゟ兵船五艘用意仕候而、マロカと申所江遣、彼地を討捕、其後シヤム、東京、廣南、カボウチヤ、此邊ニ而海賊いたし、日本ゟ歸帆之阿蘭陀船ども待請、奪取申筈之由、且又右之フランス船に切支丹宗門タツシヤルと申頭バテレン、其外出家共數人召つれ、唐國江參之由申越候、就夫マロカは阿蘭陀支配地ニ而御座候故、爲防ジヤガタラゟ大勢を彼地江差遣し申候、右フランス國之兵船共大船之由に御座候、夫故日本歸帆之阿蘭陀船、海上ニ而フランス船に行逢不申ために此飛船差越申候、日本商賣仕廻歸帆之節者、阿蘭陀船五艘づれ、用心仕、道筋を替江、臺灣之うしろを通り、毎年よせ候ホ

ルトモンにも船を不入、直にジヤガタラ江參候樣にと申來候、以上、

古カピタン
へんでれき・でいきまん
新カピタン
こるねれす・はん・おうとほうるん

右〔之〕趣、貳人之カピタン申聞せ候通、和解指上げ申候、以上、

亥八月九日　通詞共

第七十八號　元祿九子年（一六九六年）風說書　其一

風說書

一當年來朝之阿蘭陀船、咬𠺕吧*ゟ貳艘、暹羅ゟ貳艘、都合四艘入津仕候筈ニ而御座候、咬𠺕吧船貳艘者、今日御當地江着岸仕候、此壹番*ゟカピタン渡海仕候、

一(1)去秋歸帆之阿蘭陀船に申越候通、道筋を替へ乘申候處に、殊の外潮行惡敷御座候故、八十四日振に、咬𠺕吧江着船仕候、

一*去冬唐船便、二艘に言傳申候阿蘭陀書狀一通、當正月末にジヤガタラ江相屆、書狀請取申候、

*華本「咬𠺕吧」を「じやがたら」に作る　以下同じ

*華本「船」あり

*この條、通航一覽により補う

一去冬銀高千貫目之三分一、阿蘭陀方に代物替被爲仰付之段、唐船便に*奉承知、難有奉存候旨、ゼネラル申上候、

*華本「に」なし

一(2)去年飛船を以申上候、フランス船マロカ國〻取掛申筈之處に、咬𠺕吧阿蘭陀方ゟ加勢之人數差越、城を相守り申候に付、此段フランス人承り、マロカ〻は、取掛り不申、當二月上旬にサラタと申國〻引取申候、其刻阿蘭陀船に行逢、互に石火矢を打戰申候處に、風强勝負無御座相引仕候、フランス船壹艘、瀨に乘掛破船仕申候、其後阿蘭陀方ゟ兵船七艘差出、方〻相尋申候得共、何國〻參候哉尋逢不申候、

一(3)去〻年も申上候辨柄國〻商賣に參り申候フランス船貳艘、商賣仕廻出船之節、川口ニ而阿蘭陀船を見掛け、川内迯入申候、然る處阿蘭陀方ゟ兵船を付置候故出不申候、于今おゐて、辨柄〻商賣に遣し申候阿蘭陀船、荷役以後段〻指替〻*四五艘〔宛〕**、川口に掛置申候に付出不申候、

*華本「〻」を「之」に作る
**華本により補う

一(4)エゲレス國の商賣船貳艘、咬𠺕吧表〻商賣に參、當五月上旬比歸帆之節、フランス船一艘見掛申候に付、討取申候、

一(5)イスパンヤ國の手下の國フランドロと申國を、先年フランス人討取、數年城を構居申候處に、去年五月比エゲレス國の守護フレンス方ゟ、六萬五千の人數に阿蘭陀國の勢を加へ、フランドロ〻押掛申候處*フランス方**ゟも拾萬程の勢、後詰に差遣ふせぎ申候得共、相叶不申落城仕申候、***城中並後詰之勢の內ゟ、八萬人程引取、此者共フランドロ之內ブロ*スルと申所〻押寄、數萬の家を燒拂、フランス國〻歸申候、

*華本「に」あり
**華本「人」あり
***華本「右」あり
*華本「ル」

一(6)エゲレス國ゟフランドロヘ押掛申候勢共、フランドロ之内ブロスル*と申所を、フランス人に燒拂れ、殘念に存、歸陣の節、フランス國の內カラアイスと申所を燒拂申候、此外異國筋相替沙汰不奉承知候由、咬𠺕吧ゼネラル方ゟ申越候、以上、

*華本「ル」

古カピタン　こるねれす・はん・おうとほうるん

新カピタン　(7)へんでれき・でいきまん

子七月〔十一日〕*

唐通詞目付共

*華本により日付を補う

右之趣*、貳人之カピタン申聞せ候通、和解差上申候、以上、

*華本により「右之趣」以下を補う

〔註〕本年の風説書については「華夷變態」巻二十三および「通航一覽」巻二百四十七參照。下巻掲載該當蘭文の八月八日のものと對照。

（1）下巻掲載該當蘭文第一項參照。「八十四日振」は蘭文に今年正月とある。

（2）下巻掲載該當蘭文第五項參照。「マロカ國」は Malacca,「サラタと申國」は Souratta である。はじめにある「フランス」船は蘭文に五艘のフランス船とあり、「阿蘭陀船に行逢」った場所は Wingurla 附近とある。但し「フランス船壹艘、瀨に乘掛破船」のことは蘭文に見えない。

（3）下巻掲載該當蘭文第六項參照。Bengala にてフランス船を封鎖したことについて、蘭文には二艘ではなく三艘とある。

（4）蘭文に見えない。
（5）下巻掲載該當蘭文第七項・第八項參照。
「フランドロ」は Vraanderen で、今のベルギーの一州であるが、ここでは廣く指したものであろう。
そしてここで云う城は蘭文によれば Namen (Namur) 城である。
「エゲレス國の守護フレンス」は William III である。「城中並後詰之勢の内ゟ、八萬人程引取」とある
のは、蘭文には八萬六千人とあり、「フランドロ之內ブロスル」とあるのは Brussel である。
（6）蘭文に見えない。
「カラアイス」は Calais のことか。
（7）新商館長 Hendrik Dijckman (15 Oct. 1696～3 Nov. 1697)

商館長 Cornelis van Outhoorn (27 Oct. 1695～15 Oct. 1696)
長崎奉行 近藤備中守用高（十月發）、丹羽遠江守長守（在勤）、諏訪下總守賴蔭（十月着）
年番通詞 横山又次右衞門、森山太吉郎
入津蘭船 四艘

第七十九號　元禄九子年（一六九六年）風説書　其二

三番暹邏出阿蘭陀船風説書

一(1)去年暹邏國大旱、其上熱病ニ而數萬人相果、尤生類までも死申候、

一(2)五年以前申年申上候、シヤム江捕置*申候フランス國之バテレン病死仕候、

一(3)呂宋國江ノフベ・イスパンヤと申奥南蠻國ゟ船を仕立、銀三千貫目ほど支度仕、廣東之内天川と申所江遣し、藥種其外端物等相調申ため、彼地江近々右之船を差遣し申之由、シヤムにて承り申候、

一(4)南蠻國の手下ゴワと申所之者、年々困窮仕候に付、商人共申合仲間商賣申定、方々國々江船を差遣し申企仕之由、風聞御座候、此外相替沙汰無御座候旨、シヤムに居申候カピタン方ゟ申越候、以上、

子七月十二日

古カピタン
こるねれす・はん・おうとほうるん

新カピタン
へんでれき・でいきまん

*右之趣、貳人之カピタン申聞候通、和解差上申候、以上、

*華本「へ」あり

*華本により「右之趣」以下を補う

通詞目付共
通　詞　共

〔註〕本年の風說書については「通航一覽」卷二百四十七參照。下卷掲載該當蘭文八月九日のものと對照。

（1）下卷掲載該當蘭文第三項參照。

（2）下卷掲載該當蘭文第七項參照。

（3）下卷掲載該當蘭文第八項參照。「ノフベ・イスパンヤ」は Novo Espangien 卽ち濃毘數般、「天川」は Maccau, 「銀三千貫目ほど支度仕云〻」は、ノビスパンより西班牙銀三十萬弗を持來り、內二十萬弗をマカオに向けたのである。

（4）下卷掲載該當蘭文第九項參照。蘭文によれば、「Goa の Portugeesen は、ゴアよりポルトガル國王に、その窮乏した町（ゴア）を復活させるため印度に新會社を設立し、その目的のために多額の金を貸與されることを懇願した」とある。

第八十號　元祿十丑年（一六九七年）風說書　其一

風　說　書

一當年來朝の阿蘭陀船、咬𠺕吧ゟ四艘、暹邏ゟ貳艘、都合六艘入津仕候筈にて御座候、若荷物積殘候はゞ、右之外に今壹艘參り可申儀も可有御座候、右咬𠺕吧出之內之貳艘は今日御當地江着船仕候、此壹番船ゟ(1)新カピタン渡海仕候、一去年八月中旬頃、(2)ハルシヤ國江南蠻船九艘參候とて、(3)コストと申國の近所にてモウル國の商船四艘海賊仕、荷物計奪取、船人は助け遣し申候、此九艘之船、ハルシヤ國近邊に徘徊仕、妨を成し申候由、ハルシヤ國ゟ咬𠺕吧江申越候、

一(4)ヱゲレス國先守護下腹の子、唯今、國の內(5)ロンドと申所に隱居候て、ヱゲレス國江參居申候、阿蘭陀國の守護を殺可申方便を催し候處に、此段露顯仕候に付、守護方ゟ早速人數を指越候處、右之張本は落失せ申候、同類貳三百人は捕へ、國法に行申候由、去秋ヱゲレス國ゟ咬𠺕吧江申越候、

一去年極月以來當年に至り、阿蘭陀ゟ船壹艘も參り不申候に付、奥筋之沙汰曾而相知れ不申候、

古カピタン
へんでれき・でいきまん

新カピタン
ぴいとろ・で・ほす

六月

〔註〕

（1）新商館長 Pieter de Vos (3 Nov. 1697～23 Oct. 1698).

（2）Persia.

（3）Cust Choromandel.

（4）「ヱゲレス國先守護」はジェームズ二世。ジェームズ二世は一七〇一年九月十七日フランスの St. Germain で歿した。

（5）London.

商館長　Hendrik Dijckman (15 Oct. 1696~3 Nov. 1697)
長崎奉行　丹羽遠江守長守（十月發）、諏訪下總守頼蔭（在勤）、近藤備中守用高（十月着）
年番通詞　名村權八、今村源右衞門
入津蘭船　六艘

第八十一號　元祿十丑年（一六九七年）風說書　其二

阿蘭陀四番船風說書

古カピタン
へんでれき・でいきまん

一當年咬𠺕吧出阿蘭陀船四艘之内、三艘は先達而入津仕候、壹艘は今日御當地ゟ着岸仕候、當年日本ゟ差越し申候荷物、此四番船に不殘積合申候間*、此外心當り之船無御座候、次に日本ゟ趣き申候暹邏出貳艘之阿蘭陀船も洋中にて見掛申候間、近日入津可仕と奉存候、

一(1)辨柄國、コスト國、サラタ國、此三ヶ國の守護名はモゴルと申候、此守護子共四人持居申候處、惣領者親子之間を背き候て、先年ハルシヤ國ゟ罷越、則彼地守護之聟に罷成居申候、然る處今度實父之國に仕掛軍㝡中仕候、此兵亂之意趣は、定而實父モゴル相果家督を諍ひ申候而之儀ニ而可有御座と風聞仕候、就夫、右三ヶ國糸端物〔之〕*職人困窮仕候由、此度咬𠺕吧ゟ申來候、

〔丑〕*七月〔五日〕**

* 華本「間」を「に付」に作る
* 華本により補う
*・** 華本により補う

新カピタン
ぴいとろ・で・ほす
唐詞目付（ママ）
唐詞共（ママ）

右*之趣、貳人之カピタン申聞せ候通、和解差上申候、以上、

*華本により「右之趣」以下補う「唐詞」とあるが「通詞」が正しい

〔註〕本年の風説書については「華夷變態」巻二十四および「通航一覧」巻二百四十七参照。

（1）Bengala, Cust Choromandel, Zouratte (Suratt) は Groot Mogol の領地にある。モゴルを人名のように取扱ったのはモゴル國王の意味と解すべきである。

第八十二號　元祿十丑年（一六九七年）風説書　其三

暹邏風説書

一當三月比、フランス國の守護ゟ（1）タツシヤルと申バテレンを使に仕、書狀相添（2）シヤム屋形江申越候は、年々申入候樣於暹邏致商賣度由*申越候處、シヤム屋形ゟ之返答には、先年も度々被申越候得共承引不仕候間、今以曾而不罷成候由申遣候、

一天川に居申候バテレン東*京江住宅仕度由、東京守護方江數年願申候得共、承引不仕候處、當春右之バテレン陸地ゟ東*京江參、押而住宅之儀望申候得共、曾而承引不仕、早速追拂申候處、唐船に乘

*華本「望」

*華本「本」（ママ）

*華本「本」

*華本により「り」を補う
**華本「本」

〔り〕*天川に罷歸申候由、東京**ゟシヤム江申越候、

古カピタン
　へんでれき・でいきまん
新カピタン
　ぴいとろ・で・ほす

通詞目付
通　詞　共

*華本により「右之趣」以下補う

右之趣*、貳人之カピタン申聞せ候通、和解指上申候、以上、

〔註〕本年の風説書については「華夷變態」巻二十四および「通航一覧」巻二百四十七参照。
（1）「タツシヤル」はフランスの宣教師 Guy de Tachard.「貞享三寅年風説書　其一」の註（5）参照。
（2）Chao Narai.

第八十三號　元祿十一寅年（一六九八年）風説書

風　説　書

一當年來朝之阿蘭陀船、咬𠺕吧ゟ五艘、暹羅ゟ二艘都合七艘入津仕候筈ニ而御座候、咬𠺕吧船壹艘、暹羅船貳艘、今日御當地江着岸仕候、此咬𠺕吧船ゟカピタン[1]渡海仕候、

一ホウコドイチと申所之守護(2)、トルコと申所之守護、數十年之間相戰ひ勝負決不申、然る處去年三月比、双方數拾萬之軍勢を國境に差出戰ひ申候處、ホウコドイチ之守護謀を以てトルコの守護を始、物頭其外兵數萬人討取申候に付、相殘る者共其場ゟ直に方〻江落失せ申候故、ホウコドイチ方江得勝利、トルコの都コンスタンテンノウフレンと申所迄責入申候由、本國ゟ咬𠺕吧江申來候、

一阿蘭陀國とフランス國と數十年之間軍仕候、然る處、去年八月比(3)、フランス國ゟ阿蘭陀國江使者を以申來候者、年〻此方江責取候所は其方江差返し、其方江取候所此方江被差返、互に矢留仕度由申越候に付、阿蘭陀隣國一身之もの共と申談、其上にて矢留仕候由、本國ゟ咬𠺕吧江當四月申來候、

一辨柄國(4)四五年及兵亂候處、賊徒共守護ゟ討捕、今程靜り申候由、ベンガラ國ゟ咬𠺕吧江申來候、

一去年正月(5)、咬𠺕吧ゟ大船六艘に代物積、阿蘭陀本國江差越申候處、右之貳艘カアフと申所之近所ニ而大風に遭、破船仕、殘四艘は阿蘭陀本國近所ニ而大風に遭、行衞相知不申候由、當四月咬𠺕吧江申來候、

寅七月廿日

古カピタン
ぴいとろ・で・ほす
新カピタン
へんでれき・でいきまん

〔註〕

（1）新商館長 Hendrik Dijckman (23 Oct. 1698〜12 Oct. 1699).

（2）「ホウコドイチと申所之守護、トルコと云〻」は、下巻掲載該當蘭文に Keyser van Duytsland が Turk と交戰中のことが見える。「ホウコドイチ」は Hoog-Duitsch.「トルコの都コンスタンテンノウフレン」はConstantinople.

（3）「去年八月比」は、下巻掲載該當蘭文に一六九七年九月二十日とある。これは一六九七年五月九日に開會、同年九月二十日に調印の運びに至った Rijswijck（オランダのヘーグの近く）の講和會議をいう。

（4）（5）蘭文に見えない。「カアフ」は喜望峰。

商館長　Pieter de Vos (3 Nov. 1697~23 Oct. 1698)
長崎奉行　諏訪下總守賴蔭（八月發）、近藤備中守用高（在勤）、丹羽遠江守長守（十月着）
年番通詞　馬田市郎兵衞、岩瀬德兵衞
入津蘭船　七艘

第八十四號　元祿十二卯年（一六九九年）風說書

風說書

一當年來朝之阿蘭陀船、咬𠺕吧ゟ四艘、暹邏ゟ壹艘、都合五艘入津仕候筈ニ而御座候、咬𠺕吧*壹艘今日御當地ぇ着岸仕候、此船ゟカピタン(1)渡海仕候、跡船之儀者追〻着岸可仕と奉存候、

一去年申上候通、フランス國と阿蘭陀國と*數十年之間軍仕候處、去〻年ゟ矢留仕候に付、本國筋靜謐

*華本「咬𠺕吧」を「じやがたら船」に作る

*華本「と」なし

に罷成候由、追々本國ゟ咬𠺕吧江參候便船に申越候、

一(2)去々丑年申上候、辨柄國、コスト國、サラタ國、此三國之守護、名はモゴルと申候、此守護子供四人持居申候處、惣領親の氣に背き、先年ハルシヤ國江迯越、則彼地守護之聟*罷成、實父之國に人數差遣し軍仕掛候得共、實父方には人數も多く御座候故、度々追拂申候、右兵亂に付近國ゟ貳千人、或は三千人程宛人を*差越、山賊海賊仕、又は在々所々燒拂、及騷動、國中治**不申候、右三國之守護モゴル儀は*百歳餘に罷成申候、及死後候**は〻彌大亂に罷成可申と、咬𠺕吧江申越候、

一(3)去極月四日、咬𠺕吧*とバンタムと之間四十里餘御座候、此間に御座候大山貳ツ三ツ地震ニ而打沈め唯今湖に成申候、右之響ニ而四日之曉*ゟ五日之朝迄咬𠺕吧阿蘭陀居所も大地震仕男女百人餘死申候、構之外咬𠺕吧地之者、他國ゟ住居之者大勢死申候、

一去年日本江渡海仕〔候〕*三番船、人數五拾三人乘組七艘連ニ而御當地出帆仕候處、臺灣之近所ニ而大風に遭申候得共、無恙東京之近所(4)ラアモスと申所迄は類船仕候、此所ニ而又々大風に逢*ひ、其後見失ひ申候に付、咬𠺕吧近所ホルトモンと申所に六艘之船集り、十一日之間右之三番船相待居申候得共、參着不仕候故、若咬𠺕吧江先に着仕候哉と咬𠺕吧へ參見申候得共、彼地江も參り不申*、就夫、小船を拵、隣國尋に遣し*申候得共、尋逢**不申罷歸申候、今度咬𠺕吧出船仕候迄は何方ゟ之便も無御座候、多分破船仕候と奉存候、

古カピタン

〔卯〕*七月〔七日〕**　へんでれき・でいきまん

* 華本「に」あり

* 華本「數」あり　** 華本「り」あり

* 華本「は」なし　** 華本「申」あり

* 華本「咬𠺕吧」について以下「じやがたら」に作る　** 華本「晩」

* 華本により補う

* 華本「遭」

* 華本「候」あり

* 華本「し」なし　** 華本「ひ」あり

*・** 華本により補う

新カピタン
ぴいとろ・で・ほす

通詞目付
通　詞　共

右之趣[*]、二人之カピタン申聞せ候通、和解差上申候、以上、

*華本により「右之趣」以下補う

〔註〕本年の風説書については「華夷變態」巻二十六および「通航一覧」巻二百四十七參照。

本年の風説書については、商館長 Hendrik Dijckman の日誌一六九九年八月二日の條に「まづ積荷目錄と少しばかりの風説を通詞等に提供した」との記事があるのみ。

一六九九年八月二日は元祿十二年七月七日。

（1）新商館長 Pieter de Vos (12 Oct. 1699～31 Oct. 1700).
（2）Aurangzeb 王とその長子 Shah Alam の爭い。
（3）「去極月四日」の地震とは、一六九九年一月四日ジャワ西部の大地震。
（4）「東京之近所ラアモス」は、Lamoa (La Moue) 島か。「咬嵧吧近所ホルトモン」はマラッカに近い Poulo Timon か。

元祿十二卯年（一六九九年）風説書

商館長　Hendrik Dijckman (23 Oct. 1698～12 Oct. 1699)
長崎奉行　近藤備中守用高（十月發）、丹羽遠江守長守（在勤）、大島伊勢守義也（十月着）
年番通詞　横山又次右衛門、志筑孫助
入津蘭船　五艘

第八十五號　元祿十三辰年（一七〇〇年）風説書　其一

風説書

一當年來朝之阿蘭陀船、咬𠺕吧ゟ四艘、暹邏ゟ壹艘、都合五艘入津仕候筈*に**御座候、右五艘之外今壹艘、諸方之荷物集り候*はゞ、跡ゟ壹艘差越可申由、ゼネラル申候**、カピタン申上候、今日貳艘入津仕候內、壹番船ゟ新(1)カピタン渡海仕候、

一去年戊申上候通、辨柄國于今兵亂に付、國中諸職人業を止、農人共*耕作罷成らず、一國のもの共困窮仕候に付、辨柄國之頭分のもの、名はア、スム(2)と申者、隨分防申候得共、諸方ゟ大勢入亂*、〔人〕**家燒拂田畑を荒、山賊海賊仕候に付、右之頭分の者手に及不申、國中過半亡所〔に〕*罷成申候**、

一八年以前、トルコと申國とアラビヤと申國と軍仕候處、トルコ之守護討負、バズラ(3)と申所切被取*候、然る處、アラビヤ國とトルコ國とは遠方ニ而御座候に付、アラビヤ國ゟ右切取候所ゝ*仕置難成候に付、ハルシヤ國の守護ぇ讓り*遣し申**候處、去年夏頃トルコ國の守護方ゟ近國の守護共を賴、ハルシヤ國ぇ使者を以申遣し候*者、右之バズラと申所、先年アラビヤゟ被取候、然る處、今程其許の領地に成申*由承り**候、バズラ之儀は代ゝトルコ國の內ニ而有之候間此方に被差返可被下候、左候はゞ重而如何樣成用事も承り*可申由申入れ候處、ハルシヤの守護承引仕、右バズラと申所トルコ國ぇ

* 華本「候」なし
** 華本「に」なし
* 華本「申」あり
** 華本「由」あり
* 華本「も」あり
* 華本「入亂」を「亂入」に作る
** 華本により「人」を補う
* 華本により「に」を補う
** 華本「申」なし
* 華本「切被取」を「被切取」に作る
* 華本「之」
** 華本「り」なし
** 華本「し」なし
* 華本「し」なし
** 華本「候」
** 華本「り」なし
* 華本「り」なし

差返申*候由、此度ハルシヤ國ゟ咬嚁吧**江申越候、

一ハルシヤ國の近所ボンハサ(4)と申嶋に、數年南蠻人城を構、近國之商賣仕罷在處*、去年アラビヤ國の守護方ゟ兵船六七艘に凡人數四五千人乘せ、*南蠻人居申候嶋江軍を仕掛申候、其砌海上ニ而南蠻人の商船貳艘に行逢、早速アラビヤ方江船人共に奪取申候、夫ゟ右之嶋江仕掛*城を討取、其跡にアラビヤゟ人數を入替仕候、討*取**殘候南蠻人共は方々江迯失せ申候、

一(5)*マロカ國の近所ゟヨウル(6)と申所の守護、常々人を切殺**、其血を見申慰に仕、或は懷胎女の腹を裁破り、毎日町中を廻り男女殺*申候付**、國中難儀仕候、夫に付***家老分之者共申合、右之守護を殺害仕、右家老分之内先輩之者、自然と守護に罷成候處、相役之者共野心を發し、唯今國中兵亂に罷成候由、マロカ國ゟ咬嚁吧江申越*候、

一先年エゲレス國兵亂之刻、方々江迯散申候殘黨共、フランス人と申合、諸方ニ而海賊仕、商賣船共餘多奪取申候、唐表江も海賊船參候由、マロカ國ゟ咬嚁吧江申來候、

一暹羅國江何國*共なく、大將壹人數千人を引連參り、我等事、當シヤム守護の兄ニ而有之候間、國中之者共我等手に付候樣に申聞せ候得者、過半同意仕候、暹羅之内コル嶋と申所を早速切取、則其處江籠り居申候に付、シヤム屋形ゟ軍勢差遣し候處に、却而彼者之手に付、大勢催しシヤム屋形と取中戰ひ申候由、當正月比シヤム屋形ゟ咬嚁吧江申來候、

古カピタン

辰*六月晦日

ぴいとろ・で・ほす

* 華本「し」あり
** 華本「咬嚁吧」を以下「じやがたら」に作る
* 華本「候」あり
* 華本「右」あり
* 華本「け」あり
* 華本「被」あり
** 華本「取」なし
* 華本「ル」
** 華本「し」あり
* 華本「し」あり
** 華本「に」あり
*** 華本「夫に付」を「就夫」に作る
* 華本「來」
* 華本「何國」を「いづく」に作る
* 華本により日付を補う

新カピタン
へんでれき・でいきまん
通詞目付
通　詞　共

右之趣*、貳人之カピタン申聞せ候通、和解差上げ申候、以上、

*華本により「右之趣」以下を補う

〔註〕本年の風説書については「華夷變態」卷二十七および「通航一覽」卷二百四十七參照。商館長 Pieter de Vos の日誌一七〇〇年八月十三日の條に「われわれは以前の慣例に從って積荷目錄並びに風説書を通詞等に與へた。」との記事が見える。一七〇〇年八月十三日は元祿十三年六月晦日に當る。

（1）新商館長 Hendrik Dijckman (31 Oct. 1700~21 Oct. 1701).
（2）ア、スムは Azam shah.
（3）バズラはペルシャ灣に近い Basra.
（4）ボンハサはペルシャ灣の西岸 El Hasa 附近か。
（5）マロカは Malacca.
（6）ヨウル國（Joor, Johor）の兵亂。

商館長　Pieter de Vos（12 Oct. 1699~31 Oct. 1700）
長崎奉行　丹羽遠江守長守（四月發）、大島伊勢守義也（十月發）、林土佐守忠和（四月着）、近藤備中守用高（十月着）

年番通詞　岩瀨德兵衞、立石千左衞門
入津蘭船　五艘

第八十六號　元祿十三辰年（一七〇〇年）風說書　其二

暹羅風說〔書〕*

一先頃咬𠺕吧ゟ之*風說に申上候通、シャム兵亂之儀于今靜り**不申候、其子細者、先達而申上候通、何國ともなく大將壹人大勢引連參、我等事當シャム守護の兄ニ而有之候間*、國中之者共我等手に付候樣にと申聞候得者*、過半同意仕候而、シャム守護と戰に及申候、此濫觴者、暹羅之守護手下之軍大將共數十人御座候、此もの共一身仕、企謀計を右之大將分之者を仕立、暹羅守護之兄と申させ、國中を亂し申候、然る處右謀計企候者之下〻之內ゟ暹羅守護江注進仕候に付、右徒黨之者共五拾三人一〻搦捕之、死罪に行、死骸を晒申候、就夫、大將分之者逐電仕候に付、シャム守護方ゟ追〻討手を掛申候由、今度暹羅に居申候阿蘭陀カピタン方ゟ申來候、

古カピタン
ぴいとろ・で・ほす

辰七月五日*

* 華本により補う
* 華本「之」なし
** 華本「近」
* 華本「間」なし
* 華本「共」
* 華本日付なし

新カピタン
へんでれき・でいきまん

右*之趣、貳人之カピタン申聞せ候通、和解差上申候、以上、
辰七月五日
通詞目付
通詞共

* 華本により「右之趣」以下補う

〔註〕本年の風說書については「華夷變態」巻二十七および「通航一覧」巻二百四十七參照。第八十五號風說書の最後の項と同一報道だが、この陰謀事件については不詳。シャム國王は Phetracha で、叛いた兄は Daren という者らしい。

第八十七號　元祿十四巳年（一七〇一年）風說書　其一

風說書

一當年來朝之阿蘭陀船、咬𠺕吧暹邏ゟ仕出申筈に*御座候、今日入津仕候壹番〔船〕**は先達而荷物積仕廻***申候に付、人數七拾五人乘組*、五月十一日咬𠺕吧出船仕候、相殘船共之儀者、未荷物積仕廻不申候に付、五七日延*引可仕と**奉存候、新カピタン(1)幷ヘトル(2)、跡船ゟ乘渡申筈に***御座候、今年來朝惣船數之儀者、新カピタン着岸不仕候得者相知*不申候事、

* 華本「に」なし
** 華本により補う
*** 華本「舞」
* 華本「り」あり
* 華本「出船」あり
** 華本「申」あり
*** 華本「に」なし
* 華本「れ」あり

一*南蠻國、エゲレス國、フランス國、其外阿蘭陀近國兵亂無御座、静謐に御座候由、去冬阿蘭陀本國ゟ咬𠺕吧ニ申來事、

（*この條華本により補う）

一(3)南蠻國之守護カウ*レルと申者、歳貳拾六七罷成候、去年病死仕候處、**子無御座候に付跡之儀如何罷***成可申哉と、無心元奉存候由、阿蘭陀本國ゟ咬𠺕吧ニ去冬申來候事、

（*華本「ラ」　**華本「に」あり　***華本「様」あり）

一去年日本ゟ歸帆仕候五艘船之内、カピタン船壹艘、無恙十一月四日咬𠺕吧ニ着船仕候、相殘四艘船は、日本ゟ直に國〻ニ商賣遣申*候、此壹番船咬𠺕吧出船迄**は國〻ゟ之便無御座***候事、

（*華本「し」あり　**華本「仕候」あり　***華本「之」）

一異國筋委細風説之儀者、新カピタン着岸仕候節可申上候、此壹番船ゟは相替儀不申來候事、

六月　〔古*カピタン〕へんでれき・でいきまん

右*之趣、カピタン讀聞せ申候通、和解差上申候、以上、　通詞目付

巳六月廿六日　通　詞

（*華本により補う）

（*華本により「右之趣」以下を補う）

〔註〕本年の風説書については「華夷變態」巻二十八参照。右は一番船のもたらした風説書で、商館長 Hendrik Dijckman の日誌一七〇一年七月三十一日（元祿十四年六月二十六日）の條に、風説を通詞らに陳述したことを記し、その内容についての記述はないが、これによって、この風説書が六月二十六日のものであることが判る。

（1）新商館長 Abraham Douglas (21 Oct. 1701~30 Oct. 1702).

（2）新ヘトル Christiaen Boonen.

（3）「南蠻國之守護カウレル」の死は、下巻掲載該當蘭文によると、イスパニヤ國王 Carlos II（1661〜1700）が一七〇〇年十一月一日マドリッド市にて死んだことを報じたもの。王はハプスブルグ家最後のイスパニヤ國王で、その死後継承戰役が起った。「跡之儀如何罷成可レ申哉と無二心元一奉レ存候由」に當る蘭文には、新王の決定まで七人の大侯が攝政として政務を執ることとなったが、その選任について、オーストリヤ宮廷が不満を懐き、ヨーロッパ王侯間に戰争の勃發するおそれがあると報じている。

第八十八號　元祿十四巳年（一七〇一年）風說書　其二

商館長　Hendrik Dijckman (31 Oct. 1700〜21 Oct. 1701)

長崎奉行　林土佐守忠和（四月發）、丹羽遠江守長守（四月着）、近藤備中守用高（十月發）、大島伊勢守義也（十月着）

年番通詞　名村權八、今村源右衞門

入津蘭船　四艘、船名は Zoelen, Ellemeet, Bambeek, Brandenburg

貳番船*風說書

＊華本「貳番船」なし

*華本「ニ而」なし
*華本「廿」
**華本「に」なし
*華本「に」なし
*華本「本」あり
*華本「壹艘に人數五百人乘組、まらた國之近所ごわと申所に、右之大船」あり

一當年來朝之阿蘭陀船、咬𠺕吧ゟ三艘、暹邏ゟ壹艘、都合四艘ニ而*入津仕候筈御座候、咬𠺕吧出三艘之内、壹艘者先達而入津仕候、貳艘者今日入津仕候、此貳番船ゟ新カピタン並ヘトル渡海仕候、暹邏出之船も、近日入津可仕と奉存候由、新カピタン申上候事、

一先達而壹番船風説に申上候通、南蠻國の守護カウレルと申者、歳貳拾*六七に**罷成候、去年病死仕候處、子無御座候に付、跡之儀如何樣に*罷成可申哉と、無心元奉存候由、阿蘭陀本國ゟ咬𠺕吧江去冬申來候事、

一南蠻之内ロウマ(1)と申所に邪宗門之師居申候處、去秋病死仕候由、阿蘭陀國*ゟ咬𠺕吧江申來候事、

一去年(2)申上候ハルシヤ國之近所ボンハサと申嶋に、數年南蠻人居城仕候處、アラビヤ國ゟ兵船を差越、城を討捕、其跡にアラビヤ方ゟ人數を入替へ、仕置仕居申候、然る處、今度南蠻之内、ポルトガルと申所ゟ大船*遣し、跡ゟ兵船十五艘に人數大勢乘組追付差越申候間、其地ニ而軍之用意仕、アラビヤ國江押寄せ、去〻年之意趣を晴し申候樣にと、ゴワに居申候南蠻人方江申遣候由、今度阿蘭陀本國ゟ咬𠺕吧江申越候事、

一去秋モウル國の商賣船壹艘、サラタ國の近所にて、南蠻之海賊船に行逢、船人共に奪取れ申候に付、モウルの守護ゟ南蠻人に申掛候は、先達而其方江奪捕申候船、幷荷物差返し不申候はゞ、向後南蠻船見合次第討捕可申旨申掛候由、サラタ國に居申候阿蘭陀人方ゟ、今度咬𠺕吧江申來候事、

一去年申上候暹邏國之兵亂、于今靜り不申候由、シヤムに居申候阿蘭陀人方ゟ當春咬𠺕吧江申越候事、

古カピタン
へんでれき・でいきまん
新カピタン
あゝぶらむ・どがらす

巳七月二日

通詞目付
通　詞　共

右之趣、二人之カピタン申聞せ候通、和解差上申候、以上、*

＊華本により「右之趣」以下補う

〔註〕本年の風說書については「華夷變態」卷二十八および「通航一覽」卷二百四十七參照。

（1）蘭文に見えない。ローマ法王 Innocent XII は一七〇〇年九月二十七日に歿した。

（2）下卷掲載該當蘭文第三項參照。

「ボンハサ島」は、蘭文には Corga 沖とある。「大船遣し云く」はポルトガルが五百人餘りが乘組んだ一艘の船を Lissabon より Goa へ派遣して、後から大艦隊を送る旨を傳えた、その艦隊司令官には Admiraal Don Francisco Preso de Silva が任命せられた、と見える。

第八十九號　元祿十四巳年（一七〇一年）風說書　其三

暹邏風說書

一去年申上候通、暹邏屋形手下之軍大將[*]拾人餘、野心を發し徒黨組、國を亂し申候處、企謀計候者之下〻之内ゟ、シヤム[*]屋形ぇ注進仕候に[**]付、右徒黨之者共五拾三人搦捕、死罪に行、死骸をさらし、見せしめに仕候、討洩[*]候大將分の者四五人逐電仕候に付、暹邏屋形ゟ方〻ぇ討手を遣[**]、所〻ニ而討捕え申候、右徒黨之者之妻子緣類、不限老若百[*]人搦捕、死罪に行申候、依之兵亂大形は靜り候[**]得共、末端〻屋形背下知に[*]候者御座候に付、所〻ぇ人數を差分ケ遣[**]し、殘黨を靜め申候、

七月

古カピタン

へんでれき・でいきまん

新カピタン

あゝぶらむ・どがらす

右[*]之趣、今度暹邏に居申候阿蘭陀カピタン方ゟ申越候由、貳人之カピタン申聞せ候通、和解差上申候、以上、

* 華本「共」あり
* 華本「暹邏」に作る
** 華本「に」なし
* 華本「し」あり
** 華本「し」あり
* 華本「數」あり
** 華本「申」あり
* 華本「に」なし
** 華本「ケ」なし

* 華本により「右之趣」以下補う

通詞目付
通詞共
巳七月十二日

〔註〕本年の風説書については「華夷變態」巻二十八および「通航一覧」巻二百四十七参照。第八十六號風説書の後報である。

第九十號　元禄十五午年（一七〇二年）風説書　其一

壹*番船咬𠺕吧風説書

一當年來朝之阿蘭陀船、咬𠺕吧ゟ三艘、暹邏ゟ壹艘、都合四艘入津仕候筈*に御座候、然る處に**咬𠺕吧出し之*三艘之内、壹艘船底損、荷物少〻濡**申候に付、荷物餘船に積移し***申候故、類船不仕及延引申候、追付入津可仕と奉存候、今日入津仕候貳艘之内、壹番船ゟ新カピタン(1)幷ヘトル(2)渡海仕候、シャム出の船も近日入津可仕と奉存候由、新カピタン申上候事、

一當正月頃モウル國の手下サラタ國ゑ、エゲレス人共入込、商賣事に付種〻怨を成し候に*付、不殘サラタ國の守護ゟ捕置候處に*、エゲレス國ゑ聞付、大船三艘、サラタ國ゑ遣し**、湊口ゑかけ置、モウル船の往來を差留候に付、サラタ國ゟ迷惑仕、右捕置候人數不殘差免し申候事、

一セイロン(3)と申國の内、コロンボと申所に*阿蘭陀人兼而城を構居住仕候處に**、彼地之者共同士軍仕、

* 華本にこの一行なし
* 華本「候」なし
** 華本「に」なし
* 華本「し之」なし
** 華本「れ」あり
*** 華本「し」なし

* 華本「に」なし

* 華本「に」なし
** 華本「し」なし

* 華本「に」なし
** 華本「に」なし

國中亂申候に*付、阿蘭陀人方ゟ人數を差遣し申段承り**付、双方靜***申候、右軍之譯如何樣共相知不申候事、

一去冬、咬𠺕吧ゟセイロンゑ參候阿蘭陀船、セイロン之近所ニ而大風に*逢、壹艘破船仕候、乘組人數五拾人之内、九人助り申候、其外方〻ゟ渡海之船共損申候事、

一阿蘭陀國ゟ咬𠺕吧ゑ參候船、カアフと申所ニ而破船仕候得共、乘組之人數は別條無御座候事、

一辨柄國殊の外亂、軍㝡中ニ而御座候に*付、諸色高直に罷成、商賣差支申候、軍之起り如何樣之儀共、咬𠺕吧ゑ不申來候事、

一(4)南蠻國とフランス國と軍發り申候に*付、阿蘭陀國も近國之儀に御座候故、用心として兵船貳百艘拵、阿蘭陀領分之所〻ゑ遣し置申候由、阿蘭陀本國ゟ咬𠺕吧ゑ申越候事、

一(5)意太里亞國とフランス國と國爭ひ仕及兵亂、唯今軍㝡中ニ而御座候由、此度本國ゟ咬𠺕吧ゑ申越候事、

古カピタン
あゝぶらむ・どがらす**
新カピタン
はるでなんど・で・ごろうと*

午*七月

右*之趣、貳人之カピタン申聞せ候通、和解差上申候、

* 華本「に」なし
** 華本「り」なし
*** 華本「り」あり

* 華本「に」なし

* 華本「に」なし

* 華本「に」なし

* 華本「午」なし
** 華本「判」あり

* 華本「判」あり

* 華本により「右之趣」以下補う

午七月十五日　　通詞目付

通　詞

〔註〕本年の風說書については「華夷變態」卷二十九および「通航一覽」卷二百四十七參照。

商館長 Abraham Douglas の日誌一七〇二年八月八日の條に、まず慣例に從って通詞等に風說の最も重要な點を與えたとの記事のみ以下のように簡單に見える。

8 Augustus 1702.

.....hebben we de tolken als na oud gebruyk al ten eersten nevens 't nodigste der novelles opgegeven ......

八月八日は元祿十二年七月十三日に當る。この風說書の末尾に見える日附七月十五日は和解を差上げた日と認められる。

（1）新商館長 Ferdinand de Groot (9 Nov. 1702〜30 Oct. 1703).

（2）新ヘトル Richard Woodward.

（3）セイロン Ceylon コロンボ Colombo に關する情報。セイロン島は一六五八年より一八〇二年までオランダが領有していた。

（4）（5）はイスパニヤ王位繼承戰爭（一七〇一〜一七一四）に關する情報か。

商館長　Abraham Douglas (21 Oct. 1701〜30 Oct. 1702)

長崎奉行　丹羽遠江守長守（四月發）、大島伊勢守義也（十月發）、林土佐守忠和（四月着）、永井讚岐守直允（十月着）

年番通詞　馬田市郎兵衞、楢林量右衞門

入津蘭船　四艘、船名は Concordia, Berkenrode, Westhorn, Diemen

第九十一號　元祿十五午年（一七〇二年）風說書　其二

四番船*暹邏風説書

一去〻辰年暹邏風説に*申上候、シヤム當守護之兄、徒者にて御座候に付、親存生之内義絶仕、何國共なく逐電仕候處、四五年以前暹邏ゟ徒黨を組押掛*、我等事嫡子之儀に有之候間、國中之者共我等に隨ひ候樣にと申候に付、過半同意仕及兵亂に申候得共、右同意仕候者之内ゟ、うらがへり申候者御座候に付、暹邏屋形ゟ方便を以、徒黨之内之頭分之者共搦捕、死罪行申候*、就夫、右之惣領何國共なく迯去申候*、其後在所知れ不申候處、今度暹邏屋形に**、右之惣領事、シヤム之手下ランシヤ(1)と申所にて守護之聟に罷成居申候*、就夫、暹邏屋形**ゟシヤム國中の職人共に申付、右ランシヤと申所に大成家を作らせ、彼之*地之守護に取せ申候、此段は右之惣領徒ものニ而有之候に付、重而惡心も**起***し不申候樣にとなだめ申候*謀ニ而御座候由、シヤムに居申候カピタン方ゟ申越候、

一フランス國のバテレン辨柄國ゟ*參、夫ゟ頓而暹邏ゟ參申筈に候由**、頃日シヤムニ而風説仕候、何比辨柄國に參申候共相知不申候、

午八月

古カピタン

あゝぶらむ・どがらす

*華本「四番船」なし
*華本「に」なし
*華本「け」あり
*華本「ひ」あり
*華本「失せ」
**華本「方」あり
*華本「由申來候」あり
**華本「方」あり
*華本「之」なし
**華本「を」
***華本「發」
*華本「候」なし
*華本「に」
**華本「之」あり

新カピタン
はるでなんどす・で・ごろうと

右之趣[*]、今度暹邏に居申候阿蘭陀カピタン方ゟ申越候由、弐人之カピタン申聞せ候通、和解差上申候、以上、

午八月廿三日　　　　通詞目付
通　詞　共

＊華本により「右之趣……通詞共」を補う

〔註〕本年の風説書については「華夷變態」巻二十九および「通航一覧」巻二百四十七参照。
商館長 Abraham Douglas の日誌一七〇二年九月十二日の條にシャム風説を通詞に與えたことが見える。九月十二日は元禄十五年八月十日に當る。

12 September 1702.
De Siamse novelles hebben we het nodigte aan de tolken mede opgegeven, dog schynen daarvan weynig werk ten maken,......

（1） Langsuan か。

第九十二號　元禄十六未年（一七〇三年）風説書　其一

古カピタン申口之覚

一今度入津之阿蘭陀船、咬𠺕吧出し貳艘、五月十九日咬𠺕吧出船仕、今日四十九日振御當地ゟ着岸仕、新カピタン儀者、暹邏在留仕居申候ギリヨムタン(1)と申阿蘭陀人、日本カピタンにゼネラル(2)方ゟ申付、暹邏ゟ直に來朝仕筈に御座候、依之、異國筋風説並當年日本渡海之船數相知不申候、追付新カピタン着岸仕次第、委細之儀可申上候、以上、

古カピタン

未七月七日　あゝぶらむ・どがらす

〔註〕

（1）新商館長 Gideon Tant (30 Oct. 1703~18 Oct. 1704).

（2）Willem van Outhoorn (1691~1704).

商館長　Ferdinand de Groot (9 Nov. 1702~30 Oct. 1703)

長崎奉行　林土佐守忠和（五月發）、永井讃岐守直允（在勤）、別所播磨守常治（三月着）、大島伊勢守義也（在府）

年番通詞　横山又次右衞門、志筑孫平

入津蘭船　四艘、船名は Riefhoek, Ellemeet, Brandenburg, Taxisboom

第九十三號　元禄十六未年（一七〇三年）風説書　其二

風説書

一當年來朝之阿蘭陀船、咬𠺕吧ゟ三艘、暹邏ゟ壹艘、都合四艘入津仕筈に御座候、然る處に*咬𠺕吧出三艘之内、貳艘者先達而入津仕候、暹邏出壹艘今日入湊、此船ゟ新カピタン渡海仕候、咬𠺕吧出壹艘、是又今日一同着岸仕候、船數四艘之都合不殘入津仕候事、

一(1)阿蘭陀國之守護フレンス、拾ヶ年以前ゟヱゲレス國に罷在仕置仕居申候處、去年二月七日狩場におゐて落馬仕、右之腕を損、其病*に依而同廿一日五拾一歳ニ而死去仕候、右之守護一子も無御座候に付、跡目相續未相知不申候事、

一(2)唯今ヱゲレス國に守護無御座候に*付、去年死去仕候オランダ國守護妻之妹、ヱゲレス國の仕置仕候事、

一(3)フランス國と阿蘭陀國と數十年國を諍*申候得共、七年以前ゟ箭留仕居申候處、去々年ゟフランス人と南蠻國の者共と一身仕、色々方便を以阿蘭陀國江怨*をなし申候に**付、今度阿蘭陀國、ヱゲレス國、ドイチ國、此三ヶ國一身仕、取合始り申候、然る處、フランス國の城八ヶ所責取申候、尤双方大分の人數損申候事、

*華本「に」なし
*華本「痛」
*華本「に」なし
*華本「論」
*華本「惣」
**華本「に」なし

* 華本「に」あり
** 華本「に」
* 華本「に」あり
* 華本「鍍」
** 華本「陰」
*** 華本「相」あり
* 華本「散し」
** 華本「口」なし
*** 華本「延」
* 華本「を」あり
* 華本「ゑ」

(4)
一右之兵亂に付、フランス國ゟ南蠻國方ゑ爲軍用大船五艘に銀を積遣候由、阿蘭陀方ゑ承付、右一身の國々と申合、兵船四拾艘海上ゑ差出、道筋を差塞居申候處、*フランス方ゑ此儀承り、其道筋へ**船參り不申候に付、阿蘭陀方ゟ南蠻國の湊口カアホ・ケスコと申所ゑ右之兵船乘掛申候處、*湊口に兼而爲用心鉄鎖を*張、石火矢を仕掛、稠敷相守り申候に付、陸**ゟ密に人數を廻し、右要害を***守り居申候、軍勢共を追放、*湊口**へ船を乘込、南蠻方之船九艘乘取、又五艘燒沈、又貳艘は***迯失申候得共、瀨に乘掛破船仕候、フランス方の船も七艘卽時に打沈申候、五艘銀を積候船者奪取、右之銀子ヱゲ*レス國と阿蘭陀國と配分仕申候、阿蘭陀ヱゲレス方にも*數百人及死申候得共、船は壹艘も被取不申候、依之本國ゟ咬𠺕吧ゑ申越候は、フランス船に行逢申候者、何國においても討捕申樣にと申來候事、

一去年十月頃、マロカ國の近所をフランス船乘通り申候由、マロカに居申候阿蘭陀人ゟ注進仕候に付、咬𠺕吧ゟ大船三艘差出、右之フランス船を方々尋申候得共、相見え不申候事、

(5)
一去年十二月廿日、暹邏屋形病死仕候處、兼而次男に跡相續之儀申置候處、屋形死去以後右屋形之惣領先年逐電仕居申候處、親死去之儀聞付、暹邏ゑ參、我と屋形に罷成申候、然る處國中之者共は、次男に屋形を持せ申度內談仕候由、右之惣領推量仕、弟並家老分之者共數人殺害仕候、然者暹邏に居申候フランス人南蠻人共者、右之惣領屋形に成候儀承、色々方便を仕したしみたがり申候得共、屋形一圓取合ひ不申候事、

一此外異國筋相替儀無御座候由、咬𠺕吧ゟ新カピタン方迄申越候事、

古カピタン
はるでなんどす・で・ごろうと

未七月十四日

新カピタン
ぎりよむ・たんと

通詞目付
通　詞

七月

右之趣*、貳人之カピタン申聞せ候通、和解差上申候、以上、

*華本により「右之趣」以下補う

〔註〕本年の風説書については「華夷變態」巻三十および「通航一覧」巻二百四十七参照。商館長 Ferdinand de Groot の日誌一七〇三年八月十九日の條に左の記事が見える。八月十九日は元祿十六年七月七日に當る。

.....mitsgaders ook het niuws zoveel nodig g' oordeeld hebben haar ter kennes nut en dienstig te wesen.

（1）Prins van Oranje Willem (1650~1702) はオランダ執政（一六七二～一七〇二）兼イギリス國王（一六八九～一七〇二）であったが、一七〇二年三月十九日（我が二月二十一日）に死去。同年三月十四日（我が二月十六日）Bushey Park で落馬して鎖骨を挫いたのが死因。王の死によってオランイエ家は斷絶した。

（2）William III の妃 Mary（英王 James II の長女）の妹 Anne がイギリス國王（一七〇二～一七一四）となったこと。

（3）イスパニヤ王位繼承戰爭のことである。フランス及びイスパニヤ（南蠻國）に對してイギリス・オーストリヤ・オランダ等が對抗した。一七〇二年七月 Earl of Marlborough 麾下の英蘭聯合軍と Marsial

Boufflers 麾下のフランス軍と Nymwegen 附近にて激戰した。フランス國の城八ヶ所とは Rhine, Meuse 下流にあるものである。

（4） 一七〇二年十月二十二日 Rooke, Stanhope 兩提督の率いた英・蘭聯合艦隊がイスパニヤの西北岸 Vigo 港にイスパニヤの Silver Fleet を撃破した海戰の報道である。

（5） シヤム國王 Phetracha が死し、次子が王位を繼ぐと長兄 Daen が叛亂を企てた。商館長日誌にシヤム風説書について左の記事が見える。

25 Augustus 1703

Uit de bekome Siamse papieren hebben we gisteren avond de tolken nog moeten opgeven 't nieuws vandaar bekomen.

第九十四號　寶永元申年（一七〇四年）風說書

風說書

一當年來朝之阿蘭陀船、咬𠺕吧ゟ三艘、暹羅ゟ壹艘、都合四艘、入津仕候筈[*]に御座候、然る處に咬𠺕吧出貳艘、暹邏出壹艘今日着岸仕候、此壹番船ゟ新カピタン(1)、ヘトル乘渡申候、相殘る壹艘も追付入津可仕と奉存候事、

一去年申上候通(2)、阿蘭陀國の守護エゲレス國ニ而死去仕、于今其跡目相究不申候に付、家老共七人ニ

*華本「候」なし

而國之仕置仕居申候事、

一(3)フランス國と南蠻國と一身仕、三年以前ゟ阿蘭陀國江軍仕掛申候、去年八九月頃*、フランス國南蠻國ゟ阿蘭陀國江兵船三百艘程差越申候、阿蘭陀國ニ茂兼而油斷不仕候に付、ヱゲレス國阿蘭陀國兩國の兵船三百艘差向、船軍仕候處*、フランス國南蠻國ゟ差越申候兵船大分討沈申候、尤阿蘭陀國の兵船も少〻討沈被申候、然共此戰には阿蘭陀方得勝利申候、陸之軍ニ而*止不申候に付、未勝劣相知不申候事、

一辨柄國に居申候大身成者、去年五月頃ゟ守護之仕置も以來*不申、我儘を仕、國中小身之者共手に入、要害を構、國を奪*取申方便仕候に**付、守護ゟ討潰申覺悟ニ而人數遣申候處、中〻守護心之儘に不罷成、唯今に至り㝡中軍仕候由、辨柄に居申候阿蘭陀人方ゟ咬𠺕吧江申越候事、

一サラタ國に阿蘭陀人數十年居城を構召置申候、尤商賣方之者も差越置申候、然る處守護方ゟ商賣之儀に付非道之仕掛*候由、サラタ國に居申候頭分之阿蘭陀人方ゟ咬𠺕吧江申越候に付、五月中旬兵船拾貳艘差遣申候事、

一(4)ジヤワ國之守護去年七月病死仕*、其子ジヤワ國之守護に罷成仕置仕候、然る處**兼而行跡惡敷御座候に付、此守護之伯父御座候、此者申候は、唯今の守護行跡惡敷御座候に付、國を讓申儀不罷成由申掛候處、守護承引不仕、伯父に軍仕掛、于今軍仕申候、咬𠺕吧之儀者ジヤワ國之內ニ而御座候、兼而何事と申時分は阿蘭陀方江賴申候得共、未双方ゟ咬𠺕吧江賴來不申候、然共咬𠺕吧に者其用意仕居申候、元來守護世悴之儀御座候得共、行跡惡敷者故、世悴方ゟ賴*候分は、加勢不仕覺悟に御座候、

*華本「に」

*華本「に」あり

*華本「今」

*華本「以來」を「いろひ」に作る
*華本「乘」
**華本「に」なし

*華本「仕」あり

*華本「候」あり
**華本「此者」あり

*華本「參」あり

伯父方ゟ頼來候はゞ加勢仕候筈に御座候事、

一此外異國相替儀承知不仕候由、申上候事、

申七月廿七日

古カピタン
ぎりよむ・たんと

新カピタン
はるでなんどす・で・ごろうと

通詞目付
通詞共

右之趣[*]、貮人之カピタン申聞候通り、和解差上申候、以上、

申七月廿七日

*華本により「右之趣」以下を補う

〔註〕本年の風説書については「華夷變態」巻三十一および「通航一覧」巻二百四十八參照。

商館長 Gideon Tant の日誌一七〇四年八月二十七日（寶永元年七月二十七日に當る）の條にその內容については記していないが、風説書を提供したことについて左の記事が見える。

27 Augustus 1704.

Verders soo quamen de tolcquen nogh opneemen het nieuws, dat er mogt weesen aangekomen, om daarvan de heeren gouverneurs te berigten, dat haar voor soover sulx noodig oordeelde, en by haar geweeten mogt werden, opgegeven wierd.

（1） 新商館長 Ferdinand de Groot (18 Oct. 1704～6 Nov. 1705).
新ヘトル　Willem de Man.

（2）William III の死後、Friesland 及び Groningen の Stadhouder であった Jan Willem Friso がウイリアム三世の後を襲ってオランダの執政に選擧されるべきところ、それが實現せず、一七〇二年〜一七四七年の間は執政を缺き、七州の Stadhouder によって國政が行われた。

（3）英蘭聯合艦隊と佛・西聯合艦隊との海上の抗爭についての報道。恐らく一七〇三年八月二十四日イスパニヤ南岸の Malaga に於ける Callenberg が率いたオランダ艦隊と Toulouse 伯の率いたフランス艦隊との戰についての情報であろう。

（4）ジヤワ回教王 Mangkoerat II が一七〇三年四月歿し、Mangkoerat III が即位すると叔父と不和を生じた。王叔はオランダ政廳の後援を得て國王を追放して自立し、Pakoeboewna I と稱した（一七〇五）。

商館長　Gideon Tant（30 Oct. 1703〜18 Oct. 1704）
長崎奉行　永井讚岐守直允（正月發）、別所播磨守常治（四月發）、石尾阿波守氏信（正月着）、佐久間安藝守信就（四月着）
年番通詞　岩瀨德兵衞、立石千左衞門
入津蘭船　四艘、船名は Waarde, Popkensburg, Cattendijk, Lokhorst

第九十五號　寶永二酉年（一七〇五年）風說書

風說書

一當年來朝之阿蘭陀船、咬𠺕吧ゟ三艘、暹邏ゟ壹艘、都合四艘今日着岸仕候、此壹番船ゟ(1)新カピタ

＊華本「年」
＊＊華本「に」なし
＊＊＊華本「に」
†華本「之」あり
＊華本「彼」
＊＊華本「取」あり
＊華本「に」なし
＊＊華本「に」なし
＊華本「差」なし

＊華本「に」なし
＊華本「船」あり
＊＊華本「に」なし
＊＊＊華本「候」あり
†華本「に」
＊華本「ば」
＊＊華本「に」なし
＊＊＊華本「候」なし
＊華本「物」あり
＊＊華本「に」なし
＊華本「に而」あり
＊華本「り」なし
＊＊華本「に」なし
＊華本「之儀」あり
＊＊華本「もの」
＊＊＊華本「之」あり

ン、ヘトル乘渡申候事、

一（2）咬𠺕吧ゼネラル十三歲*以來相勤居申候處、近年老衰仕候に**付、阿蘭陀本國江***†暇願申遣候處、本國ゟ願之通役*儀赦免申來、其跡役ヤンハンホウルンと申者、ゼネラルに申付、咬𠺕吧仕置仕候事、

一（3）去年申上候ジヤワ國の守護不行跡者に御座候に付、其者伯父に國中之者心を合、守護に*立申候處、右之不行跡者同類共を大勢催、伯父に軍仕掛申候に*付、伯父方ゟ咬𠺕吧阿蘭陀方江加勢を乞申候に**付、大將壹人に貳千人之武役之者、其外咬𠺕吧近所之阿蘭陀手下之者三萬人差添、當五月下旬比差*遣申筈に御座候事、

一サラタ國に阿蘭陀人數十年居城を構罷在候處、四年以前サラタ國の頭分之者方ゟ商賣船四拾艘モワと申所江遣申候間、阿蘭陀船貳艘道之警固に賴候に*付、得其意、船を遣候處、サラタ之船四五艘海賊に取れ申候、其節右警固之阿蘭陀*海上遠く走り居申候に**付、間に合不申、***其後サラタ國江†歸申候得共、*右之警固之阿蘭陀船賊船を見遁しに**仕候と申掛、オランダ居申候所之***藏〻に人數を遣、商賣*大分押取仕候、然共、阿蘭陀人は小勢ニ而居申候に**付、手指可仕樣無御座荷物取れ申候、右之段咬𠺕吧江申遣候處、ゼネラル方ゟ兵船拾貳艘、去夏差遣、サラタ船三艘奪取置申候、其外マロカ國にてもサラタ國の船三艘奪取、船人共に咬𠺕吧江差越申候、此外にも方〻*サラタ國の船都合拾貳艘、阿蘭陀方に奪取、サラタ國に居城仕候阿蘭陀人、不殘兵船に乘り、*國主方江申遣候者、先年の意趣有之候に*付、其方の船奪取召置申候、返答次第如何樣共可致由申遣候處、右押取仕候儀、國主は曾而不存儀に御座候、阿蘭陀居城近邊之仕置仕候者共、左樣の非道*致候**儀と存候、其方***被致納得候

＊華本「に」あり
＊＊華本「を」あり
＊＊＊華本「未」あり
＊華本「と」あり
＊華本により「右之趣」以下を補う

様*可致と、色々和談**申掛候得共、***落着不仕候由、今度サラタゟ咬𠺕吧江申越候事、

一去年茂申上候通、フランス國南蠻國と一身仕、ヱゲレス國、阿蘭陀國、ドイチ國*兵亂于今靜り不申、勝負相知不申候由、本國ゟ申來候事、

一(4)ムスカウベヤ國、スヘイデ國、ポウル國、デイヌマロカ國、此四ヶ國兵亂ニ而騒動仕候由、本國ゟ申來候、此外異國筋相替儀承知不仕候事、

七月七日

古カピタン
はるでなんどす・で・ごろうと
新カピタン
はるまあのす・めんせん

*右之趣、貳人之カピタン申聞せ候通、和解差上申候、以上、

酉七月八日

通詞目付
通詞共

〔註〕本年の風説書については「華夷變態」巻三十二および「通航一覧」巻二百四十八參照。商館長 Ferdinand de Groot の日誌一七〇五年八月二十五日（寶永二年七月七日）の條に、風説書のことが簡單に見える。

（1）新商館長 Hermanus Menssingh (6 Nov. 1705～26 Oct. 1706)，新ヘトル Cornelis Lardijn.

（2）オランダ東印度總督 Willem van Outhoorn (1691～1704) は七十歳で一七〇四年八月十五日退職、同日 Joan van Hoorn (1704～1709) 就任。

（3）第九十四號風說書註（4）參照。
（4）北方戰役（一七〇〇～一七二一）の報道。ムスカウベヤは Moskoviën すなわちロシヤのこと。スヘイデは Zweeden スウェーデン、ポウルは Polen すなわちポーランド、デイヌマロカは Denemark デンマーク。

商館長 Ferdinand de Groot (18 Oct. 1704~6 Nov. 1705)
長崎奉行 石尾阿波守氏信（三月發）、佐久間安藝守信就（閏四月發）、永井讃岐守直允（三月着）、別所播磨守常治（閏四月着）
年番通詞 名村八左衞門、今村源右衞門
入津蘭船 四艘、船名は Prins Eugenius, Bredenhof, Bon, Nieuwling

第九十六號　寳永三戌年（一七〇六年）風說書　其一

古カピタン申口之覺

一今度入津之阿蘭陀船、咬𠺕吧出之*貳艘、五月七日咬𠺕吧出船仕、今日迄五十一日振**御當地着岸仕候、(1)新カピタン儀者、於咬𠺕吧乘船、修覆出來不仕、其上荷物等不足仕候*に付、今少し遲滯仕候、依之、此貳艘先達而御當地ゟ差越申候、*追付新カピタン着岸仕次第、委細之儀可申上候、以上、

古カピタン

* 華本「し」
** 華本「り」あり
* 華本「に」なし
* 華本「異國筋風說幷當年日本渡海之船數相知れ不申候」あり

戌六月〔廿八日〕*

はるまあのす・めんせん**

右之趣、古カピタン申聞せ候通、和解差上申候、以上、*

通詞目付

通　詞　十人

* 華本により補う
** 華本「判」あり
* 華本により「右之趣」以下を補う

〔註〕本年の風説書については「華夷變態」巻三十二を参照。

（1）新商館長 Ferdinand de Groot (26 Oct. 1706~15 Oct. 1707), 新ヘトル Willem de Man,

第九十七號　寶永三戌年（一七〇六年）風説書　其二

風説書

一當年來朝之阿蘭陀船、咬𠺕吧ゟ四艘、今日迄に着岸仕候、今壹艘は暹邏ゟ都合五艘入津仕筈*御座候事、

一去々年*中上候通フランス國と南蠻國と一身仕、エゲレス國、阿蘭陀國、ドイチ國、此三ヶ國海陸の軍于今靜り不申候、然共、阿蘭陀國には、ドイチ國の守護ゟ人數大勢差出*、右之三ヶ國一所に成戰申候に*付、フランス國南蠻國の勢危相見ゑ申候由、本國ゟ咬𠺕吧ゑ申來候事、

* 華本「に」あり
* 華本「去々」を「年」に作る
* 華本「し」あり
* 華本「に」なし

* 華本「に」なし
* 華本「に」なし
** 華本「し」なし
*** 華本「に」なし
* 華本「し」あり
* 華本「に」なし
** 華本「戰」
* 華本「し」あり
* 華本「形」
* 華本「物」あり
* 華本「はゞ」を「者」に作る
* 華本「之」あり
* 華本「に」なし
** 華本「物」あり
*** 華本「に」なし
† 華本「へ」あり
* 華本「に」なし
* 華本「に」なし
* 華本「し」あり

一去年茂申上候ジャワ國の守護兼而不行跡者にて御座候に*付、其者之伯父に國中之者共心を合、守護に取立申候處に*、右之不行跡者、同類共を大勢催し**、伯父に軍を仕掛申候に***付、伯父方ゟ咬𠺕吧阿蘭陀方ゑ加勢を乞申候故、大勢差遣申*候處、右不行跡者共敗北仕候に付、右之伯父ジャワ國の守護に罷成申候、然共右之餘黨方〻に隱れ居申候而國中靜り不申候に*付、當春又〻咬𠺕吧ゟ兵船**拾貳艘差遣*、國中を相守居候事、

一去年申上候阿蘭陀人サラタ國に數年城を構商賣仕罷在候處、サラタ國ゟ非道の仕方*仕、阿蘭陀方の商賣*大分押取仕候に付、去〻年サラタ國の船六艘阿蘭陀方に奪取、サラタ國守護方に使者を以申入候者、先年の意趣ニ而此度其方の船奪取申候、先年押取被致候荷物被差返候はゞ*、此方に取置候荷物も戻可申候、否*返答可承由申遣候處、サラタ國の守護百歲程に罷成候老人ニ而御座候に付、病氣にかゝわり于今返答及延引候に*付、右奪取候船荷**共に***咬𠺕吧に押置†申候、サラタ人は不殘サラタゑ差返申候、就夫、サラタ國に唯今住居之阿蘭陀人無御座候事、

一暹邏に阿蘭陀人數年居所構商賣仕候處、近年暹邏之仕置、唐人に任せ申候而、商賣事前〻に違ひ、作法惡敷罷成、賄賂を取申候に*付、商賣利潤無御座候故、去年ゟシャムに居申候カピタン(1)其外之阿蘭陀人、咬𠺕吧ゑ引取、跡に少〻荷物御座候に*付、阿蘭陀人四人殘置申候、今度咬𠺕吧ゟ船壹艘シャムゑ遣*、右之殘荷物を積日本ゑ渡海仕筈に御座候、且又咬𠺕吧ゟ當夏中に又〻暹邏ゑカピタン遣し商賣之樣子承合申筈に御座候、此外異國筋相替儀、承知不仕候事、

古カピタン

はるまあのす・めんせん

新カピタン

はるでなんどす・で・ごろうと

通詞目付

通　詞

〔戌〕* 七月〔三日〕**

戌七月三日

右*之趣、二人之カピタン申聞せ候通、和解差上申候、以上、

＊・＊＊ 華本により補う

＊ 華本により「右之趣」以下補う

〔註〕本年の風説書については「華夷變態」巻三十二および「通航一覧」巻二百四十八參照。

商館長 Hermanus Menssingh の日誌、一七〇六年八月九日、十日（寶永三年七月二日、三日）に風説書のことが見える。なお九月四日（七月二十九日）の條にはシャム風説書のことも見える。

（1）商館長 Arnout Cleur (1703～1712)、オランダ東インド會社は十七世紀の初め頃から、當時のシャムの都アユチャの郊外に商館を維持經營した。

商館長　Hermanus Menssingh (6 Nov. 1705～26 Oct. 1706)

長崎奉行　永井讃岐守直允（六月發）、別所播磨守常治（八月發）、駒木根肥後守政方（六月着）、佐久間安藝守信就（八月着）

年番通詞　馬田市郎兵衛、楢林量右衛門

入津蘭船　五艘、船名は Abbekerk, Bredenhof, Slooten, Lokhorst, Breevliet

第九十八號　寶永四亥年（一七〇七年）風說書　其一

風說書

一今日入津仕候暹邏出*阿蘭陀船、去る四月四日咬𠺕吧出船、五月九日暹邏江着船仕、此船咬𠺕吧出船之砌者、未當年來朝之船數並新カピタンも極不*申候に**付、委細之儀一船之者共不奉存候由申候、

一去年風説に申上候通、咬𠺕吧ゟ暹邏江商賣事爲相談カピタン並ヘトル役之者船貳艘乘組暹邏江罷越、暹邏屋形*遂對談候處、屋形方**茂商賣事前〻之通爲致可申由申候に***付、右之カピタン咬𠺕吧江當夏中に罷歸、シャム屋形返答之趣、ゼネラル*申聞、其上ニ而暹邏江又〻參り**申筈に御座候、シャム江はヘトル役之者殘*居申候由、今度暹邏ゟ申越候、

一シャム屋形家老職、唯今唐人に申付仕置爲仕候處、右之唐人自分に商賣企、國中皮類買込、唐船四艘仕出候*、内貳艘は暹邏屋形之船、貳艘は右之**家老***之者自分船†、爲商賣當年日本渡海爲仕候由ニ而、此阿蘭陀船*四十日程以前暹邏出船仕候、就夫、當年阿蘭陀方皮類シャムニ而調不申候に**付、持渡不申由申越候、

一暹邏に居申候切支丹宗門之出家、國中輕き者共江宗門すゝめ申候由風聞承候由申越候、

古カピタン

* 華本「し」あり
* 華本「り」あり
** 華本「に」なし
* 華本「に」あり
** 華本「ゟ」あり
*** 華本「に」なし
* 華本「へ」あり
** 華本「り」なし
* 華本「待」
* 華本「し」あり
** 華本「之」なし
*** 華本「職」あり
† 華本「之」あり
* 華本「出船」あり
** 華本「に」なし

はるでなんどす・で・ごろうと

七月〔廿四日〕*

通詞目付

通詞

右*之趣、古カピタン申聞候通、和解差上申候、已上、

* 華本により補う
* 華本により「右之趣」以下補う

〔註〕本年の風說書については「華夷變態」卷三十二および「通航一覽」卷二百四十八參照。

第九十九號　寶永四亥年（一七〇七年）風說書　其二

風說書

一當年來朝の阿蘭陀船、咬𠺕吧ゟ三艘、暹邏ゟ一艘、都合四艘入津仕候*筈に御座候事、

一去(1)年申上候通、イスパンヤ國ゟ*一身仕、阿蘭陀、ヱゲレス、ドイチ、此三ヶ國と數年及兵亂申候處、イスパンヤの內ブラアバンと申所、フラアンドルと申所、此兩所オランダ方ゟ討捕、右之所に居申候大將分之者、他國ゟ落行申候、右戰之節イスパンヤ人數萬人*討捕申候、阿蘭陀ヱゲレス方にも貳千五百人程討死仕候事、

一イスパンヤ國の海手之所〻ゟ、阿蘭陀ヱゲレス兵船遣*火矢を打掛燒拂候に**付、其所之住***人共方〻或

* 華本「候」なし
* 華本「ゟ」を「と」に作る
* 華本「ふらんす人」あり
* 華本「し」あり
** 華本「に」なし
*** 華本「役」

は城*ゟ迯込申候事、

(2)
一イタリヤ國とフランス國境サボウイと申所、先年フランス人討捕居申候處、去年ヱゲレス、阿蘭陀ドイチ國ゟ人數を遣*、右之所取返、前守護近國に忍居申候を尋出**、右之サボウイと申所を前守護ゟ遣*申候事、

一去年ヱゲレス船咬𠺕吧ゟ參候、右之船に伴天連五人ヱゲレス人の風俗に似せ紛れ乘、咬𠺕吧ゟ參忍居申候を、ゼネラル方ゟ探出、搦捕詮議仕候處、ロウマ國邪宗門の惣師ゟ手印壹枚致所持候、右之書付に唐國ゟ就用事參申*候由書付御座候、フランス國の守護よりも往來切手壹枚所持仕候、就夫、去冬右五人之伴天連共不殘手錠入、阿蘭陀本國差遣申候、本國において國法に可仕と奉存候事、

一當春伴天連壹人、唐人之風俗仕、咬𠺕吧ゟ參、漢文字、唐詞を覺、紛れ居申候を、ゼネラル方に聞付詮議仕候得共*、唯今は唐人手下に付、風俗も唐人同前に成り**候由申候に付***、ゼネラルも唐國の手下に付候者故、心儘に不相成*、唐船便に乘せ、重而咬𠺕吧ゟ參申間敷由申渡差返申候事、

一去年申上候、サラタ國に數年阿蘭陀方ゟ城を構へ*人數を差置**、商賣代物大分押取仕候に付***、サラタ國之船六艘、船人共に阿蘭陀方ゟ*奪取召置申候處、今度双方和談仕、右之船人差返**、先年サラタ方に取申候代物も阿蘭陀方ゟ請取、前々之通商賣仕候由申來候事、

古カピタン

はるでなんどす・で・ごろうと

七月二十五日

(3)
新カピタン

* 華本「或は城」を「城内」に作る

* 華本「し」あり
** 華本「し」あり
* 華本「し」あり

* 華本「申」なし

* 華本「は」
** 華本「り」なし
*** 華本「に」なし
* 華本「罷」
* 華本「へ」なし
** 華本「商賣仕居申候處、三年以前さらた國より非道之仕方仕、阿蘭陀方之」あり
*** 華本「に」なし
* 華本「に」
** 華本「し」あり

はるまあのす・めんせん

通詞目付

通　詞　共

＊右之趣、二人之カピタン申聞せ候通、和解差上申候、以上、

亥七月廿五日

＊華本により「右之趣」以下を補う

〔註〕本年の風説書については「華夷變態」巻三十二および「通航一覧」巻二百四十八参照。
商館長 Ferdinand de Groot の日誌、一七〇七年八月二十二日（寶永四年七月二十五日）の條に風説書のことが簡單に見える。

（1）ブラアバンは Brabant, フラアンドルは Flander である。一七〇七年英蘭聯合軍八萬人、オーストリア皇帝軍三萬五千人が共同して、Vendôme の率いるフランス軍の不意を襲い Bruges, Ghent などの西部フランデルを略取した。

（2）サボウイは Savoie (Savoy). 一七〇六年オーストリヤの将軍 Franz Eugen (Prinz von Savoyen) が主力となってフランス軍をイタリヤより驅逐した。

（3）新商館長 Hermanus Menssingh (15 Oct. 1707～2 Nov. 1708).

商館長　Ferdinand de Groot (26 Oct. 1706～15 Oct. 1707)

長崎奉行　駒木根肥後守政方（八月發）、佐久間安藝守信就（十一月發）、永井讃岐守直允（八月着）、別所播磨守常治（十二月着）

年番通詞　横山又次右衞門、中山喜左衞門

入津蘭船　四艘、船名は Zoelen, Haringtuin, Driebergen, Veenhuizen

第百號　寶永五子年（一七〇八年）風說書　其一

風說書

一當年來朝之阿蘭陀船、咬𠺕吧ゟ三艘、暹邏ゟ壹艘、都合四艘(1)入津仕筈に*御座候、咬𠺕吧出し三艘者同日彼地出船仕候處、十六日以前洋中ニ而壹艘は見失ひ申候、近日入津可仕と奉存候、

一咬𠺕吧之近所バンヱル(2)と申國にヱゲレス人數年住居仕、商賣仕候處、去秋右*バンヱル之者共、ヱゲレス人居所江押入、家藏江火を掛、ヱゲレス人貳百人程燒討仕、其上湊に掛置候ヱゲレス船大*小三艘、船人共燒沈め申候、右之意趣は、兼而ヱゲレス人共侈を極、所之者共を輕しめ申候に付、右之通燒討仕、唯今は彼所にヱゲレス人壹人茂居不申由承候、

一去年申上候、暹邏商賣之儀に付、去年咬𠺕吧ゟ暹邏江カピタン遣申候處、前*之通不相替商賣相遂候樣にと、暹邏屋形ゟ申候に付、以前之通無滯暹邏商賣仕候、

一モウル國之惣國主モゴル(3)と申者、年百歲罷*成申候、去年病死仕候、彼者男子四人御座候、此四人之子供國を諍ひ軍仕候處、右四人之內、次男壹人は討死仕、其上騎馬壹萬五千騎、雜兵拾貳萬、象百疋餘打殺、軍相止申候、然る*處、今又相殘三人之面**ヽ、大勢を催***、軍之用意仕候由、サラタ國ゟ咬𠺕吧江申越候、

*華本「に」なし
*華本「右」なし
*華本「も」あり
*華本「ミ」あり
*華本「に」あり
*華本「る」なし
**華本「之」なし
***華本「し」あり

一去々年申上候、ジャワ國の守護伯父甥軍仕候處、阿蘭陀方ゟ右伯父方ゑ加勢を遣申候處、唯今甥之方敗北仕、大形國中静り申候、右之外本國ゟ相替風説も不申來候、

古カピタン

はるまあのす・めんせん

(4)新カピタン

やすふる・はん・まんたある*

七月

通詞目付

通詞共

*右之趣貳人之カピタン申聞せ候通り、和解差上申候、以上、

子ノ七月六日

＊華本「まんすだある」

＊華本により「右之趣」以下補う

〔註〕本年の風説書については「華夷變態」巻三十三および「通航一覧」巻二百四十八參照。商館長 Hermanus Menssingh の日誌、一七〇八年八年二十二日（寶永五年七月七日）の條に風説書のことが簡單に見える。

（1）船名は Barsande, Haak, Monster, Zoelen.

（2）バンエル Banjer は Borneo の東南端 Bandjarmasin.

（3）Aurangzeb 一七〇七年死す。その四子は Shah Alam, Azam Shah, Akbar, Kam Bakhoh である。この紛争を第一回ジャワ繼承戰爭と呼んでいる。

（4）新商館長 Jasper van Mansdale (2 Nov. 1708~22 Oct. 1709).

商館長 Hermanus Menssingh (15 Oct. 1707~2 Nov. 1708)

長崎奉行　永井讃岐守直允（十月發）、別所播磨守常治（在勤）、駒木根肥後守政方（九月着）、佐久間安藝守信就（在府）
年番通詞　志筑孫平、今村源右衛門
入津蘭船　三艘（船名は註(1)參照）

第百一號　寶永五子年（一七〇八年）風說書　其二

この號、華夷變態卷三十三により補う

異人申口之覺

一イタリヤ國之內、ロウマ之者ニ而御座候、名はヨワン・バッテスタ・シロウテと申候、歲四拾壹罷成申候、
一私儀、ロウマ切支丹宗門之師仕候出家ニ而御座候、
一私國元に母存命に居申候、兄弟も御座候、私同門之出家ニ而御座候、妹も御座候、父は死申候、尤私妻子は無御座候、
一私儀、ロウマ切支丹宗門之惣司ホントヘキス・マキシモスと申者、六年以前ゟ申付、日本ゑ切支丹宗門之法を勸め之ため、渡海仕候樣にと申渡候付、其內日本詞等言習、三年以前七月上旬比、ロウマを出申候、右之刻、私同門之出家トウマス・テ・トルノンと申者壹人、是も惣司ゟ之下知ニ而、唐北京へ遣申候、私一同にロウマ出船仕候、ガレイと申小船貳艘類船ニ而、ヤネニと申嶋に寄せ、

夫ゟカナリヤと申所へ參、其所ゟフランス國之大船貳艘に、私幷同門之者壹人宛乘り組、水主四拾人餘程宛乘、呂宋江參、此所ゟ同門之者壹人は、唐之内北京江參申候、私儀は日本江心ざし參申候處、屋久嶋江着岸仕候付、壹人陸江揚り申候、

一船中水拂底仕候付、右之沖ニ而魚取之船を見掛候故、橋船ゟ七八人乘り、水をもらい可申と呼掛申候得共、聞入不申、陸之方江漕行申候付、追ひ付き不申候、

一私儀屋久嶋江揚申候處、日本人家につれ行申候、其節日本人四人罷在、食事爲致之故、金子を取出し、右之爲價遣候得共、早速指戻し申候、尤船ニ而江戸へつれ行くれ候樣にと申掛候得共、言葉通じ不申候、

一私乘渡候船は、屋久嶋ゟ直に本國へ歸り申筈御座候、

一私之外壹人も、日本之地に揚不申候、尤私ゟ以前にも、同門之者壹人も日本之地へ參不申候、

一屋久嶋ニ而、右之日本人へ宗門之咄仕聞せ候得共、一切言葉通じ不申候付、聞入不申候、尤薩摩ゟ長崎迄之間にも、宗門之咄仕候儀も御座候得共、言葉通じ不申候、

一日本人之風俗に形を替候儀、其所〻之風俗をまなび不申候得ば、其所之者笑ひ申候付、日本人之姿に替へ申候、私同門之者今度唐へ參候は、唐人之風俗に替へ申候、

一日本衣類幷刀は、呂宋ニ而求申候、月額は船中ニ而そり申候、但呂宋に日本人共居申候、尤日本衣裝ニ而居申候、呂宋ニ而は、日本人居申候所は、國之ごとく成所に一所に集り居申候、

一江戸へ參申度と申候儀は、江戸ニ而宗門を弘め申度心差にて候故奉願候、ロウマ之惣司申付候は、

日本之内何之國ニ而も、随分法を勸め申様にと申付候、
一私儀、日本に御留置被成候共、又は本國へ御歸し被成候共、又は日本ニ而如何様之御掟に被仰付候共不苦候、ロウマ惣司申付候も、日本に御留被成候共、又は御歸し被成候共、御下知次第仕候様にと申渡候、
一日本ニ而、切支丹宗門御制禁之儀、成程於國元も、其隠れ無御座、人〻も存、尤私儀も其段存罷有候得共、惣司ゟ申付候故渡海仕候、
右之趣、ア、デレヤン・ドウと申阿蘭陀人、ラテンと申詞を以、異人へ尋掛け申候處、右之通返答仕候由、ドウ申候付、私共和解指上申候、以上、

カピタン　やすふる・はん・まんすだある
あゝでれやん・どう
通詞目付
通　詞

子十一月

〔註〕
（1） Giovanni Battista Sidotti（1668～1715）イタリヤ人イエズス會士。シシリー島の生れで、マニラで日本語を學び、寶永五年八月二十七日（一七〇八年十月十日）屋久島に單身上陸、捕えられ長崎に送られ、翌年江戸に送られ小石川宗門改所に入牢。ここで新井白石に面會す。
（2） 三年以前ローマを出發。

*續いて華本により採録
通航一覧巻一百八十九参照

〔参考史料〕* 異國人致所持候大袋之内諸色之覺

一四角成ビイドロ鏡之様成物　壹、異國人に相尋候處、サンタマリヤと申宗門之本尊之由申候
如此きれニ而外帳之様成物懸候而有之候、

縦　壹尺、
横　八寸五分、
但裏は、皆木ニ而、かねのくわん打有之候、
赤どんすの袋に入候、

一からかねニ而拵候人形　壹、異國人に相尋候所、人形はヱスキリステと申宗門之本尊ニ而候
但袋共、　幷袋ハレイスサアキリと申物之由申候、

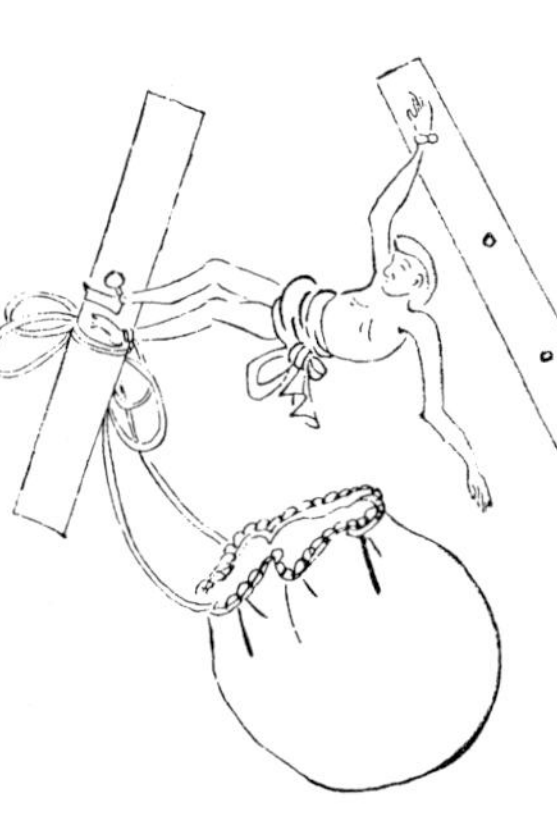

此人形幷二本之かね共に、からかねニ而拵付置候、
袋は古き金入之様成きれニ而御座候、

一ビイドロニ而拵候十文字之物　壹、但袋共に右之紐にかな物壹付置候

異國人に相尋候處、リンギノングロクスと申物、幷かな物もグロクスと申物ニ而、此十文字、宗門之上ニ而殊之外大切之もの之由申候、

此かな物しんちうニ而拵附置候

此十文字之物、ビイドロニ而角にいたし候、此内に佛之様成形籠置候様に相見へ候、金之はりがねニ而角に包候、幷くわんにほそき紐付、袋に仕付置申候、

一金ん之鏡之様成物壹、但裏銀革袋に入、

一金んニ而丸く拵、其内に人形彫付候物、數四拾貳、右之袋に入、

此二色、異國人に相尋候所、鏡之様成物は、レスサアカレと申物、幷金ニ而丸き物は、メタアリヤと申物ニ而、是又大切成物之由申候、惣而宗門之道具、貴き物は不依何に、レスサアカレと申由申之候、

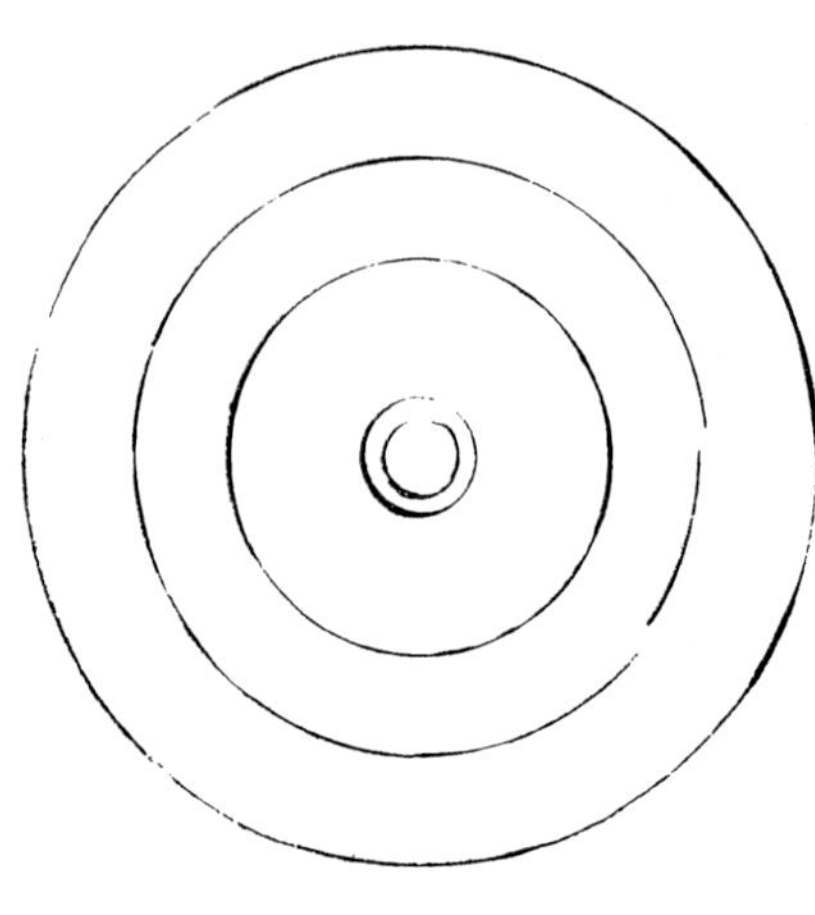

此大サ、六寸四歩四方、表金ん裏銀ニ而、薄く拵候物、但赤革之袋に入有之候、

金んニ而、大さ七分四方程、厚さ五りん程づゝ有之候、何も皆金ニ而、中之繪様は、少づゝかわり申候、數四十二、

一しんちうニ而拵候かな物之様成物　貳、

異國人に相尋候所、グロクスと申物之由申候、

一守袋之様に拵、紐緒留め有之物　壹、

但中に横文字之書物有、

異國人に相尋候所、是もレスサアカレと申物之由、并中に有之候書物、大切成物之由申之候、

上之方に口有之候、廻りははりがねニ而かゞり置申候、

一銀ニ而猪口之様に拵、足を付候物　壹、

異國人に相尋候所、是もレスサアカレと申宗門之器之由申候、

外銀ニ而拵、内は金んを流し候ものと相見候、

右は赤革之袋に入、其内に金のはりがね二把入置候、

一苧縄ニ而拵、かな物を入置候物　壹、

異國人に相尋候所、デシヒリイナと申物ニ而候、悪念起り候時分、此縄を以其身を打痛申物之由申之候、

如此苧縄ニ而、三尺程に拵、所〻結び目有之、花之様に角立候かなものを入置候、

一呂宋國ニ而取替候金　壹、

此通之金、硯墨之様にいたし候物、尤裏之方は木く目も無之、文字之様成極印二所に有之候得共、慥に難見分候、

此掛目九拾八匁、

一同板がね之様成る金、大小百八拾壹、

一同小き丸金　百六拾粒、

掛目二匁七分餘、此金大小合百八拾壹枚、

掛目惣合三百八拾五匁、

掛目二匁餘、

掛目壹匁五分、

但粒大小有之、丸藥之樣にいたし候、金掛目不同有之、貳分三分四分程宛御座候、百六拾粒、合物掛目五拾壹匁、

一日本小粒　拾八、但新金、

一錢　一緍、但寛永日本錢、七拾六錢、

康熙唐錢、三拾錢、

右四色取集、うろかひ袋に入有之候、

一鐵之印判　壹、

表印之方、

裏印之方、

一ビイドロ ニ而、貳寸四方程之丸き薄板に、彩色之佛之樣成繪書候物　九ツ、

異國人に相尋候所、バシネヱドキリステと申物之由申候、

一佛之様成繪、赤地金入之守袋に入　壹ツ、
　異國人に相尋候所、サンタマリヤロサアリと申物之由申之候、
一横文字之書物　大小拾壹册、但革之帙有、
　內六册は、異國人不斷致所持見申候、
一同双紙　大小五册、
一横文字之反古　貳拾四枚、
　但此內にロウマ惣司之者ゟ遣候往來之切手之由ニ而、壹枚有、
一宗門之佛之繪　大小貳拾四枚、
一異國之珠數、壹連、但かざりなし、
一白布ニ而拵候宗門之法衣　壹包、
一右同斷　壹袋、
一袖無し羽織之様成異國着物幷帯共一通り、
一フラスコに入候油、但壹箱に入、フラスコ三ツに入置候、
　此油、異國人に相尋候所、宗門之者大切成時節、爲呑申候油之由申候、
一挽物之小香合　壹、
　但內、ハルサモの油之ねり藥少有、
一蒔繪之中香合　壹、但明き物、

一同小香合　　壹、但明き物、

一鋏　　　　　壹、

一錫之紙入　　壹、

一鼻目がね　　壹、但革之家入、

一日本様に拵候刀　一腰、

但躬、貳尺四寸七分　樋有り、　反八歩、中心無銘、やき無之、

鋤、しんちう貳枚、はゞき、

切羽、同、貳枚、

柄、しんちう之打鮫　但柄糸黑きより糸ニ而、菱卷

目貫、金んやき付之様成かね模様兩龍の様成生き物、

ふち柄頭、赤銅雲の模様、金ニ而やき付、

鍔、赤銅三枚合、ちんちうのふくりん取、模様雲から草の様成形、金ニ而燒付、

鞘、びやくだんぬり、鯉口小尻、赤銅ニ而張、

下緒、もめん平紐の様成物付置候、

目釘、やき付之金めくぎ、

右之品ゝ、銘ゝ相改、阿蘭陀人致通達、異國人に相尋候處、右之通御座候、以上、

子十一月

第百二號　寶永六丑年（一七〇九年）風説書　其一

暹邏風説書

一今日入津仕候暹邏出し阿蘭陀船、去る三月十八日咬𠺕吧出船、五月五日に暹邏に着船、六月六日彼地出船、日數四十八日經り着岸仕候、出船の砌迄は、未當年來朝之船數幷新カピタンも相極り不申候に付、委細之儀、一船之者共不奉存候由申候、

一去冬唐船便に遣申候、此方ゟ之書狀、當三月十六日相屆、今度返禮參り候、然ば去秋ロウマ(1)ゟ切支丹之出家壹人法を爲働日本ゑ參り候由、就夫、右之類之者若跡ゟ茂又ゝ參り可申哉、爲替儀も候はゞ隨分承出し、御注進可申上之由、其節申遣候處、委細得其意、於暹邏方ゝ手を廻し承合候得共、右出家日本ゑ參り候儀も、又は其類之もの重而日本ゑ參り候風説も、曾而不承候由、シヤムに居申候邪宗門之者共申候由、暹邏カピタン方ゟ申越候、

一去十二月晦日、暹邏屋形病死いたし、惣領跡式致相續、國中仕置等先規に相替儀無御座候、就夫、コンパニヤ商賣も前ゝ之通にいたし候、此外相替儀無御座候由、暹邏カピタンゟ申越候、

七月　　古カピタン

やすふる・はん・まんすだある

〔註〕

（1）寶永五年八月二十七日（陽暦十月十日）大隅屋久島に單身潜入したイタリア人宣教師 Joan Babtista Sidoti (Giovanni Battista Sidotti) のこと。

第百三號　寶永六丑年（一七〇九年）風説書　其二

風説書

一當年來朝之阿蘭陀船、咬𠺕吧ゟ三艘、暹羅ゟ壹艘都合四艘之内、暹羅出壹艘は昨*廿三日入津、咬𠺕吧出*三艘は今日入津仕候、此四番船ゟ新カピタン、ヘトル乗渡申候事、

一去年申上候、モウル國の惣守護モゴルと申者病死仕候以後、四人之子供互に國を爭ひ合戰仕候處、次男三男は去年討死仕、當正月惣領と*末子と兩人互に戰申候處、末子痛手を負ひ終に死**申候付、惣領國を取、國中靜謐に罷成候由、サラタ國ゟ咬𠺕吧へ申越候事、

一阿蘭陀國之近所フラアバンと申國之内、オウデナアル(1)と申所、阿蘭陀國ゟ支配仕*、然る處去年五月頃、フランス人方ゟ四萬六千之人數を差向申候に*付、阿蘭陀方ゟも多勢を出し、三日之間戰ひ、フランス人壹萬程討殺、壹萬六千人生捕、相殘る人數散々落失申候、フランス方之大將分之者討取申候哉、亦は落失候哉、其譯具に相分り*不申候、此儀阿蘭陀國ゟハルシヤ(2)國に陸地に參り候飛脚申聞

*華本「一」あり

*華本「し」あり

*華本「之」
**華本「終に死」を「縊死」に作る

*華本「候」あり

*華本「に」なし

*華本「知」

候由、ハルシヤ國ゟ咬𠺕吧ゟ申越候、阿蘭陀本國ゟはいまた右軍之儀、書狀に不申越候に付、委細相知不申候事、

一去年六月比、フランス國ゟ大船四艘小船百艘、*軍用之武具兵粮衣類金銀等積込、イスパンヤ國に遣し*候處、海上にて阿蘭陀船拾艘連行逢、互に石火矢を打合候處に、フランス國之大船壹艘即時に打沈め、三艘は迯け行申候、小船も過半打取、積込候品々奪取申候由、右ハルシヤ國之便に咬𠺕吧ゟ申越候、右之外本國ゟ相替風説も不申來候、

七月

古カピタン
やすふる・はん・まんすだある
新カピタン
はるまあのす・めんせん(3)

*右之趣、貳人之カピタン申聞せ候通、和解差上申候、以上、

丑七月廿五日

通詞目付
通　詞　共

*華本「に」あり
*華本「し」なし
*華本により「右之趣」以下を補う

〔註〕本年の風説書については「華夷變態」巻三十四および「通航一覽」巻二百四十八參照。商館長 Jasper van Mansdale の日誌一七〇九年八月二十八日（寳永六年七月二十三日）に暹羅風説書のこと、八月三十日（七月二十五日）に一般風說のことが簡單に見える。

（1）Oudenaarde.

（2）Persia.

（3） 新商館長 Hermanus Menssingh (22 Oct. 1709~10 Nov. 1710).

商館長 Jasper van Mansdale (2 Nov. 1708~22 Oct. 1709)

長崎奉行 別所播磨守常治（八月發）、駒木根肥後守政方（在勤）、佐久間安藝守信就（八月着）、永井讃岐守直允（在府）

年番通詞 名村八左衛門、岩瀬德兵衛

入津蘭船 四艘、船名は Van den Berg, Arion, Corssloot, Standvastigheid

第百四號　寶永七寅年（一七一〇年）風説書

風説書

一當年來朝之阿蘭陀船、咬𠺕吧ゟ三艘、暹邏ゟ壹艘、都合四艘入津仕候*筈に御座候、內咬𠺕吧出貳**艘、暹邏出壹*艘、右三艘は今日着岸仕候、殘壹艘は荷物等積仕舞不申候に**付、五六日跡ゟ咬𠺕吧出船仕筈に御座候間、近日着岸可仕*奉存候、

一ポルトガルゟ伴天連壹人暹邏江*遣申候、其故は前廉ゟ數年暹邏に住居仕候伴天連代**之ため遣***候處†、前廉ゟ居申候伴天連、數年シヤムに居馴申*候**に付、唯今何之故もなく代申儀承引不仕候由ニ而、如何様共相極り不申候由、今度暹邏ゟ申來候、

* 華本「候」なし
** 華本「し」あり
* 華本「し」あり
** 華本「に」なし
* 華本「と」あり
* 華本「に」
** 華本「り」あり
*** 華本「し」
† 華本「に」あり
* 華本「染」あり
** 華本「に」なし

* 華本「ひ」なし
** 華本「に」あり
*** 華本「候」あり
* 華本「本國へ」あり
* 華本「方に」あり
* 華本「捕」
* 華本「捕」

一咬𠺕吧(1)に居申候阿蘭陀之惣頭ゼネラル役儀暇之願ひ*本國ゑ申遣候處、**願之通赦免申來、***去年十月上旬、咬𠺕吧ゟ、船貳拾艘ニ而罷*歸申候、唯今ア、フラン・ハン・リイヘイキと申者、ゼネラルに罷成申候、

一去年四月頃、イスパンヤ人、フランス人、兩國之者致一身、阿蘭陀人と軍仕候處、阿蘭陀*得勝利、フランス人數年切取*居申候レイセル(2)と申所、バルゲ(3)と申所、タウルネキ(4)と申所之城三ヶ所、阿蘭陀方に乘取*申候、右兩國之人數貳萬人程討捕、阿蘭陀方ニ茂壹萬人程討死仕候、城ゑ籠候武具兵粮等大分取申候由、本國ゟ咬𠺕吧ゑ申越候、此外相替風説茂不申來候、

八月

古カピタン
はるまあのす・めんせん

新カピタン
にこらす(5)・やん・はん・ほうるん

通詞目付
通　詞　共

* 華本により「右之趣」以下を補う

右之趣*、二人之カピタン申聞せ候通、和解差上申候、以上、

寅八月二日

〔註〕本年の風説書については「華夷變態」巻三十四および「通航一覧」二百四十八參照。
商館長 Hermanus Menssingh の日誌一七一〇年八月二十七日（寶永七年八月三日）の條に、風説書のこ

とが簡単に見える。

（1）オランダ東印度總督の更迭は一七〇九年十月三十日である。是日 Joan van Hoorn が退任し、Abraham van Riebeck (1709～1713) が就任した。

（2）Rysel.

（3）Bergen (Mons).

（4）Tournay.

（5）新商館長 Nicolaas Joan van Hoorn (10 Nov. 1710～31 Oct. 1711).

商館長　Hermanus Menssingh (22 Oct. 1709～10 Nov. 1710)

長崎奉行　駒木根肥後守政方（七月發）、佐久間安藝守信就（在勤）、久松備後守定持（七月着）、別所播磨守常治（在府）

年番通詞　楢林量右衞門、西吉太夫

入津蘭船　四艘、船名は Lokhorst, Samson, Bon, Nederhoven

第百五號　正德元卯年（一七一一年）風說書

風説書

一當年來朝之阿蘭陀船、咬𠺕吧ゟ三艘、暹邏ゟ壹艘、都合四艘(1)、今日入津仕候、

一去(2)年七月中旬比、阿蘭陀人イスパンヤ國ゑ押掛致軍候處、得勝利、五千人餘討捕、三千人程生捕申候、

一去年六月末頃阿蘭陀人フランス國ゑ押掛致軍、フランス人壹萬三千人程討捕、四千人程生捕申候、阿蘭陀人方も壹萬千人程討死仕候、其後フランス人共不殘引取申候、然る處、フランス國の內、ド(3)ウワイ、ベトウネ、センタフン*、モンスと申四ヶ所之城郭之者共致降參、阿蘭陀人手下に付申候、

一去年日本ゟ咬𠺕吧ゑ歸帆仕候船之內、(4)マロカ國の近所ニ而貳艘碇を入居申候處、フランス船貳艘、エゲレス之印を立、阿蘭陀にたばかり寄、石火矢打掛申候に付、阿蘭陀人方ゟも打合申候處、フランス船貳艘共迯失申候〔由〕*、今度本國ゟ咬𠺕吧ゑ申來候迄は、イスパンヤ國幷フランス國一手に成、阿蘭陀人と寂中軍仕候由申越候、

一暹羅國におゐて相替儀、承不申候、

七月

古カピタン
にこらす・やん・はん・ほうるん

新カピタン
(5)こるねれす・らるでん

右之趣*貳人之カピタン申聞候通、和解差上申候、以上、

卯七月三日

通詞目付　加福　喜藏印

*內閣文庫藏長崎御用留は「ま」に作る

*內閣文庫藏長崎御用留により補う

*內閣文庫藏長崎御用留にて「右之趣」以下補う

同　横山又次右衛門印

通詞　名村八左衛門印

同　今村源右衛門印

同　楢林量右衛門印

同　中山喜左衛門印

同　名村吟右衛門印

同　岩瀬德兵衛印

同　西吉太夫印

同　加福喜七郎印

〔註〕商館長 Nicolaas Joan van Hoorn の日誌一七一一年八月十六日（正德元年七月三日）の條に、風說書のことが簡單に見える。

（1）船名は Lokhorst, Bredenhoff, Reynesteyn, Raadhuis van Enkhuizen.

（2）今のベルギー卽ち Spanish Netherlands における戰爭。

（3）Donay, Béthune, St. Venant, Mons.

（4）Mallacca.

（5）新商館長 Cornelis Lardijn (31 Oct. 1711~20 Oct. 1712).

正德元卯年（一七一一年）風說書

商館長　Nicolaas Joan van Hoorn (10 Nov. 1710~31 Oct. 1711)

長崎奉行　佐久間安藝守信就（十月發）、久松備後守定持（在勤）、大岡備前守清相（九月着）、駒木根肥後

守政方（在府）
年番通詞　今村源右衛門、名村吟右衛門
入津蘭船　四艘（船名は註(1)を參照）

第百六號　正德二辰年（一七一二年）風說書

風說書

一當年來朝之阿蘭陀船、咬𠺕吧ゟ三艘、暹羅ゟ壹艘、都合四艘入津仕筈に御座候、內咬𠺕吧出三艘は今日着岸仕候、暹羅出一艘は近日入津可仕と奉存候、

一ドイチ國、阿蘭陀國一手に成、イスパンヤ國と軍、于今相止不申、勝劣相知不申候、

一去秋(2)ゟスヘイデ國とデイヌマルカ國軍始り候、此意趣は、先年右兩國互に國を諍ひ軍仕候處、デイヌマルカ方討負、所々討捕れ申候に付、阿蘭陀人方ゟ加勢を遣し、軍和談に仕申候、然る處、今度デイヌマルカ方人數を催し先年捕れ候所々捕返可申との所存にて、軍始り申候由、本國ゟ申越候、

一去年(3)八月比西韃靼人とトルコ國と一手に成、ムスカウベヤ國と軍仕候、此意趣者、先年トルコ國とムスカウベヤ國と軍仕、トルコ方討負、トルコ之內三ヶ所捕れ申候處、去年トルコ方に西韃靼人加勢仕、右之三ヶ所捕返し申候由、今度本國ゟ申越候、此外相替風說茂不申來候、

古カピタン

七月

こるねれす・らるでん

新カピタン

にこらす・やん・はん・ほうるん(4)

〔註〕商館長 Cornelis Lardijn の日誌、一七一二年八月十八日（正德二年十月十七日）の條に、風説書のことが簡單に見える。

（1）船名 Charlois, Ouwerkerk, Abbekerk, Nederhoven.

（2）北方戰役（一七〇〇～一七二一）の戰況の一端。

（3）西韃靼人は、スウェーデン、ムスカウベヤはロシヤ。
一七一一年スウェーデンの Karl XII はトルコ帝を煽動勸誘してロシヤに對して開戰させ、Pruth にロシヤのペートル大帝の軍を擊破した。

（4）新商館長 Nicolaas Joan van Hoorn (20 Oct. 1712~7 Nov. 1713).

商館長　Cornelis Lardijn (31 Oct. 1711~20 Oct. 1712)

長崎奉行　久松備後守定持（正月發）、大岡備前守清相（在勤）、駒木根肥後守政方（正月着）

年番通詞　中山喜左衞門、加福喜七郎

入津蘭船　四艘（船名は註(1)を參照）

第百七號　正徳三巳年（一七一三年）風説書

風説書

一當年來朝之阿蘭陀船、咬𠺕吧ゟ貳艘、暹邏ゟ壹艘、都合三艘入津仕筈御座候、内咬𠺕吧出貳艘者今日着岸仕候、暹邏出し一艘者近日入津可仕と奉存候、

一去年四月フランス國之領分シヨム(2)と申所之近邊に於て、オランダ國一味に成、イスパンヤ人フランス人を相手に致し、互に拾萬宛之勢を催し、軍仕候處、阿蘭陀ドイチ方に討死之數九千五百七十人、敵方にも壹萬餘人之討死仕候、然共双方勝負付不申相引仕候、其後亦ゝ人數を催し七月三日フランス國之内クイノ(3)と申所ゑ押かけ、其所を責捕申候、

一同月末、フランス國之内マルセネと申所ゑ押掛、軍仕候處、敵方要害稠敷防申候に付、無勝利、人數を引取申候、然る處、近國之守護共双方に使者を以、近年打續及兵亂、近國共騒動いたし、諸民及難儀申候間、矢止仕候様扱申候得共、双方ゟ種ゝ望事を申論、(于今カ)にと落着不仕候、

一去年申上候トルコ國と西韃靼と一味に成、ムスカウベヤ國と軍勝負付不申候處、エゲレス國阿蘭陀國ゟ扱を入れ、三拾年矢止約諾仕候、右之様子當四月オランダ國ゟ、咬𠺕吧ゑ申越候、此外相替風説無御座候、

古カピタン
にこらす・やん・はん・ほうるん
新カピタン
[4]こるねれす・らるでん
通詞目付
通　詞

右之趣、貮人之カピタン申聞候通、和解差上候、以上、
巳六月

〔註〕商館長 Nicolaas Joan van Hoorn の日誌、一七一三年八月十四日（正德三年六月二十四日）の條に、風説書のことが簡單に見える。

（1）船名 Arion, Sanderhoef, Huis ter Leede.
（2）ショム未詳 Chimay か。
（3）クイノは今のベルギー領 Quesnoy である。
（4）新商館長 Cornelis Lardijn (7 Nov. 1713~28 Oct. 1714).

商館長　Nicolaas Joan van Hoorn (20 Oct. 1712~7 Nov. 1713)
長崎奉行　大岡備前守清相（九月發）、駒木根肥後守政方（在勤）、久松備後守定持（八月着）
年番通詞　名村八左衛門、岩瀬德兵衛
入津蘭船　三艘（船名は註(1)を參照）

第百八號　正德四午年（一七一四年）風說書　其一

カピタン口上

一今日遥邏出し阿蘭陀船一艘致入津候、就夫、壹船之者共申候者、三月十六日咬𠺕吧乗出し、四月十三日遥邏ゟ乗渡、五月廿三日遥邏出船、今日致入津候、新カピタン儀は咬𠺕吧ゟ跡船ゟ乗渡申と奉存候、

カピタン
こるねれす・らるでん

右之通カピタン申聞候通、和解差上申候、以上、

午七月五日

通詞目付
通　詞

第百九號　正德四午年（一七一四年）風說書　其二

風說書

一當年來朝之阿蘭陀船、咬𠺕吧ゟ貳艘、暹邏ゟ壹艘、都合三艘(1)ニ而御座候、
一去年(2)風説に申上候、フランス國、イスパンヤ國、此兩國と阿蘭陀國、ドイチ國、一味に成、數年之間及兵亂申候に付、其近國諸民及困窮申候故、近國守護共双方に使者を遣し矢止仕候様にと取扱ひ申候處、双方共に承引仕、數年之間双方切取候所〻、幷生捕候者共戻し、相矢止仕靜謐罷成候由、去年九月に、本國ゟ咬𠺕吧ぇ申越候、
一去年(3)十月廿日、咬𠺕吧之惣頭ゼネラル、リイベイキと申者、歳六十一ニ而病死仕、其跡ハン・ズタルと申者ゼネラルになり申候、尤本國ゟは、いまた下知不申來候得共、阿蘭陀之法ニ而、一日ニ而もゼネラル役明け置申儀不罷成格ニ而、大役之者共寄合相談之上、多分に付、早速右之者に相極申候、
一暹邏ゟ相替儀無御座由申越候、當年暹邏ゟ唐船二艘日本ぇ渡海仕候由ニ而、阿蘭陀出船以前咬𠺕吧出し申候、此外相替風説無御座候、

古カピタン
こるねれす・らるでん
新カピタン
にこらす・やん・はん・ほうるん(4)

右之趣、二人之カピタン申聞候通、和解差上申候、以上、

午七月七日

通詞目付
通　詞

〔註〕 商館長 Cornelis Lardijn の日誌に風説書について左の記事がある。一七一四年八月十五日は正徳四年七月六日。

15 Augustus 1714.

......gaven wy al ten eersten de tolken voor nieuws op de geslote vreede tusschen onsen staat en den croone van Frankryk, mitsgaders ook het afsterven van zyn Ed[t] den hoog Ed. heere gouverneur generaal Abraham van Riebeck, mitsgaders dat tot bekleede van dat hoogwigtig ampt weder verkoren en aangesteld was den Ed[e] heer Christoffel van Swall, 't welk zy lieden door hare schryvers opgetekende hebbende vertrocken daarmede stedewaarts.

（1） 船名 Sanderhoef, 't Huis ter Leede, Arion.

（2） 右蘭文参照。

一七一三年四月十一日、イギリス、フランス、オランダ、サヴォイ、ブランデンブルク、及びポルトガルの諸國が Utrecht 講和條約に調印し、同年七月十三日には、イギリス、イスパニヤ間に、一七一四年六月二十六日にはオランダ、イスパニヤ間に各〻講和條約が調印され、一七〇一年以來のイスパニヤ王位繼承戰爭は終局を見ることとなった。

（3） 右蘭文参照。

オランダ東印度總督 Abraham van Riebeck 一七一三年十一月十七日（正徳三年九月晦日）バタビヤに歿し、同月二十日葬儀を營んだ。十月二十日とあるのは誤り。同人は一六五三年十月十八日の生れなので歳六十一とあるのに合う。後任總督ハン・ズタルとあるはハン・スヲルの誤寫であろう。Christoffel van Swall (1713~1718) は一七一三年十一月十七日就任した。

（4） 新商館長 Nicolaas Joan van Hoorn (28 Oct. 1714~19 Oct. 1715).

商館長 Cornelis Lardijn (7 Nov. 1713~28 Oct. 1714)

長崎奉行　駒木根肥後守政方（十月發）、久松備後守定持（在勤）、大岡備前守清相（九月着）
年番通詞　楢林量右衛門、西吉太夫
入津蘭船　三艘（船名は註(1)を參照）

第百十號　正德五未年（一七一五年）風說書　其一

風說書

一當年來朝之阿蘭陀船、咬𠺕吧ゟ貳艘、暹邏ゟ壹艘、都合三艘入津仕筈御座候、內咬𠺕吧出し貳艘者今日着岸仕候、暹邏出し壹艘者近日入津可仕と奉存候、

一フランス國、イスパンヤ國一味に成、オランダ國、ドイチ國一味に成、數年取合仕候得共、去年風說に申上候通、近國之守護共扱之上、和談仕、無違變矢止仕候由申來候、

一エゲレス國之守護先年死去以後、右守護之妹守護となり、數年國之仕置仕候處、去年右之女守護病死仕候、エゲレス國之儀者オランダ同宗國故、常通路仕候、然る處、國中之者半分者邪宗門に志、フランス國ゟ守護を招入申度由申合候、半分はオランダ同宗に志し申候付、前守護之血脈之者ドイチ國に居申候を招入度由、阿蘭陀國江賴越申候に付、兵船貳百艘ニ而右之血脈之者を連越申候に付、國中之者不殘歸服仕、唯今以前之通、エゲレス國茂阿蘭陀國に同宗に治申候事、

一去年イスパンヤ國守護妻、病死仕候、

一去年歸帆之阿蘭陀船三艘共、十月初比萬里之瀨(3)近所ニ而遭難風、一艘無恙、壹艘は帆柱三本共吹おり申候得共、無別條ポルトモン(4)と申嶋迄貳艘共着仕候、今壹艘カピタン乘候船、見ゟ不申候に付、彼嶋迄十六日之内待合候得共、カピタン船參り不申候に付、無是非、壹艘は去年十一月十七日咬𠺕吧ゟ歸着仕候、壹艘者右十六日滯船之內、帆柱等修復仕直し、マロカと申所ゟ參り申候、右之カピタン船、今度入津之船咬𠺕吧出船迄、行衞相知れ不申候、此外相替風説無御座候、

古カピタン
にこうす・やん・はん・ほうるん

新カピタン
ぎいでよむ・ぼたむ(5)

右之趣、貳人之カピタン申聞候通、和解差上申候、以上、

未七月廿六日

通詞目付
通　詞

〔註〕商館長 Nicolaas Joan van Hoorn の日誌一七一五年八月二十四日（正德五年七月二十五日）の條に、通詞に風説を傳えたことが簡單に見える。

（1）イギリス女王 Anne は一七一四年八月十二日に歿す。ハノーヴァー選擧侯が迎立され George I（1714～1727）となる。

（2）イスパニヤ王 Felipe V の后 Maria Louisa は一七一四年二月、二十六歲にて歿した。

（3）萬里之瀨は、萬里石塘、千里長沙、千里石塘にも作る。これは南シナ海の Pracel 諸島である。

（4） Pulo Timoan.
（5） 新商館長 Gideon Boudaan (19 Oct. 1715〜3 Nov. 1716).

商 館 長　Nicolaas Joan van Hoorn (28 Oct. 1714〜19 Oct. 1715)
長崎奉行　久松備後守定持（三月發）、大岡備前守清相（在勤）
年番通詞　今村源右衛門、名村五兵衛
入津蘭船　三艘、船名は Risdam, Sleewijk, Sanderhoef

第百十一號　正徳五未年（一七一五年）風說書　其二

遅邏風說

一去年歸帆之カピタン船遭難風、萬里之瀨ニ而及破船、カピタン其外拾六人卽時に溺死仕、相殘者八拾七人は板木に取付、萬里之內小嶋に揚り、彼所に一ヶ月程居申候內、食物きれ申候、此嶋に常に人住不申候に付、其所之鳥、人を恐不申候故、手捕に仕、潮を濱に汲かけ、干付鹽に成し、其鹽を以、右之鳥を漬置、食物に仕、瀨之上を堀申候得者、水出申候を呑、漸存命仕、其間に端船一艘に板木を取集、兩脇を圍ひ、八拾七人之者乘、霜月廿六日彼島を出、風にまかせ走り申候處、十二月朔日廣南之內、ナアトランと申所に漂着仕候、然れ共、飢申候に付、半死半生之躰に御座候、右之內ヘトル壹人、船頭壹人、ネンテウヘキと申者壹人、汀ゟ這ひ揚り申候處、老女一人參、米之粥を給させ申候、少〻氣力付、物を申候得共、言葉通し不申候、然る處に、其所之頭分之者參、右三人之者端船に連歸、其外之者ニ茂粥を給させ、小船壹艘遣し、右之人數を兩船ゟ分け置申候、其後所之頭分之者方ゟ彼地に居申候南蠻人を壹人出し、言葉通用爲仕、少〻言葉通し、右之次第申聞候、其以後拾壹人者廣南屋形之方に送り遣し申候、右之端船に小石火矢一挺乘置候を、拾壹人之者に添、廣南屋形ゟ遣し申候、萬里ニ而破船之節、銅十箱取揚申候を、端船に積參申候、其外何色茂無御座候、右破船之阿蘭陀船萬里之瀨を出申候節迄者、艫之方少〻水上に見ゟ申候、右之趣、廣南に居南蠻人之出家、テイロホウラスと申者方ゟ暹邏に居申候南蠻人之出家ルヱステクイと申者方ゟ委細に申遣候を、暹邏屋形ゟ訴申候に付、暹邏屋形方ゟ彼地之阿蘭陀カピタンゟ爲知申候に付、此度シヤムカピタンゟ申越候、此外相替儀無御座候、

古カピタン
にこらす・やん・はん・ほうるん
新カピタン
ぎいでよむ・ぼたむ

右之趣、貳人之カピタン申聞候通、和解差上申候、以上、

八月五日

通詞目付
通　詞

〔註〕下卷掲載該當蘭文商館長日誌の一七一五年八月二十三日、三十日の記事の詳しいもの。

第百十二號　享保元申年（一七一六年）風說書

風說書

一當年來朝之阿蘭陀船、咬𠺕吧ゟ貳艘[1]出船仕、今日入津仕候、外に來朝之船無御座候、

一邪宗門フランス國之守護[2]ポルボンと申者歲七十七ニ而去年八月上旬病死仕候、此者存生之內、數度阿蘭陀國、ヱゲレス國と國諍ひ、捕合仕候者ニ而御座候に付、病死仕候儀、本國ゟ申越候、

一ヱゲレス國之頭立候者と、フランス國之守護と兼而內通仕、伴天連之者を仕立、ヱゲレス國之守護に成し可申企仕置候處、フランス國之守護去秋病死仕候に付、右之企難事成、脇ゟ及露顯申候に付而、右一味之者共大勢、ヱゲレス國守護方へ捕ニ申候、過半者方〻ニ逃隱申候に付、國中騷動仕候間、オランダ方ゟ茂兵船三拾艘に人數六千人乘せ、ヱゲレス國之海邊警固仕候由、本國ゟ申越候、

一去〻年日本ゟ歸帆之カピタン乘候船、萬里長沙におゐて及破船、廣南漂着仕、人數六十三人居申候を、シヤムに居申候カピタン暹羅屋形を賴申候處、シヤム屋形方ゟ小船貳艘仕立、廣南屋形ニ右漂着之オランダ人共歸し吳候樣ニと申越候處、廣南屋形承引仕、存命居申候阿蘭陀人五十五人差歸申候故、廣南ニ而彼地之船を一船借り、當年二月咬𠺕吧ニ連越申候、右之內五人者、今度一番船ゟ乘

渡申候、此外相替風説承不申候、

古カピタン
　ぎいでよむ・ぼたん
新カピタン
　(3)よわん・おううる

右之趣、二人之カピタン申聞候通、和解差上申候、

七月十八日

通詞目付
通　詞

〔註〕

（1）船名 Ternisse, Ryxdorff.

（2）ブルボン王家の Louis XIV が一七一五年九月一日に歿したのをいう。

（3）新商館長 Joan Aouwer（3 Nov. 1716～24 Oct. 1717）.

商館長　Gideon Boudaan（19 Oct. 1715～3 Nov. 1716）

長崎奉行　大岡備前守清相（五月發）、石河土佐守政郷（四月着）

年番通詞　中山喜左衞門、加福喜七郎

入津蘭船　二艘（船名は註（1）参照）

第百十三號　享保二酉年（一七一七年）風説書　其一

風説書

一當年來朝之阿蘭陀船、咬𠺕吧ゟ貳艘出船仕(1)、今日入津仕候、外に來朝之船無御座候、

一邪宗門スコツトランド(2)と申國、ヱゲレス隣國ニ而御座候、然る處、*去年右スコツトランド之者共大勢徒黨を組、隣國を切捕可申企仕候*儀を、ヱゲレス國ゟ聞付、三萬人之人數差越、右徒黨之者を打し*つぶし、其上スコツトランド一國を切隨へ申候由、今度本國ゟ申越候、

一阿蘭陀近國ドイチ國、トルコ國、此兩國隣國ニ而御座候得ども、數年敵〻ニ而及兵亂候、然る處、去年亦〻及取合、ドイチ國方過半利運に*成候由、今度ハルシヤ國ゟ咬𠺕吧江申越候、

一マルバアルと申國に數年阿蘭陀人城を構江、毎年咬𠺕吧ゟ商船數艘渡海仕、入魂之*國ニ而御座候處、去年城普請半*成就之節、夜中に國中之者共數千人城內に亂入、城內之阿蘭陀共殘り**なく討捕、城內之武具其外諸道具奪取申候、其節城內無人數故不及力、漸其場*を遁れ出候者ども、咬𠺕吧江飛船を以告知せ申候に付、兵船貳拾艘に壹萬之人數を乘せ、ゼネラル差次之者大將分參り、四度軍に及び、四度共に阿蘭陀方打勝、マルバアル人數千人打捕申候に付、敵方敗軍仕、彼國之守護サモレンと申者、段〻詫言を申候由、咬𠺕吧江今度飛船を以申來候、

＊崎本「に」あり
＊崎本「候」なし
＊崎本「し」なし
＊崎本「に」なし
＊崎本「之」なし
＊崎本「仕」あり　＊＊崎本「すく」
＊崎本「城」

一去年ヱゲレス船、奥南蠻之ポルトガル船、フランス船、此三國之船都合貳拾五艘、廣東ゟ乗來候由、於咬𠺕吧唐人共咄し＊申候、此外相替風説不申來候、

＊崎本「に」

七月廿日

古カピタン
よわん・おうゝる

新カピタン
きりすてやん・ふれいばるこ(4)

右之趣、貳人之カピタン申聞候通、和解差上申候、以上、

酉七月＊

通詞目付
通詞共

＊崎本「酉七月」なし

〔註〕本年の風説書については「崎港商説」巻一（「華夷變態」所收）および「通航一覧」巻二百四十八參照。

（1）船名 Lugtenburg, Noordbeeck.

（2）Schotland.

（3）印度西南海岸 Malabar のオランダ根據地 Chanotte 城塞を襲撃した Calicut の Zamorijn に對して、マラバール地方司令官に任ぜられた Karel Ketel が一七一五年と翌一七一六年にオランダ軍を率いて反撃して破ったことを指し、このことは下巻掲載該當蘭文記事の終りの方にも見える。

（4）新商館長 Christiaen van Vrijberghe (24 Oct. 1717～13 Oct. 1718).

商館長 Joan Aouwer (3 Nov. 1716～24 Oct. 1717)

長崎奉行　石河土佐守政郷（九月發）、日下部丹波守博貞（九月着）
年番通詞　名村八左衞門、岩瀨德兵衞
入津蘭船　二艘（船名は註（1）を參照）

第百十四號　享保二酉年（一七一七年）風說書　其二

覺

一去年奧南蠻ポルトガル國之船、フランス船、エゲレス船、都合二十五艘廣東ゟ乘渡候由、於咬𠺕吧唐人共咄に承申候由、當年之風說に申上候、依之右之譯カピタンに相尋申候處、前〻より廣東ゟ者、南蠻爲商賣渡海仕儀に御座候、尤南蠻之出家抔茂乘渡申候得共、宗門を弘め申ため計に乘渡候儀ニ而も無御座候、

一二三年以前、日本ゟ渡海之唐船、日本向之商賣荷物格別減少仕候と申沙汰、唐人共ゟ承申候哉と、カピタンに相尋申候處、於咬𠺕吧左樣之咄、如何樣共承り不申候由申候、以上、

酉八月

第百十五號　享保三戊年（一七一八年）風説書

風説書

一當年來朝之阿蘭陀船、咬𠺕吧ゟ貳艘出帆仕、今日入津仕候、外に來朝之船無御座候、

一去年申上候通*、阿蘭陀之近國ドイチ國、トルコ國、數年敵國ニ而及兵亂候處、ドイチ國**に五萬人程討捕、國中所々切捕申候得共、於于*今勝負相知不申候由、本國ゟ去年咬𠺕吧江申越候、

一去年申上候マルバアルと申國に阿蘭陀人數年城を構へ毎年咬𠺕吧ゟ商賣船差越申候、然る處*、去々年オランダ城普請仕候節、彼地之者共夜中城内に*入、亂妨仕申候に**付、咬𠺕吧江申越兵船貳拾艘、咬𠺕吧ゟ差遣し、四度捕合に及び、オランダ方江打勝、マルバアル人共數千人討捕申候、彼國之守護段々侘言を申候に*付、和談仕、前々之通商賣船渡海仕候由、今度申越候、

一當年エゲレス船、南蠻船、フランス船、都合貳拾三艘廣東江乘渡*候由、咬𠺕吧住居之唐人共咄**承り***申候、

一當年(1)ジャワ國之者共致徒黨、ジャワ國*主に敵對仕候に**付、國主ゟ咬𠺕吧ゼネラル方江加勢を乞申候故、咬𠺕吧ゟ兵船貳拾艘に人數を乘せ、追々*差越申候、

一今度來朝之貳番船、廣東近所ニ而雷落、水主七人雷にうたれ、内五人即時に死申候、貳人者疵を請

* 崎本「通」なし
** 崎本「方」あり
* 崎本「于」なし
* 崎本「る」なし
* 崎本「へ」
** 崎本「に」なし
* 崎本「に」なし
* 崎本「來」
** 崎本「に」あり
*** 崎本「承り」なし
* 崎本「之」あり
** 崎本「に」なし
* 崎本「近」

候得共、致療治快氣仕候、此外相替風説無御座候、

八*月八日

古カピタン
きりすてやん・ふれいばるこ

新カピタン
よわん・おううる(2)

*崎本により日付を補う

右之趣、貳人之カピタン申聞候*通、和解差上申候、以上、

*崎本「せ」あり

戌八月八日

通詞目付

通　詞

〔註〕本年の風説書については「崎港商説」巻二（「華夷變態」所收）および「通航一覽」巻二百四十八參照。
商館長 Christiaen van Vrijberghe の日誌一七一八年九月二日（享保三年八月八日）の條に、風說書のことが簡單に見える。

（1）一七一七年爪哇の東 Mataram 島の土侯の叛亂があり、Bali 島 Madoera 島もこれに結んだ。

（2）新商館長 Joan Aouwer (13 Oct. 1718~21 Oct. 1720).

商館長　Christiaen van Vrijberghe (24 Oct. 1717~13 Oct. 1718)
長崎奉行　日下部丹波守博貞（十月發）、石河土佐守政郷（十月着）
年番通詞　檜林量右衛門、西吉太夫
入津蘭船　二艘、船名は Ternisse, Meeroogh
翌享保四亥年はオランダ船の入津なし。

〔参考史料〕 享保四亥年（一七一九年）

享保四亥年阿蘭陀入津無之

〔註〕 本文は學習院大學圖書館本「荷蘭上告文」に風説書と共におさめてある。

商館長 Joan Aouwer (13 Oct. 1718~21 Oct. 1720)
長崎奉行 石河土佐守政郷（十月發）、日下部丹波守博貞（十月着）
年番通詞 今村源右衞門、馬田忠右衞門
入津蘭船 なし

第百十六號 享保五子年（一七二〇年）風説書 其一

覺

一當年阿蘭陀船、貳艘乘渡候儀、去〻年歸帆之砌、銅積船壹艘、願之通御赦免被遊候に付、去年三艘連ニ而、五月中旬咬𠺕吧出船仕候處、臺灣之近所ニ而遭難風、壹艘は卽時に及破船、乘組人數之內、

八人存命仕、當春唐船ゟ咬𠺕吧江送越申候、右八人之者共申聞候者相殘貳艘之船者如何成行申候儀も不存候由申候に付、於咬𠺕吧ゼネラル(1)推量仕候者、二艘之内壹艘成とも日本江着岸不仕事は有之間鋪候、然共、右之仕合ニ而遅く日本江着*仕候故、歸帆茂延引仕、風之時節茂ちがひ、無是非日本江滯船*仕候に付、當年貳艘差越申候由、ゼネラル方ゟ申越候、以上、**

右之通カピタン申聞候通、和解差上申候、以上、

子七月廿二日*

通詞目付

通　詞*

*崎本「に」
*崎本「仕居可申与推量」あり
**崎本「以上」なし
*崎本「廿二日」なし
*崎本「共」あり

〔註〕

(1) Henricus Zwaardecroon (1718~1725).

第百十七號　享保五子年（一七二〇年）風說書　其二

風說書

一當年來朝之阿蘭陀船、咬𠺕吧ゟ貳艘出船仕候、*今日着岸仕候、外に來朝之船無御座候、

一去ゝ年申上候、阿蘭陀之近國ドイチ國、トルコ國、數年及兵亂候處和睦仕候由申越候、

一去ゝ(1)年申上候、ジヤワ國兵亂に付、オランダ方ゟ加勢を遣し、國中靜謐に罷成候由申越候、

*崎本「候」なし

一（2）去年來朝之阿蘭陀船三艘連、五月中旬咬𠺕吧出船仕候處、臺灣近所ニ而遭難風、右之内壹艘、六月廿九日破船仕、乗組人數之内八人、板木に取付存命仕、二日二夜海上に浮居申候處、漁船ゟ見付、右之者共助け乗せ、嶋に連越、夫より厦門江送り遣し、厦門ゟ福州江送り越、福州ゟ又々厦門江送り、彼地ゟ廣東江送越、廣東ゟ天川江送越*、咬𠺕吧渡海之唐船に乗せ、當春咬𠺕吧江送越申候、右八人之者共申候者*、殘貳艘之船は、如何成行**茂不存候、厦門・廣東・福州におゐて右貳艘之船之行衞尋申候得共、何國江漂着仕候沙汰茂不承候由申聞候に*付、於咬𠺕吧ゼネラル推量仕候者、貳艘之内一艘成共、日本江着岸不仕事は有之間鋪候、然共着岸延引ニ而、出帆風之時節茂違ひ、無是非日本江滯船仕居可申と推量仕、依之當年貳艘差越申候、

一去年エゲレス幷フランス之商船四艘*、廣東・天川江乗渡候由、咬𠺕吧ゟ申越候、右之外阿蘭陀本國筋相替風説無御座候、

古カピタン
よわん・おううる

新カピタン
（3）るふろふ・でよたあて

右之趣、貳人之カピタン申聞候通、和解差上申候、以上、

〔子〕*七月廿二日

通詞目付
通詞

*崎本「り」あり
*崎本「は」あり
**崎本「候」あり
*崎本「に」なし
*崎本「拾」あり
*崎本により補う

〔註〕本年の風說書については「崎港商說」卷三（「華夷變態」所收）および「通航一覽」卷二百四十八參照。
（１）第二回ジャワ繼承戰爭を指すようで、下卷揭載該當蘭文をも參照。
（２）下卷揭載該當蘭文參照。
（３）新商館長 Roeloff Diodati (21 Oct. 1720～9 Nov. 1721).

商館長 Joan Aouwer (13 Oct. 1718～21 Oct. 1720)
長崎奉行 日下部丹波守博貞（十月發）、石河土佐守政郷（十月着）
年番通詞 中山喜左衞門、加福喜七郎
入津蘭船 二艘、船名は Commerrust, Noordwaddingsveen

第百十八號　享保六丑年（一七二一年）風說書

風說書

一當年來朝之阿蘭陀船(1)、咬𠺕吧ゟ三艘出船仕、今日着岸仕候、外に來朝之船無御座候、
一去年申上候、阿蘭陀近國ドイチ國、トルコ國、數年及兵亂候處、和睦、只今靜謐に成申候、此外本國表、南蠻國、エゲレス國、フランス國、何國ニ茂兵亂の沙汰曾而御座なく、百年以來之靜謐に有之候由、今度本國ゟ咬𠺕吧ヘ申越候、
一去年申上候通、去〻年來朝之阿蘭陀船三艘之內、壹艘は臺灣近所ニ而破船仕、乘組人數之內、八人

存命仕、天川ゟ唐船に乗せ、咬𠺕吧ぇ送り越申候、残貳艘之船、于今行方相知不申候、定而難風ニ而乗沈め申候者と奉存候、

一去年御當地ゟ歸帆仕候阿蘭陀船貳艘、十一月十八日、無恙咬𠺕吧ぇ歸着仕候、

一此度咬𠺕吧ゟ渡海筋、相替儀無御座候、廣南近所ニ而、唐船貳艘見掛申候、五六日茂類船仕候内、何國ぇ渡海仕候哉と相尋候得者、日本ぇ參り候由申答候、其後見失ひ申候、此外相替風説無御座候、

古カピタン
るふろふ・でよたあて

新カピタン
へんでれき・どるふ(2)

右之趣、貳人之カピタン申聞候通、和解差上申候、以上、

閏七月十三日

通詞目付
通　詞

〔註〕商館長 Roeloff Diodati の日誌、一七二一年九月四日（享保六年閏七月十二日）の條に、風説書のことが簡單に見える。

（1）船名は Boekenrode, Valkenbos, Bentvelt の三艘。

（2）新商館長 Hendrik Durven (9 Nov. 1721〜18 Oct. 1723).

商館長 Roeloff Diodati (21 Oct. 1720〜9 Nov. 1721)

長崎奉行　石河土佐守政郷（十月發）、日下部丹波守博貞（十月着）
年番通詞　名村八左衞門、岩瀬德兵衞
入津蘭船　三艘（船名は註(1)を參照）

第百十九號　享保七寅年（一七二二年）風說書　其一

阿蘭陀一番船咬𠺕吧出し船頭口書

一五月八日二艘連ニ而咬𠺕吧出船、新カピタン、ヨワノス・ハン・バアテンと申者、ヘトル、ボウレス・スイモンスと申もの、カピタン一船に乘組、當月二日五嶋女じま近所迄類船ニ而參候處、大風に遭、三四日晝夜之間*洴不申、當月五日之朝カピタン船見失ひ、其以後終に見掛不申候、此船茂帆之分不殘吹切られ、既に及破船候得共、漸〻に乘取り、今日御當地ゟ着岸仕候、於咬𠺕吧相替儀無御座候、本國筋之風說も相替沙汰承り不申候*、如何樣新カピタン着船仕候はゞ本國筋之風說可申上候、右之趣船頭申聞せ候通申上候、*本國筋風說者、例年新カピタン書付持渡申**候***に付、外之阿蘭陀人*委敷儀不奉存候、

七*月十七日　古カピタン
へんでれき・どるふ

* 崎本「風」あり
* 崎本「承り不申候」を「不承申候」に作る
* 崎本「尤」あり
** 崎本「り」あり
*** 崎本「に」なし
* 崎本「は」あり
* 崎本により日付を補う

右船頭申口、カピタン承り申上候通、和解差上申候、以上、

寅七月十七日　　　通詞目付

通　詞

〔註〕本年の風説書については「崎港商説」巻三（「華夷變態」所收）参照。商館長 Hendrik Durven の日誌、一七二二年八月二十八日（享保七年七月十七日）の條に、一番船 Hilgonde 號船頭 Jan Ringenbergh の口書について記述がある。新カピタン Joannes van Baten の乗船 Valkenbos 號は行方不明となった。

第百二十號　享保七寅年（一七二二年）風説書　其二

阿蘭陀船船頭申口

一近郷浦〻ゟ流寄候船具、御見せ被成、逸〻見分仕候處、今度類船之カピタン船具に紛無御座候、右船具之内にカピタン船之名書付御座候、幷船造り建候所之名茂御座候、其外見覺へ申候道具共御座候、

一カピタン船、人數百貳三拾人乘組申候、然共破船仕候船具、如此浦〻ゟ流寄申候儀に御座候得者、死骸流寄可申と奉存候得共、只今迄何之浦ゟ茂左樣之儀無之段、不審奉存候、併三四日晝夜之大風ニ而御座候得者、諸方闇之船中茂さだかに難見ゟ、多は船中にて怪我仕、其上食切等仕働難成、船底ゟ這入居申候節、船の上廻りは瀨に當り打碎き、船底者荷物積込申候得者、水入沈み、溺死仕可

申と奉存候、又は少〻は板木ニ茂取付、人茂住不申嶋抔ゟ流寄候迚茂、餓死仕候半と奉存候、亦又死骸海上に浮申候而茂、日數經候はゞ、殘暑之時分ニ而御座候得者、腐ただれ魚之餌に成候ものと推量仕候、外に存寄茂無御座候、

白木板

船之名　ハルコンボス　　但去年來朝仕候貳番船

船造り候所之名　ロツトルダム　　但是は阿蘭陀本國之内

是は端船を据へ候臺木、但此木にハルコンボスと申船之名を阿蘭陀大文字ニ而彫付有之、

模様成板

是は船之艫之粧り板、但船造り候所之名、阿蘭陀大文字に彫付有之、

右御見せ被遊候に付見分仕候處、カピタン船上廻り之諸道具ニ而御座候、此外之板木者、上廻り之船具幷船中用意之板木にて御座候、

右之通に御座候に付、先達而大風之節瀨に當り、必定破船仕候ものと奉存候、

右之趣、船頭申上候に付、和解差上申候、以上、

八月　　通詞目付

通　詞

〔註〕第百十九號に見えた Valkenbos 號に關する詳報。

第百二十一號　享保八卯年（一七二三年）風説書

商館長　Hendrik Durven（9 Nov. 1721～18 Oct. 1723）
長崎奉行　日下部丹波守博貞（十月發）、石河土佐守政郷（十月着）
年番通詞　加福喜七郎、馬田忠右衞門
入津蘭船　一艘、船名は前號の註を參照

風説書

一當年來朝之阿蘭陀船、咬嵧吧ゟ貳艘(1)、今日着岸仕候、外に來朝之*船無御座候、

一去〻*年申上候通**、阿蘭陀國、ドイチ國、ヱゲレス國、フランス國、其外遠國近國共***、兵亂之沙汰曾而無御座*、彌靜謐に御座候由、今度本國ゟ申越候、

一去年申上候、五島女じま近所において見失ひ申候カピタン船、于今行衞相知れ*不申、殊に**於御當地流寄候船糟*相見ゑ**不申候に付、於咬嵧吧茂***破船仕候と奉存候、

一去年御當地ゟ歸帆仕候阿蘭陀船壹艘、十一月十日、無別條、咬嵧吧着船仕候、

一今度咬嵧吧ゟ御當地迄之渡海筋、相替儀茂無御座候*、何國之船茂終に見掛不申候、惣而此度咬嵧吧出船前本國ゟ渡海之船數無御座候に付、別而相替風說も無御座候、

七*月五日

*松・華本「之」なし
*松・華本「丑」あり
**松・華本「り」あり
***松・華本「に」あり
*松・華本「候」あり
*松・華本「れ」なし
**松・華本「に」なし
*松・華本「槽」
**松・華本「不」なし
***松・華本「彌」あり
*松・華本「候」なし
*松・華本により日付を補う

右之趣、貳人之カピタン申聞候通、和解差上申*候、以上、

七月*

古カピタン

へんでれき・どるふ

新カピタン

(2)よわのす・ていでんす

通詞目付　西*　吉大夫

同　楢林量右衛門

通　詞　名村八左衛門

同　今村　市兵衛

同　中山喜左衛門

同　加藤　喜七郎

同　名村　五兵衛

同　岩瀬　徳兵衛

同　馬田忠右衛門

同　森山　徳太夫

＊松・華本「げ」あり

＊松・華本「七月」を「卯七月五日」に作る

＊松・華本により通詞目付、通詞それぞれの氏名を補う

〔註〕本年の風説書については「松平家本華夷變態」巻三十七參照。商館長 Hendrik Durven の日誌、一七二三

年八月五日（享保八年七月五日）の條に、風説書のことが簡單に見える。

（１）船名は Apollonia, Cornelia の二艘であって、新商館長は前者に乘ってきて着任した。

（２）新商館長 Johannes Thedens (18 Oct. 1723～25 Oct. 1725).

商館長　Hendrik Durven (9 Nov. 1721～18 Oct. 1723)
長崎奉行　石河土佐守政郷（十月發）、日下部丹波守博貞（十月着）
年番通詞　今村市兵衞、名村五兵衞
入津蘭船　二艘（船名は註(１)を參照）

第百二十二號　享保九辰年（一七二四年）風説書　其一

阿蘭陀船咬𠺕吧出し船頭口書

一閏四月廿三日、貳艘連ニ而咬𠺕吧出船、新カピタン、ヘンデレキ・ドルフと申者、ヘトル、ヘンデレキ・レイキマンと申者、カピタン一船乘組、當月七日、五嶋女しま𛀁百里餘沖迄類船にて參候處、大風に遭、一晝夜之間風汻不申候內、カピタン船見失ひ申候、其後右之船終に見掛不申候、尤今日入津之船も、右之節殊之外難義仕候得共、漸乘取り、今日御當地ㇸ着船仕候、咬𠺕吧幷本國筋相替儀、及承不申候、如何樣新カピタン着船仕候はゞ本國筋風説可申上と奉存候、右之趣、船頭申聞候通申上候、尤本國筋風説は、例年新カピタン書付持渡申候に付、外之阿蘭陀人は不奉存候旨申候、一去年被仰付候御用馬之儀、ゼネラル方ゟ申付、咬𠺕吧近國才覺仕候得共、被仰付候寸之馬無御座候に付、ハルシヤ國ゟ申遣候處、當咬𠺕吧出船迄何之便茂無御座候、咬𠺕吧おひて及承申候、(5)

古カピタン
よわのす・ていでんす

右船頭申口、カピタン承り申上候通、和解差上申候、以上、(6)

六月十六日

通詞目付
通　詞

〔註〕

（1） Hendrik Durven.
（2） Hendrik Rijkman.
（3） 船名は Appollonia.
（4） 遭難地點は 28 graden noorderbreete と見える。
（5） 御用馬のことは下卷掲載該當蘭文八月三日・四日兩日の記事にあり、丈四尺五六寸のものを注文したことが八月三日の記事に見える。
（6） Jacob Bernards.

第百二十三號　享保九辰年（一七二四年）風說書　其二

*學習院大學藏本には、この標題はないが、便宜上これを補う

〔阿*蘭陀船咬𠺕吧出し船頭口書〕

一閏四月廿三日、貳艘連ニ而、咬𠺕吧出船、新カピタン、ヘンデレキ・ドルフ、ヘトル、ヘンデレキ・レイキマン一船乘組、當月七日五嶋女しまゟ百里程沖迄類船ニ而參申候處、晝過比ゟ俄に大風發り、㝡初艮風、翌八日之朝、坤之風に成、高浪强く打込、此船之家猪三四疋浪にとられ申候程之大風にて御座候、カピタン船之儀、翌朝六ツ時過霧の晴間に一里程隔て見申候處、其後霧深く帆影見ゑ不申候、此船は夜中風烈敷有之候㝡中、水主共茂働難成、船頭自身働き、漸帆をしぼり申候、其節水主貳人帆柱ゟ落卽死仕候、カピタン船者霧の晴間に見申候節、帆をかけ居申候に付、此船之者共是程之大風に帆をしぼり不申候儀、如何樣成譯に候哉と不審を立申候、及晩景、浪靜り順風ニ而有之候得共、翌日迄はカピタン船を待合、漂ひ居申候、然共カピタン船放而見ゑ不申候に付、定而先に走りぬけ候ものと推量仕、順風にまかせ十六日着岸仕候、然者カピタン船之儀、唯今迄入津不仕候得共、右大風之節乘しづめ候ものと推量仕候、何れ之浦ゑ漂着仕候はゞ、日本近國之浦ゑ漂着可仕奉存候、然共只今迄御注進茂無御座候、咬𠺕吧戻し候風ニ而者曾而無御座候、此外存寄無御座候、

右之趣、カピタン幷今度入津之船頭申上候通、書付差上申候、

六月　　　　　　　　　　　　　　　　　　　　　通詞目付
通　詞

商館長　Johannes Thedens (18 Oct. 1723～25 Oct. 1725)
長崎奉行　日下部丹波守博貞（十一月發）、石河土佐守政郷（十月着）
年番通詞　中山喜左衞門、森山德太夫
入津蘭船　一艘、船名は Casteel v. Woerden

第百二十四號　享保十巳年（一七二五年）風說書

風說書

一當年來朝之阿蘭陀船、咬𠺕吧ゟ貳艘(1)今日着岸仕候、外に來朝之船無御座候、
一阿蘭陀國、ドイチ國、ヱゲレス國、フランス國、其外遠國近國共ミ*、兵亂之沙汰曾而無御座候、彌靜謐に*御座候由、去冬本國ゟ申越候、
一去年申上候、五島女しま沖ニ而見失ひ申候カピタン船、于今行衞相知〔れ〕*不申候に付、決定破船と相心得申候、
一去年御當地ゟ歸帆仕候オランダ船壹艘(2)、十月二十八日、無別條咬𠺕吧着船仕候、

*島・唐本なし
*島・唐本「愈靜ニ」に作る
*島・唐本により補う

一今度咬𠺕吧ゟ御當地迄之渡海筋、相替儀茂無御座候、何國之船茂終に見掛不申候、惣而此度咬𠺕吧出船前、本國ゟ渡海之船壹艘も無御座、殊に當年は例年ゟ咬𠺕吧表差急出帆仕候に付、猶又本國之便不承候、

古カピタン
　よわのす・ていでんす*

新カピタン
　よわのす・で・はるとく(3)*

*島・唐本書判あり

*島・唐本書判あり

右之趣、貳人之カピタン申聞候通、和解差上申候、以上、

巳六月十四日

通詞目付

通　詞

〔註〕商館長 Johannes Thedens の日誌、一七二五年七月二十三日（享保十年六月十四日）の條に風説を通詞に陳述したことが簡單に見える。

（1）船名 Casteel van Woerden, 't Wapen van Hoorn.

（2）船名 Casteel van Woerden, 一七二四年十一月五日（享保九年九月二十四日）長崎出帆。

（3）新商館長 Joan de Hartogh (25 Oct. 1725～15 Oct. 1726).

商館長　Johannes Thedens (18 Oct. 1723～25 Oct. 1725)

長崎奉行　石河土佐守政郷（十月發）、日下部丹波守博貞（十月着）

年番通詞　名村五兵衛、品川與兵衛

第百二十五號　享保十一午年（一七二六年）風說書

風說書

一當年來朝之阿蘭陀船、咬𠺕吧ゟ貳艘、(1)今日着岸仕候、外に來朝之船無御座候、
一阿蘭陀近國遠國共に、兵亂之沙汰曾而無御座、靜に御座候由、當四月本國ゟ申越候、
一去年御當地ゟ歸帆仕候オランダ船貳艘共、十一月三日、無別條咬𠺕吧着船仕候、
一ジヤワ(2)之國主、當三月病死仕候得共、此度咬𠺕吧出帆之比迄は相極り不申候、
一咬𠺕吧ゼネラル數年相勤候に付斷り申入、去七月隱居仕、跡役マテウス・デ・ハアン(3)と申者相勤申候、此外相替り候風說無御座候、

古カピタン
よわのす・で・はるとく
新カピタン
ぴいとる・ぼうこすていん(4)

右之趣、貳人之カピタン申聞候通、和解差上申候、以上、

午六月廿一日　通詞目付
通　詞

〔註〕商館長 Joan de Hartogh の日誌、一七二六年七月二十日（享保十一年六月二十一日）の條に、風說書を通詞に陳述したことが簡單に見える。

（1）船名 de Adelaar, 't Wapen van Woerden.

（2）一七二五年 Hamangkoerat II が歿し、Pakoeboewana II がその跡を繼いだ。

（3）オランダ東印度總督の更迭。一七一五年七月八日 Henricus Zwaardecroon (1718～1725) が退職し、同日 Mattheus de Haan (1725～1729) が就任した。

（4）新商館長 Pieter Boockesteijn (15 Oct. 1726～3 Nov. 1727).

第百二十六號　享保十二未年（一七二七年）風說書

商館長　Joan de Hartogh (25 Oct. 1725～15 Oct. 1726)
長崎奉行　日下部丹波守博貞（十一月發）、三宅周防守康敬（十月着）
年番通詞　加福喜七郎、横山又次右衞門
入津蘭船　二艘（船名は註(1)を參照）。

風　說　書

一當年來朝之阿蘭陀船、咬𠺕吧ゟ貳艘[(1)]、今日着岸仕候、外に來朝之船無御座候、

一阿蘭陀國筋、當正月比ゟ兵亂御座候樣風聞仕候得共、其後本國之船咬𠺕吧江參り不申候に付、慥に相知不申候、

一去年御當地ゟ歸帆仕候オランダ船貳艘共、十二月朔日、無別條咬𠺕吧江着船仕候、

一(2)去年申上候ジヤワ國主病死仕候處、右之弟當三月國主相續仕候、

一ハルシヤ國、七年程以前ゟ兵亂起り候處、于今靜り不申候由、去年九月申來候、此外相替候風說無御座候、

古カピタン
　ぴいとる・ぼうこすていん

新カピタン
　(3)あゝぶらむ・みんねんどんこ

通詞目付
通　詞

右之趣、貳人のカピタン申上候に付、和解差上申候、以上

六月三日

〔註〕商館長 Pieter Boockesteijn の日誌、一七二七年七月二十一日（享保十二年六月三日）の條に風說書のことが簡單に見える。

（1）船名は Jacoba, Meerlust.

（2）第百二十五號註(2)參照。

（3）新商館長 Abraham Minnendonk (3 Nov. 1727~22 Oct. 1728).

商館長　Pieter Boockesteijn（15 Oct. 1726～3 Nov. 1727）
長崎奉行　三宅周防守康敬（十月發）、渡邊出雲守永倫（八月着）
年番通詞　今村市兵衞、名村勝右衞門
入津蘭船　二艘（船名は註(1)を參照）

第百二十七號　享保十三申年（一七二八年）風說書

風說書

一當年來朝のオランダ船、咬𠺕吧ゟ貳艘(1)、今日着岸仕候、外に來朝之船無御座候、
一阿蘭陀本國筋、去年兵亂發り候樣に風聞仕候得共、其以後治り候由申越候、
一去年御當地ゟ歸帆仕候阿蘭陀船、貳艘共、十二月十七日、無別條咬𠺕吧着船仕候、
一去年ゟ申上候ジヤワ之國主病死仕候處、右之弟不相替致相續申候、
一ハルシヤ國、八年以前ゟ兵亂發り候處、此比に至靜謐に成申越候、此外相替候風說無御座候、

古カピタン
あゝぶらむ・みんねんどんこ
新カピタン
ぴ(2)いとる・ぼうこすていん

右之趣、貳人之カピタン申候に付、和解差上申候、以上、

申六月十九日

通詞目付

通　詞

〔註〕商館長 Abraham Minnendonk の日誌、一七二八年七月二十五日（享保十三年六月十九日）の條に、風説書のことが簡單に見える。

（1）船名は Casteel van Woerden, Reigersbroek.

（2）新商館長 Pieter Boockesteijn (22 Oct. 1728～12 Oct. 1729).

商館長　Abraham Minnendonk (3 Nov. 1727～22 Oct. 1728)

長崎奉行　渡邊出雲守永倫（十月發）、三宅周防守康敬（十月着）

年番通詞　今村喜左衞門、森山德太夫、馬田忠右衞門

入津蘭船　二艘（船名は註(1)を參照）

第百二十八號　享保十四酉年（一七二九年）風説書

風説書

一當年來朝之阿蘭陀船咬𠺕吧ゟ貳艘(1)今日着岸仕候、外に來朝之船無御座候、

一阿蘭陀本國筋、去年茂申上候通、兵亂發候樣風聞仕候得共、于今相替候儀無御座候、

一去年御當地ゟ歸帆仕候阿蘭陀船貳艘共、十一月十二日、無別條咬𠺕吧着仕候、

一咬𠺕吧近國筋、別而相替儀〔無〕*御座候、

一ハルシヤ國、近年兵亂發り候處、去年ゟ大躰治り申候由承候得共、未慥成便無御座候、此外相替候風説無御座候、

古カピタン
ぴいとる・ぼうこすていん

新カピタン
あゝぶらむ・みんねんどんこ(2)

右之趣、貳人之カピタン申上候に付、和解差上申候、以上、

酉七月二日

通詞目付

通　詞

＊文脈により補う

〔註〕商館長 Pieter Boockesteijn の日誌、一七二九年七月二十七日（享保十四年七月二日）の條に、通詞が來てヨーロッパ、アジア、アフリカ及びアメリカの風說を聽取した記事がある。

（1）船名 Casteel van Woerden, Wapen van Hoorn.

（2）新商館長 Abraham Minnendonk (12 Oct. 1729~31 Oct. 1730).

商館長　Pieter Boockesteijn (22 Oct. 1728~12 Oct. 1729)

長崎奉行　三宅周防守康敬（十一月發）、細井因幡守安明（十月着）

年番通詞　名村八左衛門、品川與兵衛

入津蘭船　二艘（船名は註（1）を參照）。

第百二十九號　享保十五戌年（一七三〇年）風說書

風說書

一當年來朝之阿蘭陀船、咬𠺕吧ゟ貳艘（1）、今日着岸仕候、外に來朝之船無御座候、

一去年、御當地ゟ歸帆仕候阿蘭陀〔船〕*貳艘、十月廿一日、無別條咬𠺕吧着仕候、

*文脈により補う

一去夏、咬𠺕吧ゼネラル病死仕、跡役デイデレキ・ドルフと申者ゼネラル（2）役申付、右之者前〻之通仕置仕候、

一今度渡海之節、廣南・臺灣之間ニ而、當月十三日ゟ同十七日迄、難風に遭、度〻瀨方に被打寄候得共、漸乘取候、同十八日ゟ風靜り申候、夫ゟ當月廿日、女嶋沖ニ而又〻大風に遭、旣に危く御座候處、是亦乘取申候、其後大汧に遭、存之外日數込み難儀仕候得共、無恙入津仕候、

一ムスカウビヤと申國ゟ（3）、阿蘭陀本國ゟ年〻商賣船數艘通路仕候處、去年夏之比、阿蘭陀國の賣船ムスカウビヤ國ゟ奪取申候に付、阿蘭陀本國ゟ兵船三拾艘仕立、右ムスカウビヤ國ゟ差越申候而取合仕候得者、ムスカウビヤ國主ゟ斷申、唯今和談仕、前〻之通商賣仕候由、當春本國ゟ咬𠺕吧ゼネラル方ゟ申越候、

一エゲレス國とイスパンヤ國、兵亂發り候處、互に相引仕居候得共、未治り不申候間、再發可仕と奉存候由、是又本國ゟ申越候、

一イスパンヤ國主之男子(4)、ポルトガル國主之娘、去年秋の比、縁組仕申候處、又イスパンヤ國主之娘を、ポルトガル國主之男子に縁組仕候由、本國ゟ申越候、

一フランスの國主代継出生仕候(5)、夫に付、ポルトガル國、イスパンヤ國、此三ヶ國親類之契約仕候由、本國ゟ申越候、

一ハルシヤ國近年兵亂發り居申候處、未治り不申候由承り申候、此外相替風説無御座候、

古カピタン
あゝぶらむ・みんねんどんこ

新カピタン
ぴいとる・ぼうこすていん(6)

右之趣、貳人之カピタン申上候に付、和解差上申候、以上、

六月廿九日

通詞目付

通　詞

〔註〕商館長 Abraham Minnendonk の日誌、一七三〇年八月十二日（享保十五年六月二十九日）の條に、風説書のことが簡單に見える。

（1）船名は Padmos, Midloo

（2）Gouverneur-Generaal の Mattheus de Haan が一七二九年六月一日バタビヤにおいて病死、同日、

Diederik Durven (1729～1732) が就任した。

（3） ムスカウビヤ Moscovien はロシヤ。

（4） 一七二九年イスパニヤ王子 Prince of Asturias とポルトガル王女 Barbara との結婚およびイスパニヤ王女 Mary Anne とポルトガル王子 (Prince of Brazil) Joseph との結婚が行われた。

（5） 一七二九年。

（6） 新商館長 Pieter Boockesteijn (31 Oct. 1730～7 Nov. 1732).

第百三十號　享保十六亥年（一七三一年）風說書

商館長　Abraham Minnendonk (12 Oct. 1729～31 Oct. 1730)

長崎奉行　細井因幡守安明（十一月發）、三宅周防守康敬（十月着）

年番通詞　加福喜七郎、横山又次右衞門

入津蘭船　二艘（船名は註(1)を參照）

風說書

一當年來朝之阿蘭陀船、咬𠺕吧ゟ貳艘出帆仕候、內壹艘、(1)今日着岸仕、ヘトル(2)乘渡申候、

一右貳艘之內カピタン船、(3)當月朔日臺灣近邊ニ而風波荒く御座候而見失ひ、其以後洋中ニ而見掛不申候、此貳艘之外、來朝仕出し之船無御座候、

一去年御當地ゟ歸帆仕候阿蘭陀船貳艘、共に十一月八日に、無別條咬𠺕吧江着岸仕候、

一此度貳艘之船、咬𠺕吧出帆仕候迄阿蘭陀本國仕出し之船、壹艘も參合不申候に付、本國筋之儀相知れ不申候、

一去年申上候通、ハルシヤ國、近年兵亂發り居申候處、未だ治り不申候由及承申候、此外相替候風説無御座候、

古カピタン
ぴいとる・ぼうこすていん

右ヘトル申候通、カピタン承り申上候に付、和解差上申候、以上、

六月十五日　　通詞目付
　　　　　　　通　詞

〔註〕商館長 Pieter Boockesteijn の日誌、一七三一年七月十八日（享保十六年六月十五日）の條に、風説書に關する簡單な記事がある。

（1）船名は Blijdorp.

（2）Hendrik van der Bel.

（3）船名 Knapenburg. 商館長 Abraham Minnendonk は同船に乗組み六月二日バタビヤより當地に向け出帆したがYsle de Prata（北緯十九度三十一分）（マカヲ灣）の附近で七月一日〜二日の間に南南西の暴風に遭い、Blijdorp と離れ、行方不明となった。

商館長　Pieter Boockesteijn (31 Oct. 1730~7 Nov. 1732)

長崎奉行　三宅周防守康敬（十一月發）、細井因幡守安明（十月着）
年番通詞　森山德太夫、中山惣右衞門
入津蘭船　一艘

第百三十一號　享保十七子年（一七三二年）風說書

風說書

一當年來朝之阿蘭陀船、咬𠺕吧ゟ貳艘、(1)今日着岸仕候、外に來朝之船無御座候、

一去年咬𠺕吧ゟ出帆仕候貳艘之內、カピタン船、臺灣近所ニ而見失ひ候處、此節咬𠺕吧出帆之砌まで、行衞相知不申候、

一去年御當地ゟ歸帆之船、無別條十一月十二日咬𠺕吧ゟ着岸仕候、

一咬𠺕吧惣頭ゼネラル、四年以前ゟ相勤候處、本國役儀斷申入、(2)ハン・コロウンと申者ゟ、ゼネラル役相渡、當四月ゟ相勤申候、

一先年申上候ハルシヤ國、及亂國候而、國王捕に成候處、右王子大軍を催し、再度取返し申候、然れ共未治り不申候由、及承申候、

一ムスカウベヤ國王ゟ、唐國ゟ使者を以申入候者、向後入魂にいたし度趣申越候を、大樣之挨拶ニ而差返し申候に付、ムスコウベヤ之國主憤りに存、如何之心底ニ而使者を麁末に致差返し候哉、此儀

承度由、北韃靼迄申越候得者、北韃靼ゟ、右之旨知せ候に付、重而唐國ゟムスカウベヤ國ゟ使者を以申越候は[(3)]、委細之譯承不申候而麁末之挨拶いたし迷惑に存候旨、申遣候段、先達而ヱゲレス船咬𠺕吧ゟ寄せ候節、物語いたし候由、承り申候、

一阿蘭陀本國筋、別而相替儀無御座候、然れ共近年隣國軍發り可申様に沙汰有之候に付、人數拾七萬人程幷兵船百貳拾艘餘用意仕候由、本國ゟ咬𠺕吧ゟ申越候得共、如何様之譯と申儀、慥成る様子、未不申越候、此外相替風説無御座候、

古カピタン
ぴいとる・ぼうこすていん
新カピタン
へんでれき・はんでんばる[(4)]

右之趣、貳人之カピタン申上候付、和解差上申候、以上、

子閏五月廿三日

通詞目付
通　詞

〔註〕商館長 Pieter Boockesteijn の日誌、一七三二年七月十四日（享保十七年閏五月二十三日）の條に、風説書についての簡單な記事がある。

（1）船名は Huys te Marquette, Landscroon.

（2）一七三二年五月二十八日に蘭領東印度總督が更迭した。Diederik Durven（1729～1732）の後任は Dirck van Cloon（1732～1735）である。

（3）露清兩國全權は既に一六八九年に兩國國境の紛爭を解決するため、Nerchinsk 條約を結びアムール河を國境としていたが、さらに一七二七年蒙古とシベリア、ロシアの國境の町 Kiakhta で、蒙古とロシアとの國境を一應定め三年一回隊商が北京に上って貿易することなどを協定した。一七二九年清國が派遣した托時・マンダイ使節團は一七三一年モスクワに入り翌年歸國した。一七三一年派遣のデイシン・來保使節團のうちデイシン使節は一七三二年ペテルブルクに入り、翌年歸國した。

（4）新商館長 Hendrik van der Bel (7 Nov. 1732～27 Oct. 1733).

商館長　Pieter Boockesteijn (31 Oct. 1730～7 Nov. 1732)

長崎奉行　細井因幡守安明（在勤）、大森山城守時長（十二月着）

年番通詞　名村八左衞門、吉雄忠次郎

入津蘭船　二艘（船名は註(1)を參照）

第百三十二號　享保十八丑年（一七三三年）風說書

風說書

一當年來朝之阿蘭陀船、咬嚁吧ゟ貳艘[(1)]、今日着岸仕候、外に來朝之船無御座候、

一去ゝ年、咬嚁吧ゟ出船仕候貳艘之内、カピタン船、臺灣近所ニ而見失ひ候處、於于今行衞相知不申候、

一去年御當地ゟ歸帆之船、無別條、十二月廿二日咬嚁吧ゟ着岸仕候、

一イスパンヤ國[(2)]ゟ大船五拾艘、外に軍船七艘、人數貳萬六百七拾人程、石火矢五千四百九拾挺餘、天

笁筋咬𠺕吧方角之國〻ゟ遣し申候、依之咬𠺕吧ニ而軍船拾貳艘用心として、右筋之國〻ゟ遣置申候、其外コンパニヤ商賣之所〻ゟ茂、五六艘程づゝ遣し置申候、
一阿蘭陀本國筋、別而相替儀無御座候、去年申上候隣國軍發可申様沙汰仕候得共、當年隣國共靜謐に成候由、本國ゟ咬𠺕吧ゟ申越候、此外相替風説無御座候、

新カピタン
ろきいる・で・らあへる(3)

右之趣、新カピタン申上候に付、和解差上申候、以上、

丑七月十三日

通詞目付
通　詞

〔註〕

（1）船名 Huys te Marquette, Huys te Foreest.
（2）下卷掲載該當蘭文參照。
（3）新商館長 Rogier de Laver (27 Oct. 1733～16 Oct. 1734).

商館長　Hendrik van der Bel (7 Nov. 1732～27 Oct. 1733)
長崎奉行　大森山城守時長（十一月發）、細井因幡守安明（正月發　十一月着）
年番通詞　名村八左衞門、加福萬次郎
入津蘭船　二艘

第百三十三號　享保十九寅年（一七三四年）風說書

風說書

一當年來朝之阿蘭陀船、咬𠺕吧ゟ貳[1]艘着岸仕候、外に來朝之船無御座候、

一四年以前咬𠺕吧出船仕候カピタン船、臺灣近所に見失ひ候處、當年まても行衞相知不申候、

一去年御當地ゟ歸帆之船、カピタン船、十一月七日咬𠺕吧ゐ着岸仕候、壹艘者同月十二日無別條、咬𠺕吧表ゐ着船仕候、

一[2]去年申上候通、イスパンヤ國ゟ軍船大小數拾艘、人數凡貳萬六七百人、武具等相揃、咬𠺕吧ゟ東方天竺筋、或者唐國筋ゐ遣申候段承申候由、本國ゟ申越候に付、咬𠺕吧ゟ軍船數拾艘、用心として右渡海筋之國〻ゐ遣し申置候、

一阿蘭陀本國筋、相替候儀無御座候、乍然ポウル[3]國之王病死仕、跡目之儀に付、一類之國主共、及意恨、近年之內、國〻取合發り候樣に風聞仕候、此外相替風說無御座候、

古カピタン
　ろきいる・で・らあへる
新カピタン

だあべつと・でれんきまん(4)

右之趣、貳人之カピタン申上候に付、和解差上申候、以上、

寅六月廿九日　　通詞目付

通　詞

〔註〕

（1）船名は Huis ten Hult, Popkensburg.

（2）下巻掲載該當蘭文參照。

（3）ザクセン選擧侯 Friedrich August （ポーランド王としてはアウグスト二世）は一七三三年二月一日に歿した。

（4）新商館長 David Drinckman (16 Oct. 1734~4 Nov. 1735).

商館長　Rogier de Laver (27 Oct. 1733~16 Oct. 1734)
長崎奉行　細井因幡守安明（九月發）、窪田肥前守忠任（八月着）
年番通詞　横山又次右衞門、本木清左衞門
入津蘭船　二艘

第百三十四號　享保廿卯年（一七三五年）風説書

風説書

一當年來朝之阿蘭陀船、咬𠺕吧ゟ貳艘出船仕候、內カピタン乘組候船壹艘、今日着岸仕候、

一右貳艘之內、(2)ヘトル乘組候船、五月廿一日廣東前ニ而大風に逢、水船に成候に付、帆柱三本共に切折候處、楫損し申候故、乘取方便茂無御座、其上船ゟ水込入、危き躰に相見申候、乍然、乘組候人數壹人茂、怪我は無御座候、然る處、翌廿二日風少し浮申候に付、廣東湊江挽入、樣子見屆候處、日本江渡海仕候義、難相叶御座候、無是非、ヘトル役之者其外乘組候阿蘭陀人、廣東湊江差置申候、船修復等相叶申候はゞ咬𠺕吧江罷歸候樣に相談仕申置候、若修覆相叶不申候はゞ、咬𠺕吧通路之船便を乞、罷歸可申と奉存候、右貳艘之外、跡船無御座候、

一去年御當地ゟ貳艘歸帆之船、カピタン乘り候船者、十一月廿日咬𠺕吧江着岸仕候、又壹艘者同晦日歸着仕候、

一咬𠺕吧ゼネラル、當二月病氣に御座候處、療治相叶不申死去仕候、跡役ア(3)、ブラム・パッタラスと申者、ゼネラル代役相勤申候、

一去年茂申上候通、イスパンヤ國ゟ、軍船數拾艘、凡人數貳萬六七百人乘組、咬𠺕吧ゟ者東方之天竺筋、又者唐國筋江遣申候由、承申候得共、其後、慥成沙汰相聞江不申候、

一去年も申上候通、ポウルと申候國之王、病死仕、跡目之儀に付、一類之者共及遺恨、取合發り候樣に風聞仕候得共、是又慥成義相聞へ不申候、

一阿蘭陀本國筋、相替儀無御座候、此外相替風說及承不申候、

古カピタン
　　だあへつと・でれんきまん
新カピタン
　　(4)べるなるどす・こつぱ・あ・ぐるうん
　　　　　　　　　　通詞目付
　　　　　　　　　　通　詞

右之趣、貳人之カピタン申上候に付、和解差上申候、以上、

　卯七月朔日

〔註〕商館長 David Drinckman の日誌、一七三五年八月十八日（享保二十年七月朔日）の條に、通詞に風說を陳述したことが見える。

（1）船名 Popkensburg, Huis ten Hult.

（2）次席 Jan van der Cruijsse が乘組んだ Huis ten Hult は暴風に遭い浸水し航行不能となったため廣東より二十六、七哩の Soogenaamde Beraef Haarlemmer baay に殘して置く。

（3）蘭領東印度總督の更迭。Dirk van Cloon は一七三五年三月十日に病死し、翌日 Abraham Patras (1733~1737) が總督代理となり、一七三六年八月三十日正式に任命された。

（4）新商館長 Bernardus Coop à Groen (4 Nov. 1735~24 Oct. 1736).

商館長　David Drinckman (16 Oct. 1734~4 Nov. 1735)
長崎奉行　窪田肥前守忠任（九月發）、細井因幡守安明（八月着）
年番通詞　森山德太夫、中山惣右衞門
入津蘭船　一艘、船名は Popkensburg

第百三十五號　元文元辰年（一七三六年）風說書

風說書

一當年來朝之阿蘭陀船貳艘、咬𠺕吧ゟ仕出し、五月三日彼所出帆仕、今日着岸仕候、外に來朝之船無御座候、

一去年咬𠺕吧ゟ貳艘出船仕候內、ヘトル乗組候船、去年も風說に申上候通、廣東前ニ而大風に遭、水船に成候故、廣東に滯留仕、濡荷物等賣拂、船修覆相加ゟ、去卯十二月下旬廣東出船仕、當二月中旬咬𠺕吧ゟ歸着仕候、右之ヘトル役之者、此度カピタン職ニ而來朝仕候、

一去年御當地ゟ歸帆之船、十一月十七日咬𠺕吧ゟ着船仕候、

一去年風說に申上候、咬𠺕吧ゼネラル去卯二月病死仕候、跡役アラム・パッタラスと申者、ゼネラル代役相勤居申候處、去年以來此節貳艘之船咬𠺕吧出帆仕候迄、本國ゟ之船壹艘も渡海無御座候に付、於于今ゼネラル役決定仕不申候、

一阿蘭陀本國筋、其外之國々之風說、右申上候通、本國仕出し之船參着不仕候に付、異國筋之風說決而相知れ不申候、

古カピタン

べるなるどす・こつぱ・あ・ぐるうん

新カピタン

やん・はん・でん・ころいす(2)

通詞目付

通　詞

右之趣、貳人之カピタン申上候に付、和解差上申候、以上、

辰七月六日

〔註〕商館長 Bernardus Coop à Groen の日誌、一七三六年八月十二日（元文元年七月六日）の條に、風説書について左の記事がある。

12 Augustus 1736.

We overgebragte paarden wierden door de Japenders ter Vesigtiging van de heer Gouverneur affgehaald, en vervolgens in 's Kysers stal op het Eyland gebracht, en quamen des avonds de gesamenthyke tolken, om het mede gebragte nieuws op te schryven, dat haar voor soo verre het noodig was, wierd bedeeld. Als mede het gene voor syn Kyserlyke Majesteyt en andere grooten tot geschenk was aangebragt.

（1）船名 Abbekerk, St. Laurens.

（2）新商館長 Jan van der Cruijsse (24 Oct. 1736~13 Oct. 1737).

商館長　Bernardus Coop à Groen (4 Nov. 1735~24 Oct. 1736)

長崎奉行　細井因幡守安明（九月死去）、窪田肥前守忠任（九月着）

年番通詞　名村八左衛門、吉雄忠次郎

入津蘭船　二艘（船名は註（1）を参照）

第百三十六號　元文二巳年（一七三七年）風說書

風説書

一當年來朝之阿蘭陀船[1]、咬𠺕吧ゟ仕出し、五月十九日彼所出帆仕、今日着岸仕候、外に來朝之船無御座候、

一去年御當地ゟ歸帆之船、十一月廿三日貳艘共無滯、咬𠺕吧ぇ着船仕候、

一六月廿五日、唐國之内ニ而、此度貳艘之船遭難風既危く御座候得共、漸乘取申候、且又洋中ニ而、唐船其外異國筋之船、終に見掛不申候、

一去年申上候通、咬𠺕吧ゼネラル[2]代役ア、ブラム・バタラスと申者、本國ゟ本役之下知申來相勤居申候處、病氣差發り、當四月四日病死仕候、跡役ア、デレヤン・ハウカニイルと申者、右ゼネラル代役相勤居申候、

一阿蘭陀本國筋、相替儀無御座候、此外異國筋、何之風説承不申候、

古カピタン
やん・はん・てん・ころいす
新カピタン

べるなあるどす・へつせる[3]

右之趣、貳人之カピタン申上候に付、和解差上申候、

巳七月十五日　　通詞目付

通　詞

〔註〕 商館長 Jan van der Cruijsse の日誌、一七三七年八月十一日（元文二年六月十四日）の條に、通詞に風説を陳述したことが見える。

（1） 船名 Abbekerk, Enkhuijsen.

（2） 蘭領東印度總督 Abraham Patras は一七三七年五月三日に死亡し、同日 Adriaan Valckenier(1737～1741)が代理となる。

（3） 新商館長 Gerardus Bernardus Visscher (13 Oct. 1737～21 Oct. 1739).

商館長　Jan van der Cruijsse (24 Oct. 1736～13 Oct. 1737)
長崎奉行　窪田肥前守忠任（九月發）、萩原伯耆守美雅（八月着）
年番通詞　中山喜左衞門、加福萬次郎
入津蘭船　二艘（船名は註(1)を參照）

第百三十七號　元文三年（一七三八年）風説書

風說書

一當年來朝之阿蘭陀船(1)貳艘、咬𠺕吧ゟ仕出し、四月廿三日彼地出帆仕、今日着岸仕候、外に來朝之船無御座候、且又此節洋中ニ而、異國筋之船幷唐船、見掛不申候、

一去年御當地ゟ歸帆之船、十一月廿七日貳艘ともに無滯、咬𠺕吧江着船仕候、

一去年茂申上候咬𠺕吧ゼネラル役之儀、于今本國ゟ申來らず候に付、ア、ルヤン・ハラカニイル(ママ)と申者、代役相勤居申候、

一去年歸帆之カピタン、ヤン・ハン・デン・コロイス、當年もカピタン役ニ而一番船ゟ乘渡候處、熱痢相煩、五月三日ホルトモン(2)と申所ニ而、病死仕候に付、陸江取置申候、

一今度咬𠺕吧出帆之節迄者、阿蘭陀本國ゟ之船、咬𠺕吧江廻着不仕候に付、異國筋之儀相知不申候、

此外相替風說無御座候、

古カピタン
べるなあるどす・へつせる

右ヘトル申候通、カピタン承り申上候に付、和解差上申候、以上、

午七月八日

通詞目付
通　詞

〔註〕商館長 Gerardus Bernardus Visscher の日誌、一七三八年八月二十二日（元文三年七月八日）の條に通詞に風說を極く少し陳述したことが見える。

（1）船名 Schellag, Enkhuijsen.

（2）Pulo Timoan.

第百三十八號　元文四未年（一七三九年）風説書

商館長　Gerardus Bernardus Visscher（13 Oct. 1737～21 Oct. 1739）

長崎奉行　萩原伯耆守美雅（九月發）、窪田肥前守忠任（九月着）

年番通詞　横山又次右衞門、末永德左衞門

入津蘭船　二艘（船名は註(1)を参照）

風説書

一當年來朝之阿蘭陀船貳艘、咬𠺕吧ゟ仕出し、五月七日彼地出船仕、今日着岸仕候、外に來朝之船無御座候、且又此度洋中ニ而、異國筋之船幷唐船見掛不申候、

一去年御當地ゟ歸帆之船、十月廿三日貳艘共無滯、咬𠺕吧江着船仕候、

一去年申上候通、咬𠺕吧ゼネラル役ア、デレヤン・ハラカニイルと申者(ママ)、代役相勤罷在候處、去冬本國ゟ本役之儀申來候に付、唯今ゼネラル役相勤申候、

一去年歸帆之ヘトル(2)、此度役相勤差越申候、

一此度咬𠺕吧出帆前、本國ゟ之船廻着仕候處、異國筋、別條無御座候由申越候、此外相替候風説無御座候、

古カピタン
べるなるどす・へつせる
新カピタン
とうます・はん・てれいる(3)

右之趣、貳人之カピタン申上候に付、和解差上申候、以上、

未六月

通詞目付
通　詞

〔註〕商館長 Gerardus Bernardus Visscher の日誌、一七三九年七月二十五日（元文四年六月二十日）の條に、通詞に風説を陳述したことが見える。

（1）船名は Arnestein, Popkensburg.

（2）Alberlus van Poot.

（3）新商館長 Thomas van Rhee（22 Oct. 1739～8 Nov. 1740）.

入津蘭船　二艘（船名は註(1)を參照）
年番通詞　森山德太夫、今村源右衞門
長崎奉行　窪田肥前守忠任（九月發）、萩原伯耆守美雅（九月着）
商館長　Gerardus Bernardus Visscher（13 Oct. 1737～21 Oct. 1739）

第百三十九號　元文五申年（一七四〇年）風說書

風說書

一當年來朝之阿蘭陀船貳艘、咬𠺕吧ゟ仕出し、五月廿日彼地出船仕、今日着岸仕候、外に來朝之船無御座候、且又洋中ニ而、異國筋之船幷唐船見掛不申候、

一去年御當地ゟ歸帆之船、十月晦日、二艘共に、無滯、咬𠺕吧着船仕候、

一去年歸帆之ヘトル、此度カピタンに役相勤、罷越申候、

一此度咬𠺕吧出帆之節迄者、本國ゟ之船廻着不仕候に付、異國筋之儀、相知不申候、

一咬𠺕吧近國筋、別條無御座候、此外相替候風說承りおよび不申候、

古カピタン
とうます・はん・てれいる

新カピタン
やあこつぶ・はん・でる・わあひ(2)

右之趣、二人之カピタン申上候に付、和解差上申候、以上、

申六月　通詞目付

通　詞

〔註〕 商館長 Thomas van Rhee の日誌、一七四〇年七月二十二日（元文五年六月二十九日）の條に、左の記事が見える。

22 July 1740.

Des na de middags quamen de tolken het nieuws opnemen en vragen of er geen tyding van de scheepen, die anno passado alhier aan de noordkant gesien syn, op Batavia gekomen was, waarop men haar antwoorde dat sulx op syn vroegste eerste over twee jaaren konden weesen, waasen men haar het verdere nieuws naar gewonte, dat seer weinig is, opgaff.

（1） 船名 Arnestein, Krabbendijk.

（2） 新商館長 Jacob van der Waeijen (9 Nov. 1740~28 Oct. 1741).

商館長　Thomas van Rhee（22 Oct. 1739~8 Nov. 1740）

長崎奉行　萩原伯耆守美雅（九月發）、窪田肥前守忠任（九月着）

年番通詞　吉雄藤三郎、名村進八

入津蘭船　二艘（船名は註(1)を參照）

第百四十號　寛保元酉年（一七四一年）風說書

風　說　書

一當年來朝之阿蘭陀船(1)貳艘咬𠺕吧ゟ仕出し、五月五日彼地出船仕候、內壹艘者去る廿日着船仕、カピタン乘候船者汐行惡敷御座候而乘後れ、漸今日御當地江着船仕候、右貳艘之外、來朝之船無御座候、

一去年御當地ゟ歸帆之船、十月廿八日、貳艘共無滯着船仕候、

一去年ムスカウビヤ國ゟ數艘之船を仕出し、スバンヘルケナク(2)と申者、船頭に申付、日本幷韃靼之方角江差廻し候由、當年本國ゟ之沙汰書に申越候、尤何故と申譯者不申來候、

一去年九月之比、(3)咬𠺕吧住居之唐人と、其時分諸國ゟ參合候唐人共と、徒黨致、所〻に火を掛け、强盜に事寄せ、咬𠺕吧を攻取候方便ニ而及騷動、唐人阿蘭陀人共、手負死人等有之候、尤咬𠺕吧致住居候頭分之唐人、張本之由、訴人有之候に付、早速召捕置詮議仕候得共、未白狀不仕候、依之殘黨之者等、諸方を相尋申候、右之內五拾人召捕、セイロムと申嶋江差遣置申候、

一イスパンヤ國とヱゲレス國、取合發り候由、本國ゟ沙汰書に申越候、尤委細之譯者、不申來候に付、何故と申儀、相知れ不申候、此外相替候風說無御座候、

古カピタン
やあこつぶ・はん・でる・わあひ

新カピタン
とうます・はん・てれいる(4)

右之趣、二人之カピタン申上候に付、和解差上申候、以上、

酉六月廿三日　　　　通詞目付

通　詞

〔註〕商館長 Jacob van der Waeijen の日誌、一七四一年八月一日（寛保元年六月二十日）の條に、通詞に風説を陳述したことが見える。

（1）船名 Reigersdal, Krabbendijk.

（2）Martin Spanberg はデンマーク人でロシヤに仕え、日本の北邊を探検した。

（3）Batavia において一萬人の中國人の謀叛あり、十月九日に殺戮した。van Imhoff, de Haze, van Schinne の三人が十二月六日に捕えられた。

（4）新商館長 Thomas van Rhee (29 Oct. 1741~17 Oct. 1742).

第百四十一號　寛保二戌年（一七四二年）風説書

商館長　Jacob van der Waeijen (9 Nov. 1740~28 Oct. 1741)
長崎奉行　窪田肥前守忠任（九月發）、萩原伯耆守美雅（八月着）
年番通詞　中山喜左衞門、茂七郎左衞門
入津蘭船　二艘（船名は註(1)を參照）

風　説　書

一當年來朝之阿蘭陀船貳艘、(1)咬𠺕吧ゟ仕出し、五月十八日彼地出船仕、今日着岸仕候、外に來朝之

船無御座候、

一去年御當地ゟ歸帆之船、十月廿三日、貳艘共に無滯咬𠺕吧着船仕候、

一去年申上候咬𠺕吧騷動之儀、其後靜謐に罷成候、然共、去年九月比、ジヤワ國之內、サマアランと申處ゟ唐人共押寄せ亂妨仕候に付、咬𠺕吧ゟ加勢として頭分之阿蘭陀人貳人、其外人數七百人餘差添遣候、此度私共咬𠺕吧出帆仕候迄者、右之騷動靜り不申候哉、咬𠺕吧ゟ加勢に遣候者共、未罷歸不申候、依之何れ之國之唐人共、押寄せ亂妨仕候哉、其譯相知不申候、若去年咬𠺕吧ニ而徒黨仕候唐人之殘黨ニ而茂可有御座哉と存、去年捕へ置候咬𠺕吧頭分之唐人壹人、今以手錠之儘差置、其外セイロンと申嶋ゟ遣置候唐人五拾人茂差免不申候、且又ジヤワ國と申候者、咬𠺕吧之本國ニ而御座候、(2)

一去年迄、咬𠺕吧ゼネラル役相勤候ア、デレ・ヤン・ハウカニイルと申者、病身に付、退役之願、兼而本國ゟ申遣置候處、去年十月、願之通差免、跡役、ヨワノス・テイデンスと申者へ、本國ゟゼネラル役申付候、(3)

一去年申上候、エゲレス國と、イスパンヤ國、取合御座候處、于今靜り不申候由、本國ゟ申越候、

一ムスカウビヤ國と、スウイデ國と、取合初り候由、是又、本國ゟ申越候、乍然、如何躰之儀と申儀者、相知れ不申候、

一去年廣東ゟ爲商賣渡海仕候阿蘭陀船貳艘、不相替商賣仕、咬𠺕吧ゟ歸帆仕候、當年茂商賣船三艘、廣東ゟ差越申候、右之外相替風説無御座候、

古カピタン
とうます・はん・てれいる
新カピタン
やあこつぶ・はん・でる・わあひ(4)

通詞目付
通　詞

右之趣、二人之カピタン申上候に付、和解差上申候、以上、

戌七月七日

〔註〕 商館長 Thomas van Rhee の日誌、一七四二年八月七日（寛保二年七月七日）の條に、通詞に風説を陳述したことが見える。

（1） 船名は Gunterstein, Westhoven.

（2） サマアランは Semarang, セイロンは Ceilon（Ceylon）島。

（3） 蘭領東印度總督更迭。Adriaan Valckenier は一七四一年十一月六日離任、同日 Johannes Thedens（1741～1743）が就任した。

（4） 新商館長 Jacob van der Waeijen (18 Oct. 1742～4 Nov. 1743).

寛保二戌年（一七四二年）風説書

商館長　Thomas van Rhee (29 Oct. 1741～17 Oct. 1742)

長崎奉行　萩原伯耆守美雅（九月發）、田付阿波守景厖（八月着）

年番通詞　加福萬次郎、吉雄定次郎

入津蘭船　二艘（船名は註(1)を參照）

第百四十二號　寛保三亥年（一七四三年）風説書

風説書

一當年來朝之阿蘭陀船(1)二艘、咬〓吧ゟ仕出し、五月六日、彼地出船仕、今日着岸仕候、外來朝之船無御座候、
一去年御當地ゟ歸帆之船、十一月四日、二艘共無滯咬〓吧へ着船仕候、
一去年申上候、(2)ジヤワ國騒動之儀、當二月比、鎭り申候、
一去年、(3)咬〓吧ゼネラル役相勤候ヨワノス・テイデンスと申者、老衰仕候に付、退役相願、跡役コウスタアフ・ウエロム・バロン・ハン・インホフと申者ゼネラル役相勤申候、且又去年歸帆仕候カピタン當正月願に付退役仕候、
一阿蘭陀本國別條無御座候、然共近國之騒動に付、用心を專に仕候由申越候、
一去年申上候、エゲレス國とイスパンヤ國之取合、其外ムスカウビヤ國、スウエヒデ國、幷ドイチ國之取合、于今鎭り不申候由本國ゟ申越候、
一廣東ゟ商賣として、當年も阿蘭陀船三艘、咬〓吧ゟ仕出し差遣、商賣相遂、壹艘者咬〓吧ゟ歸帆仕、二艘者本國ゟ直に差遣申候、右之外、相替候風説無御座候、

古カピタン
やあこつぶ・はん・でる・わあひ
新カピタン
だあへつと・ぶろうゑる(4)
通詞目付
通　詞

右之趣、二人之カピタン申上候に付、和解差上申候、以上、

亥六月十六日

〔註〕商館長 Jacob van der Waeijen の日誌、一七四三年八月五日（寛保三年六月十六日）の條に、通詞に風説を陳述したことが見える。

（1）船名は Beukensteijn, Polanen.

（2）一七四三年中國人の叛亂を鎭定。

（3）蘭領東印度總督更迭。一七四三年五月廿八日 Johannes Thedens 解任、Gustav Willem Baron van Imhoff (1743～1750) が就任した。

（4）新商館長 David Brouwer (5 Nov. 1743～1 Nov. 1744).

寛保三亥年（一七四三年）風説書

商館長　Jacob van der Waeijen (18 Oct. 1742～4 Nov. 1743)
長崎奉行　田付阿波守景厖（九月發）、松波備前守正房（八月着）
年番通詞　今村源右衞門
入津蘭船　二艘（船名は註(1)を參照）

第百四十三號　延享元子年（一七四四年）風說書

風說書

一當年來朝之阿蘭陀船二艘、咬𠺕吧ゟ仕出し、五月十六日彼地出船、今日着岸仕候、外に來朝之船無御座候、

一去年御當地ゟ歸帆之船、十月廿五日、二艘共に無滞咬𠺕吧江着船仕候、

一イスパンヤ國、フランス國、南蠻國、右三ヶ國一致仕、去年ドイチ國と取合初り申候由、本國ゟ申越候、

一去年茂申上候通、エゲレス國とイスパンヤ國と取合、于今相止不申候由申越候、

一去年申上候、ムスカウビヤ國とスウエイデ國之取合、和睦仕、只今靜謐に罷成候に付、右之兩國申合、手寄宜所を心掛け候而、船數を仕立差遣申候、尤如何躰之存念ニ而御座候共、相知れ不申候得共、近國之儀に御座候得者、若者日本江茂參可申哉と取沙汰仕候、船數之儀者、相知れ不申候由、本國ゟ申越候、

一阿蘭陀本國者、未兵亂無御座候得共、近國騷動に付、爲軍用人數拾五萬人用意仕罷在候由申越候、

一ハルシヤ國ゟ、トルコ國を不殘打取申候、

一コスト國、幷辨柄國、サラタ國、右三ヶ國、盜賊發起仕、於所〻に、諸商人諸職人之家財等を奪取申候に付、諸國ゟ賣渡候產物難調御座候、

一去年茂申上候通、ジヤワ國之騷動、彌相鎭申候、

右之外、相替候風說無御座候、

古カピタン

だあへつと・ぶろうゑる

新カピタン

やあこつぶ・はん・でる・わあひ(3)

右之趣、二人之カピタン申上候に付、和解差上申候、以上、

子六月廿九日

通詞目付

通　詞

〔註〕商館長 David Brouwer の日誌、一七四四年八月八日（延享元年七月朔日）の條に、通詞に風說を陳述したことが見える。

（1）船名は den Heuvel, Ruijven.

（2）オーストリヤ繼承戰役（一七四〇～一七四八）に關係するもの。

（3）新商館長 Jacob van der Waeijen (2 Nov. 1744~29 Dec. 1745).

延享元子年（一七四四年）風說書

商館長　David Brouwer (5 Nov. 1743~1 Nov. 1744)

長崎奉行　松波備前守正房（十月發）、田付阿波守景厖（十月着）

年番通詞　末永徳左衛門、楢林重右衛門
入津蘭船　二艘（船名は註(1)を參照）

第百四十四號　延享二丑年（一七四五年）風説書

風説書

一當年來朝之阿蘭陀船、都合三艘(1)、咬嚁吧ゟ仕出し候様に、頭役共ゟ申付候、右之内此船壹艘、五月廿六日彼地出船仕、今日着船仕候、跡船之儀者、追而來朝可仕と奉存候、

一去年御當地ゟ歸帆之船、十一月九日、貳艘共に無滯咬嚁吧ぇ着船仕候、

一イスパンヤ國とフランス國一致仕居候處、其後兵亂におよび候に付、近國之儀故、阿蘭陀國ニ茂軍船五拾艘用意仕罷在候由、本國ゟ申越候、

一フランス(2)國之者共、イタリヤ國近邊之儀に御座候故、數年彼地に入込居住仕居候を、近國オンゲレイと申國之主ゟ手勢差遣、右之フランス人共追出、其跡を奪取候由申越候、

一ドイチ(3)國之近邊、プロイシ國之主、隣國プラアカと申所を切捕申候、然る處、オンゲレイ之國主ゟ、人數を以、右プロイシ國之主を又〻取圍み居候由申越候、

一エゲレス(4)國と、ドイチ國之内ハノウフルと申所と取合初り候處、エゲレス國ゟ、人數八萬人幷軍船

六拾艘差遣候而、ハノウフル之敵船を誅捕候由申越候、

一去年申上候、ムスカウビヤ國ゟ、諸國江船數差遣候事、其後何たる儀茂、無御座候由申越候、右之外相替候風説無御座候、

古カピタン

やあこつぶ・はん・でる・わあひ

新カピタン

やん・るうい(5)す・で・ゐん

右之趣、二人之カピタン申上候に付、和解差上申候、以上、

丑六月廿七日

通詞目付

通　詞

〔註〕商館長 Jacob van der Waeijen の日誌、一七四五年七月二十六日（延享二年六月二十七日）の條に、風説を陳述した簡單な記事が見える。ついで八月二十日（七月二十三日）二番船入港の時、風説について通詞より質問を受けたが、異った風説はないと答えたと見える。

（1）新商館長の乘った船は Vrijheid, 續いて Hoffwegen, Cleverskerk が來航。

（2）オンゲレイはハンガリー Hongarye. オンゲレイの主はドイツ女帝、ハンガリーの女王 Maria Theresia.

（3）第二回シレジア戰役の報道である。卽ち一七四四年プロシヤのフレデリック大王はボヘミヤに侵入して Praag を占領した。

（4）イギリス國王 George II はドイツにおける Hanover の所領をぜひ領有したいことを主張する。

（5） 新商館長 Jan Louis de Win (30 Dec. 1745～2 Nov. 1746).

商館長 Jacob van der Waeijen (2 Nov. 1744～29 Dec. 1745)
長崎奉行 田付阿波守景厖（十二月發）、松波備前守正房（十月着）
年番通詞 名村進八、茂七郎左衞門
入津蘭船 三艘（船名は註(1)を參照）

第百四十五號　延享三寅年（一七四六年）風說書

風說書

一當年來朝之阿蘭陀船三艘[(1)]之内三番船壹艘五月八日咬𠺕吧出船仕、壹番船貳番船五月十三日に彼地出船仕、今日三艘共に一同着岸仕候、右之外來朝之船無御座候、

一去年御當地ゟ歸帆仕候三番船、閏十二月三日咬𠺕吧着船、壹番船二番船者同月廿二日着船、三艘共に[*]無別條歸着仕候、

一去年申上候通イスパンヤ國[(2)]フランス國又ミ一致仕、ヱゲレス國ドイチ國と及兵亂、數ヶ度取合仕候に付、隣國之者共和睦を取扱申候處、ドイチ國[(3)]主病死仕候に付、其沙汰及不申候由申越候、

一ドイチ國主病死仕候に付、ロツトレンキンキと申所之領主縁類之好身に付、右ドイチ國[(4)]之國主に取立申候、

一ドイチ國之取合ニ而イスパンヤ國之勢ひ劣り候に付、フランス國[(5)]主に縁邊を取組合力仕候、彌一致仕候、尤右三〔ヶ〕[*]國之取合ニ而互に數ヶ所を奪取候由申越候、

一阿蘭陀國の儀者相替儀無御座〔候〕[*]靜謐之由申越候、

一咬𠺕吧近國筋彌靜謐に罷成〔候〕[*]、此外相替候風說無御座候、

＊洋本「に」なし

＊洋本により補う

＊洋本により補う

＊洋本により補う

古カピタン
やん・るうゐす・で・ゐん
新カピタン
やあこつぶ・ばるで(6)

通詞目付
通　詞

右之趣二人之カピタン申上候通、和解差上申候、以上、

寅六月廿八日

〔註〕

（1）入津蘭船名 Vrijheid, Westhoven, Nieuwstad.

（2）オーストリヤ繼承戰役（一七四〇〜一七四八）に關係するもの。

（3）ドイツ帝カルル七世 Karl VII von Bayren (1742〜1745) 一七四五年死去。

（4）カルル七世の死後その後を繼いだ人はハプスブルグ・ロートリンゲン Hans Habsburg Lothringen (1745〜1806).

（5）ルイ十五世 Louis XV (1715〜1774).

（6）新商館長 Jacob Balde (3 Nov. 1746〜25 Oct. 1747).

商館長　Jan Louis de Win (30 Dec. 1745〜2 Nov. 1746)
長崎奉行　松波備前守正房（三月死去）、田付阿波守景厖（八月着）
年番通詞　加福喜藏、吉雄定次郎

第百四十六號　延享四卯年（一七四七年）風説書

風説書

一當年來朝之阿蘭陀船三艘(1)五月十五日咬𠺕吧出船仕、今日三艘共に一同着岸仕候、右*之外來朝之船無御座候、

一去年御當地ゟ歸帆之船十一月十四日三艘共に*無別條歸着仕候、

一去年申上候イスパンヤ國とヱゲレス國〔と〕*取合におよび申候處、イスパンヤ之國主病死仕候に付、(2)嫡子家督相續仕候而ヱゲレス國と之取合和睦仕候、

一此節渡海之洋中ニ而異國筋之船見掛不申候、

一阿蘭陀本國相替儀無御座候由申越候、其外咬𠺕吧近國筋別而靜謐に罷成申候、此外相替風説無御座候、

古カピタン
やあこつぶ・ばるで
新カピタン

＊板本「此」
＊洋本「に」なし
＊洋本により補う

やん・るらいす・で・ゐん[3]

右之趣二人之カピタン申上候に付、和解差上申候、以上、

卯七月朔日

通詞目付

通　詞

〔註〕

（1）入津蘭船名 Maarsseveen, Westcappel, Batavier.

（2）フェリペ五世 Felipe V (1724～1746) 死去し、フェルナンド六世 Fernando VI (1746～1759) 卽位。

（3）新商館長 Jan Louis de Win (28 Oct. 1747～11 Nov. 1748).

第百四十七號　寛延元辰年（一七四八年）風說書　其一

商 館 長　Jacob Balde (3 Nov. 1746～25 Oct. 1747)

長崎奉行　田付阿波守景厖（九月發）、安部主計頭一信（八月着）

年番通詞　今村源右衞門、西吉太夫

入津蘭船　三艘（船名は註(1)參照）

風　說　書

一阿蘭陀船今年之船數三艘[1]ニ而、六月七日咬𠺕吧ゟ一同に仕出候而、日數五日程者類船仕候處スタラ[2]

＊洋本により補う
＊板本「フ」
＊「漸」は「浙」か
＊＊板本「嶋」
＊板本により補う

アトハンクと申處ニ而風強〔く〕＊壹番船は乘筋違ひ先ゑ走り廻り申候、今壹艘は七月四日迄類船仕候得共臺灣沖三百里南プ＊(3)ラトと申嶋邊ニ而夜分風強、殊に暗夜之儀ニ而見失ひ申候、其後見掛不申候、夫ゟ後日數廿日餘り之間は風なき或は(マヽ)北東之風吹續申候、惣而今年は別而風不順ニ而難儀仕候得共、漸十日程之間順風に相成候而今日御當地着岸仕候、跡船之儀彌順風吹續候はゞ無程入津可仕候、若又風不順ニ而段々乘後れ候はゞ時節も違候間、入津可仕程無覺束奉存候、

一七月九日唐國之內漸＊江之出崎邊＊＊ニ而、殊之外風波強く御座候處、漸にまぬかれ申候、

一咬𠺕吧出船十五日程仕候而、三番船之船頭病死仕候由船越に承り候得共、委敷儀者相知不申候、

一今年咬𠺕吧頭役共申付候はヘトル差遣不申候間、新カピタン諸事相兼取計候樣に申付候故、ヘトル召連不申候、

一阿蘭陀國とフランス國、唯今㝡中取合仕候段(4)、本國ゟ咬𠺕吧ゑ私共彼地出帆前に飛船を以申越候得共、未勝負之儀相決不申候、尤如何樣之譯ニ而取合に及候儀者不申越候、右フランス國は阿蘭陀國に續候國ニ而御座候得共、遙に隔候に付里數之儀不奉存候、

一去年御當地ゟ歸帆仕候壹番船、直ぐコスト國ゑ爲商賣罷越候處、去十二月三日無別條コスト國ゑ着船仕、當五月廿日咬𠺕吧ゑ歸着仕候、外貳艘之船は去十一月十五日〔晨〕＊是又無別條咬𠺕吧ゑ着船仕候、右コスト國は咬𠺕吧ゟ西之方に當り海上之里數凡千八百里程御座候、

一此節渡海之洋中ニ而、異國筋之船見掛不申候、

一咬𠺕吧近國筋靜謐に御座候、右之外相替風說無御座候、

古カピタン
やん・るうゐす・で・ゐん
新カピタン
(5)やあこつぶ・ばるで
通詞目付
通　詞
右之趣貳人之カピタン申上候に付、和解奉差上候、以上、
辰八月十五日

〔註〕
（1）船名は Huis te Perssijn, Schellag, de Jager.
（2）Banka Straat バンカ海峡、スマトラ島とバンカ島の間にある。
（3）東沙諸島 Paracel Islands. 臺灣の南方にあたり、ホンコンとルソン島の間にある小島群。
（4）一七四〇年オーストリア繼承戰爭のためネーデルランドとフランスは交戰することになった。フランス軍はオーストリア領ネーデルランドからネーデルランド本國に侵入した。一七四八年アーヘン和約によって戰爭は終結した。
（5）延享三年の條にも前出、新商館長 Jacob Balde (12 Nov. 1748~8 Dec. 1749).

商館長　Jan Louis de Win (28 Oct. 1747~11 Nov. 1748)
長崎奉行　安部主計頭一信（十月發）、松浦河內守信正（九月着）
年番通詞　茂七郎左衞門、吉雄幸左衞門、楢林重右衞門
入津蘭船　二艘

本號は堺史料類纂により補う

第百四十八號　寛延元辰年（一七四八年）風説書　其二

六月七日出船七月十七日迄日數四十日振ニ入津

一阿蘭陀壹番船咬𠺕吧出し

人數八十七人內　八十四人　あらんだ
三人　黑ぼう

舟頭之名
舟之名

乍恐船頭阿蘭陀人申上候口上之和解

寛延元辰年

一當年來朝之阿蘭陀船三艘、六月七日咬𠺕吧ゟ仕出し候て日數五日程之間は類船仕候處、咬𠺕吧ゟ三百里程隔りスタラアトバンクと申所にて風强く私共船走り過候に付、類船貳艘見失ひ申候、洋中之儀ゆへ類船に無構乘渡り候處、風筋よろしく御座候て外之船ゟは先に着仕候、跡船貳艘も無程御當地着可仕奉存候、私共船二三日以前ゟ伊王嶋を見懸ケ漂ひ候得共、風泙漸昨日神崎前迄乘入、今日無別條御當地着仕候、

一新カピタンは跡船ゟ乘渡り申候、
一臺灣前にて唐船壹艘見掛申候、大方は日本へ渡海仕候舟哉と奉存候、
一本國筋及兵亂候由承及候得共、委敷儀は不奉存候、跡船參着仕候はゞ委細之儀風説新カピタン存知居可申候に付、追ゝ可申上奉存候、
右之趣今日入津之船頭阿蘭陀人申上候通、在留之カピタン立合申聞候、尤右之外之儀は、此度乘渡り候阿蘭陀人不奉存、候由申上候に付、和解差上申候、以上、
辰七月十七日

第百四十九號　寛延二巳年（一七四九年）風説書

風説書

一當年來朝之阿蘭陀船三艘之內壹番船三番船者五月八日咬𠺕吧出船仕、貳番船者五月十日に彼地出船仕、今日三艘共一同に着岸仕候、外に來朝之船無御座候、
一去年御當地ゟ歸帆仕、直にコスト國ぇ罷越候貳番船、于今*咬𠺕吧ぇ歸着不仕否之儀相知不申候、壹番は無別條咬𠺕吧ぇ十一月十一日歸着仕候、
一去年咬𠺕吧ゟ一同に仕出し候三番船、臺灣沖三里程南フラトと申嶋之邊ニ而見失ひ申候、其以後唐

＊洋本「于今」を「今ニ」に作る

地ニ而破船仕候由風聞承り候得共、未巨細之儀は相知不申候、
一阿蘭陀國と佛郎西國取合に及候段、去年本國ゟ申越候處、其後和睦仕候由是亦本國ゟ申越候、(3)
一此節咬𠺕吧一統靜謐に罷成、何之相替候儀無御座候、
一咬𠺕吧近國筋彌靜謐に罷成、此*外相替風說無御座候、

*板本「其」

古カピタン
やあこつぶ・ばるで
新カピタン
へんでれき・はん・ほうむうと(4)

右之趣貳人之カピタン申上候に付、和解奉差上候、以上、

巳六月廿日

諸立合通詞
御用方通詞
通詞目付
通　　詞

〔註〕

（1） 船名 Witsburg, Oudscarspel, Geldermalsen.
（2） 前年の風說書にも「三百里」とある。三里は誤り。
（3） 一七四八年十月十八日、エ、ラ・シアペル條約 Aix-la-Chapelle（ドイツではアーヘン條約 Achen という）がイギリス・フランス・オランダ・スペイン・オーストリア・サルディニア間に締結され、オース

トリア繼承戰爭が終わった。

（4）　新商館長 Hendrik van Homoed (9 Dec. 1749～24 Dec. 1750).

商館長　Jacob Balde (12 Nov. 1748～8 Dec. 1749)
長崎奉行　松浦河内守信正（九月發）、安部主計頭一信（九月着）
年番通詞　名村勝右衞門、西善三郎
入津蘭船　三艘（船名は註（1）を參照）

第百五十號　寛延三午年（一七五〇年）風説書

乍恐船頭阿蘭陀人申上候口上之和解

一當年之船數三艘(1)ニ而五月廿三日一同に咬𠺕吧ゟ出船仕、六月二日スタラアドハンカと申處迄日數十日程類船仕候處、霧深く*風波强、貳艘共に見放申候、其後東風或は東北風ニ而別而船中難儀仕候、日本之地方三度迄遙に見掛候樣に奉存候得共、逆風ニ而吹返し漸今日御當地着船仕候、別條無御座候はゞ跡貳艘之船も追ゝ着船可仕奉存候、尤類船貳艘共見放候、以後御當地着船仕候迄は見掛不申候、

一去年御當地ゟ歸帆仕候壹番船、十二月四日無別條咬𠺕吧表へ歸着仕候、其外貳艘共是又無別條追ゝ

*板本なし、洋本あり
*板本なし

帰着仕候、

一新カピタンア、フラム・ハン・セキトルと申者江申付、此節差越申候處、跡船貳艘之内に乗り居申候、追而着船可仕奉存候、

一去ゝ年之三番船臺灣沖プラトと申嶋之邊ニ而見失ひ候處、破船仕、漸阿蘭陀拾貳人黒ぼう壹人存命仕候由傳承り候得共、右之者共未咬𠺕吧江は罷歸不申候、

一此節咬𠺕吧ゟ乘渡り候、洋中臺灣邊ニ而唐船貳艘見掛申候、尤何方江参り候哉之儀分明に相見得不申、右之外異國筋之船見請不申候、且又阿蘭陀本國筋咬𠺕吧邊静謐に御座候、此外相替風説無御座候、

古カピタン

へんでれき・はん・ほうむうと

右之趣、今日入津之船頭阿蘭陀人幷在留之カピタン立合申聞候通、和解奉差上候、以上、

諸立合通詞

御用方通詞

通詞目付

通　　詞

午七月廿一日

一高木源藏ゟ人別書遣候由差上之[*]

覺

五月廿三日咬𠺕吧出船七月廿日迄日數五拾七日經り

*以下の文は鍋・阿本により補う

一阿蘭陀船壹艘

人數八拾六人内　七拾八人阿蘭陀人
　　　　　　　　八人　黒ぼう

〆

午七月廿日

〔註〕

（1）船名 Duinesveld, Haerlem, Zuyderburg.

（2）新商館長 Abraham van Suchtelen (25 Dec. 1750~18 Nov. 1751).

商館長　Hendrik van Homoed (9 Dec. 1749~24 Dec. 1750).

長崎奉行　安部主計頭一信（十月發）、松浦河内守信正（十月着）

年番通詞　今村源右衛門、森山金左衛門

入津蘭船　三艘（船名は註(1)を參照）

監修者および校註者

岩生成一（いわおせいいち）

生　年　明治三十三年

現　職　日本學士院會員、法政大學講師

主要著書・論文　『朱印船貿易史の研究』（昭和三十三年、弘文堂）、『南洋日本町の研究』（昭和四十一年、岩波書店）、"Van Vliet's Historiael Verhael van Siam. 1640. 2 vols."（一九五六・一九五八年、東洋文庫）

大森　實（おおもりみのる）

生　年　昭和四年

現　職　法政大學助教授

主要著書・論文　共編『日本科學技術史大系6　思想篇』（一九六八年、第一法規出版株式會社）、「『暦象新書』の研究」（昭和三十八年、『法政史學』第十五號）、「江戸時代におけるオランダからの輸入物品目錄（稿）」（『法政大學教養部紀要』人文科學編、一九七六年四月）

片桐一男（かたぎりかずお）

生　年　昭和九年

現　職　文部省教科書調査官

主要著書・論文　『杉田玄白』（昭和四十六年、吉川弘文館）、『鎖國時代對外應援關係史料』（昭和四十七年、近藤出版社）、「阿蘭陀通詞の研究」（箭內健次編『外來文化と九州』所收、昭和四十八年、平凡社）。

黑江俊子（くろえとしこ）

生　年　大正四年

現　職　無職（元小學校長）

専　攻　日本近世史

向井　晃（むかいあきら）

生　年　大正十四年

現　職　東海大學助教授

主要著書・論文　「舎密開宗の影響」（『法政史學』第十六號、昭和三十九年）、共著『デンマークの圖書館』（昭和五十年、東海大學出版會）

安岡昭男（やすおかあきお）

生　年　昭和二年

現　職　法政大學教授（文學部）

主要著書・論文　共編『海外交渉史の視點4　近代・現代』（昭和五十一年、日本書籍）、「和蘭別段風説書とその内容」（『法政大學文學部紀要』第十六號、昭和四十三年）

和蘭風說書集成　上巻

昭和五十二年一月十五日　印刷
昭和五十二年二月　一日　發行　©

編者　日蘭學會
法政蘭學研究會
代表　岩生成一

發行所　株式會社　吉川弘文館
東京都文京區本郷七丁目二番八號
郵便番號　一一三
電話〇三―八一三―九一五一番（代表）
振替口座東京〇―二四四番
製作　たんちょう社

和蘭風說書集成　上巻（オンデマンド版）

2019年3月20日　発行

編　者　日蘭學會
法政蘭學研究會

発行者　吉川道郎

発行所　株式会社 吉川弘文館
〒113-0033 東京都文京区本郷7丁目2番8号
TEL 03(3813)9151(代表)
URL http://www.yoshikawa-k.co.jp/

印刷・製本　株式会社 デジタルパブリッシングサービス
URL http://www.d-pub.co.jp/

ISBN978-4-642-73159-1

2019
Printed in Japan